期货高手的技术分析秘诀

一 阳 著

地震出版社
Seismological Press

图书在版编目（CIP）数据

期货高手的技术分析秘诀／一阳著. 一北京：地震出版社，2018.1(2023.9 重印)

ISBN 978-7-5028-4871-2

Ⅰ. ①期… Ⅱ. ①一… Ⅲ. ①期货交易 Ⅳ. ①F713.35

中国版本图书馆 CIP 数据核字(2017)第 236100 号

地震版 XM5602/F(5572)

期货高手的技术分析秘诀

一阳 著

责任编辑：吴桂洪 王凡娥

责任校对：凌 樱

出版发行：地 震 出 版 社

北京市海淀区民族大学南路 9 号　　邮编：100081

发行部：68423031　68467993　　传真：88421706

门市部：68467991　　传真：68467991

总编室：68462709　68423029　　传真：68455221

证券图书事业部：68426052　68470332

http://www.dzpress.com.cn

E-mail:zqbj68426052@163.com

经销：全国各地新华书店

印刷：大厂回族自治县德诚印务有限公司

版(印)次：2018 年 1 月第一版　2023 年 9 月第二次印刷

开本：787×1092　1/16

字数：188 千字

印张：12.25

书号：ISBN 978-7-5028-4871-2

定价：39.80 元

前　言

追求持续盈利而非一时暴利

理性客观的投资者其实还是非常多的，但有一些非常偏执的投资者，总是异想天开地去追求暴利，恨不得做一两年期货之后便可比肩首富。不过，市场需要这样的投资者，就像赌场需要那些赌红眼、天天做着发财梦的赌徒一样，得靠这些不切实际的投资者养活着不是吗？

在这个市场中能赚到钱的方法有两种：一种是持续性盈利；另一种是寻找机会获得暴利。市场中关于某些投资者赚到暴利的报道比较多，几万变成几千万甚至上亿等等。但不知大家有没有发现，也就是一阵风，风过之后，市场完全没有了他们的消息。咱也不是怀着酸葡萄的心态去说这件事，而是实打实的分析。为什么没有了消息？因为他们的财富只是靠着碰上行情以后敢赌敢拼，哪怕赔个精光，也要死咬着不放换来的。这些暴利传奇都有一个特点：就是重仓干趋势。但凡理性些的投资者，做日内可以重仓、可以满仓，因为一有风吹草动马上就溜了，但做趋势去重仓或满仓，赚一倍跟没赚一样，赚几十倍也不撒手，赚到上百倍再说。反正笔者认为这并不是在理性地做交易，而是豁出去在赌。赌输了，大不了本金赔光，但赌赢了，可能百倍千倍的收益就来了。仔细想想，好像也不错啊，如果你有100万元资金，的确可以拿出5万元去赌，这样你就有20次机会，赌输了大不了亏5万元，赌对了照着50倍收益去赚，这样的确是可行的，只不过需要行情的配合才可以做到。但如果你只有一个5万元，也学人家去赌行情，一把就输了个精光便没有后路可退了。如果赌行情赚钱是一个正道，那市场中赚到大钱的投资者应当很多才对，但现实却是，这些曾经赚到过暴利的人，很少再次上演暴利事件，绝大多数都销声匿迹了，这说明赌行情的操盘方式交易是行不通的，这样的实情要比那些传奇的暴利案例多得多。

对于一些媒体来说，报道这样的内容的确吸引人的眼球，但是属于“不实报道”，与其报道这些极个别的案例，还不如去报道那些买彩票中一等奖的人，两块钱中了五百万，几十、几百元中了上亿，岂不比做期货赚的倍数更多？这样的报道，真的是在误导投资者，是完全不理性的行为。任何暴利都有它成功的条件，而这些条件绝对不具有可复制性。且不说投资市场，商界那些风云人物的奋斗史具有可复制性吗？巴菲特的历史具有可复制性吗？如果这些极个别的案例真具有可复制性，满街的人个个都是首富了。

一波行情的到来造就一大批市场英雄，但一波行情的退潮也让他们淹死在了海底。一时的暴利的确非常吸引人、刺激人、挑逗人，但希望大家从心底能够了解：一时的暴利永远不可能长久。这个市场有持续盈利的方法，但绝对没有获得暴利的方法，不管什么行业，暴利只能通过铤而走险来获得。

持续的盈利才是生存的根本，许多世界级的投资公司、投资高手，真不见得交易水平比投资者高多少，但是他们对风险和收益的控制能力非常到位，每年都可以从市场中赚取稳定的收益，这个收益也许并不高，一年赚百分之二三十，但经过了十几年、几十年终成大家。

在这个充满杀机的市场中，吃一顿饱饭撑大了肚子并不一定是英雄，能够在市场里生存几十年不死，这才是真正的英雄！任何行业不都是这样吗——“剩者为王”！任凭浪淘沙，剩下来的人才是真正的赢家。而这些真正的赢家必然都有一手持续盈利的长久生存之道。一阳的操盘方法经历了近20年的市场考验，你觉得这些方法是不是具有可复制性以及可持续盈利的方法呢？相信你心中会有正确的判断。

一阳愿和你一起去追求持续性的盈利，一起成为这个市场怎么样都淘不掉的那一粒沙子。

为回报各位读者，凡购买本书的，均可通过QQ号联系一阳助手索取免费赠送的20个内部培训视频课件，以使你获得本书以外其他更精彩的交易技巧。同时，每周二、四均有免费公开视频培训课程，以及每天都有的当天买卖点形态总结小视频，希望这些公开的视频课程可以帮助各位读者朋友树立正确的交易理念并建立正确的操盘手法。如果需要进一步的学习，我们还有多种极富实战性的内部培训课程，你可根据自身情况选择学习。

笔者联系方式：

手机：13810467983　　　　　　（可加微信）

QQ：987858807-李助教　　　　（索取视频课件）

微信公众号：

扫码添加笔者公众号
内容：股市大盘分析
及期货培训视频

一　阳

2017年8月18日

目　录

※ 第一章　期货市场的重要认识 ※

理性的投资者对于期货交易的方方面面都有冷静且客观的看法，绝不会受情绪支配而使观点有所偏失。而失败的投资者都会有一个共性，看待市场的观点很容易受情绪的支配，赚钱时看待市场是一种观点，赔钱时又是另一个视角。如果总是受情绪的控制，而不能去控制情绪，那么在期货市场是永远无法成功的！

期货市场的重要认识虽然与实际操作略有一点距离，但它们就好像武功的“心经”一样，是提高操作水平必不可少的组成部分。这部分内容其实有许多，但因大多数投资者看这方面的说教都容易犯困，所以，笔者只做简单讲述。

第一节　各期货品种的波动特点

做期货交易的第一步是什么呢？你必须对想交易的品种有一个特点上的认识。这就好像生活中交朋友一样，不是说什么样的人你都会让他成为你的知心朋友吧？你和他交朋友前是不是得对他有所了解？看看彼此性格之类的合不合？做交易也是这样，你连这些品种的波动特点都不知道，一阳很难想象你能赚到钱！

在目前活跃的商品期货中，有几个品种称为“常规龙头”。它是全局或是板块中最为活跃的，无论行情上涨或下跌，它的波动幅度往往是最大的。常规龙头是投资者操作时必须始终关注的品种，因为一旦形成形态，它带来的收益往往是最高的。同样，在日内走势中，它也最容易出现在涨跌幅前列。

这些常规龙头是：橡胶、沪镍、螺纹、豆粕或菜粕、棕榈。橡胶多少年了一直是常规龙头，所以，橡胶是你必须要盯的一个品种，它可以代表能源化工板块。在沪镍没有上市之前，其实有色金属板块中的沪铜才是常规龙头，现在被沪镍替代了。橡胶与沪镍对于大资金做日内来讲并不太适合，因为它们的委买委卖单子并不大，不能满足100手以上的一口成交的要求。螺纹是黑色系中的常规龙头，成交量够大，价格波动也最为活跃，虽然有时焦炭或焦煤涨跌幅会更大，但无奈现在这两个品种成交量不行，满足不了大资金的交易，铁矿虽然成交量大，但不如螺纹活跃，所以应以螺纹为主。豆粕或菜粕受基本面影响，走势往往非常活跃，成交量也可以满足中等资金规模的日内交易。棕榈是三个油脂中的常规龙头，想做油脂的必须盯着棕榈。

如果资金量并不是很大，每天盯这几个品种就完全足够了。笔者在闲暇进行日内投机操作时，只是盯着螺纹、豆粕或菜粕与棕榈。对大资金来说，顺利成交才是头等需要考虑的事，因为资金量大，纯做日内是不现实的，所以，只能是趋势、波段、一阳锁套利单子做完了以后，再做做日内。交易的对象，交易的方式一定要结合着资金量来。

除了要明白什么是常规龙头以外，还需要了解价格波动的三大类型，它们分别是：波动活跃型、波动稳定型、波动呆滞型。

波动活跃型是指：价格的波动非常活跃，走势干脆利索，很少磨磨叽叽。当然这是一种常规情况，我们也需要理解：再闹腾的孩子也有蔫儿的时候，再蔫儿的孩子也有闹腾的时候。波动活跃型的品种有：橡胶、PP、沪镍、白糖、动力煤、大豆、鸡蛋、三个股指。

前五个品种都是比较活跃的，大豆、鸡蛋这两个品种其实活跃起来的时候也挺活跃，一有行情价格波动唰唰的，但一呆滞起来，也是一动不动的。三个股指也能再分：IC活跃型、IF稳定型、IH呆滞型。不过三个股指因为手续费与保证金的问题，基本上半死不活了，目前对它们进行交易，从收益率上来讲，非常不值！

活跃为什么活跃？其实就是因为盘口轻，这些品种基本上委买委卖单很少超过100手，甚至很多时候连50手也没有，有点资金就抽得它们跑起来了，所以才活跃。这类品种做起单来非常的爽，要赚要亏，要生要死，立杆见影。做单就是这样，要的就是这股子干脆劲儿，磨磨叽叽半天就算赚到钱总归感受上不爽。但遗憾的是，它们并不适合大资金玩。

波动稳定型是指：价格波动中规中矩，不温不火，不快不慢，走势非常稳定，其技术形态往往非常标准，因为成交量也往往较大，所以，中大规模资金可以玩，小资金就别玩了，玩干脆利索的就行，若不是受流动性的影响，谁不想做走势干脆利索的品种？

波动稳定型的品种数量最多：豆粕、菜粕、棕榈、豆油、棉花、玉米、玉米淀粉、螺纹、铁矿、L、PTA、甲醇、沥青、铜、锌、铝、金、银。这些品种进行形态操作效果是最好的，因为它们一旦形成某种形态，都会走得比较标准。

波动呆滞型是指：要么是价格波动半死不活，要么是成交量呆滞半天，总之就是被市场忽视的品种。真不知这些品种还留着干什么，让企业套期保值？一天都没几手的成交，谁在那套保，纯属浪费资源。

波动呆滞型的品种有：硬麦、强麦、稻谷之类，锰铁、锰硅、燃油、纤板、胶板之类。这些品种看它们一眼都是浪费时间。

不过像PVC、焦炭、焦煤、热卷介于呆滞与稳定之间，资金小的朋友做做也可以，资金量大的也就把它们归为波动呆滞类型里便可。

了解了这些特点之后，对于大家选择目标对象就有了很大的帮助，知道了它们的波动特点，你想和谁做好朋友，也就有了准主意。

第二节　谁让我们在亏钱

无论是新手还是高手，亏钱之后心中肯定都会憋着一肚子火，这股子气是必须发泄出来的。虽然细节上每个人发泄的方式不同，但大致可以分为两类：一类是怨天尤人类型的，这是绝大多数投资者的表现；一类是怨己类型的，这类投资者全国掰着手指头都能数清(略带夸张)。一阳已完成了怨天尤人到怨己的蜕变，所以很能理解绝大多数投资者怨天尤人的心理变化。

先放下第一句话：但凡在亏损以后怨天怨地怨祖宗、怨这怨那，从未怨过自己的投资者，你将毫无盈利的可能！

再放下第二句话：所有亏损的原因，自己占99.99%的责任，只有0.01%的责任是其他事件造成的。什么时候你能真正从心底理解这句话，你资金收益的拐点才会到来！

大量的投资者亏钱以后会有什么样的表现呢？如果正好出台了什么政策导致了价格的波动，他们的矛头就会针对这些政策，破口大骂相关政策，好像他们的亏损完全是因为政策的原因，而根本没有自己什么事。

如果投资者学了一个方法(其实也是一知半解的，根本不精通)，然后照葫芦画瓢，结果产生了亏损，于是便会把亏损的原因归在这个方法上，认为这个方法不好，害得他亏了钱。你非得拿刀往自己脖子上划，却怪刀把你整死了，刀去哪儿说理去？

还有投资者亏钱了会这样报怨，××老师指导我亏钱了。貌似有点道理，但为什么人家说什么你就听什么这么没主见呢？如果人家让你汇过来100万元，我想你肯定不干了，为什么此时不听话了呢？你自己都放弃了对自己负责，还指望别人对你负哪门子责呢？交易自主，风险自负。

还有的投资者会说我亏钱是因为我用了某个指标，在这里一阳明确一下观点：只要你严格按照指标来操作，我不敢说你能赚多少，但绝对不可能亏！一阳就敢说得这么绝对，关于这一点若有不服的，尽可来与我打赌，你用什么指标亏的钱，我就用什么指标赚钱来让你看。但凡用指标却还是亏损的投资者，全都是因为不严格按指标指令交易，有信号了不敢下单，等敢下单时信号早没了，你不听指标的话，却怪指标无法帮你赚到钱，这是不是有点要混呢？

还有的投资者亏钱以后会这样说：都怪××老师教得不好，害我亏了钱。须知，老师教得再好，也需要你认真学习配合不是？一个老师教出来的学生，有的上清华北大，有的毕不了业，那些毕不了业的难道都该怪老师吗？在学习这件事情上，老师占50分，学生占50分，老师教得再好，学生不努力，不按照老师的要求执行操作，依然不可能及格。

类似的情况还有许多，一阳也曾碰到过不少这样的读者朋友，上来便说：你的书真垃圾，害我亏了钱。哎，看我书赚钱的读者朋友多的是，怎么就你亏钱？请别把我的书当作你亏钱的出气筒。但毕竟是我的读者，我还是耐心问他为什么亏？印象最深刻的是这样一个胡搅蛮缠的人：他看我讲的逢低做多的技巧，这个方法第一条就是要求布林线中轨趋势向上，而后价格回落到布林线中轨时开仓，这种形态不用放图片，大家脑补都知道是怎样一种技术形态。结果他在中轨方向向下，价格反弹到了布林线中轨压力位时开多单。我当时郁闷得不要不要的，你连我的方法是怎么一个样子都没搞清楚，亏钱了就来怪我。罢罢罢，我需要你的存在，我赚的钱里面就有你的贡献，我应当感谢你，不应当有这种恨铁不成钢的感觉。试想如果大家都是这样的交易状态，又岂能赚到钱？

好了，不扯这些事，毕竟一阳也有培训，说这些好像是为自己开脱一样。我们换个方式来说这个话题：①如果你的孩子因为学习不好，天天骂老师教得不好，你会如何？②如果你的孩子学习不好，向你抱怨是学校的管理制度太严格，你会如何？③如果你的孩子学习不好，却总是怪辅导书上讲解的案例不对，你会如何？④如果你的孩子考试不及格，原因是别人给了他小抄，结果答案整错了，你会如何？⑤如果你的孩子学习不好，却总是怪这怪那，从来不怪自己的学习方法不对，从来不怪自己不努力，你会如何？

我估计你的答案应当是揍他的屁股。但你抱怨亏损的方式不也是这样的吗？

为什么投资者会在亏损以后把责任推向别处呢？从心理学的角度分析，这是人体的自我保护机制，是有利于个体身心健康的，通过推卸责任使自己遭受的挫折或失败有所淡化，从而得到部分或彻底的解脱。

说直白些就是：人们内心深处为了掩饰自己的无能。承认自己蠢和笨的确有些强人所难，从正常的心理反应来讲，任何人都是难以接受的，但如果因为其他的原因而导致我的亏损，就不怪自己蠢和笨了，于是其他的事件成了替罪羊出气筒。虽然这是人正常的心理保护机制在起作用，但这也是绝大多数投资者亏钱的原因，因为你根本斗不过你自己这个最大的敌人，既然你一直不能战胜自己，那就一直亏下去吧，什么时候觉醒了再说赚钱的事。

一阳对于那些一交流就抱怨这原因使他亏损，那原因使他亏损，从来不从自身找原因的投资者，一律拉黑，跟这种人多说一个字都是浪费时间。你没有正确的交易方法，我可以教你，但如果你意识不到亏损的责任99.99%的原因在于自己，对不起，我需要你的存在，你存在的意义就是把钱输给我，我必须让你保持现状，所以不会与你再有任何交流。

谁让我们在亏钱？是我们自己害得我们自己亏了钱！如果你不服气，认为一阳说得不对，我不与你争辩，而是要谢谢你！这本书余下的内容你也不必看了，因为你看再多的书，学再多的东西也改变不了你把钱输给我们的结局。如果你发自内心能够认可“亏钱的原因99.99%在于自己”这句话，余下的内容好好学习，有什么不懂的随时联系我们，咱们属于少数的那部分人，要紧密地团结在一起，壮志饥餐亏货肉，笑谈渴饮败者血！

第三节　小资金的生存之路

我碰到不少刚大学毕业的年轻热血投资者，以及一些资金可能并不是太宽裕的小资金投资者，他们通常会问这样的一个问题：我的小资金应当走稳健盈利的线路，还是走积极获利的线路？

这个市场交易策略其实是很多的，资金越大所能用到的交易策略也就越少，因为船大调头难，资金越小交易策略也就越多。投资者本身钱就少，最担心的就是赔钱，所以，越是钱少反而越容易产生一种追求稳定收益的想法。

其实严格来讲，操作方法或是操作结果没有什么稳健或是激进之说。1天操作10回以上可能就称为交易手法激进，10天操作一回可能就称为操作手法稳定了，这其实根本不对！哪怕1天做10单，但每一单都有明确的交易理由，这也不能说是激进，哪怕一二十天做1单，却是胡乱凭感觉做的，也不能称为稳健。

小资金因为进出顺利，所以各种周期的交易都可以做，而大量的投资者又以日内为主，因为较多的交易次数，所以被称为激进的交易。而大资金由于进出困难，必须在长周期上交易，好几天可能才做一单，由于时间周期被拉长了，所以产生了稳的错觉。

在风险控制得当的情况下，根本就不存在什么稳健与激进之说，大家一定要先搞清楚这个基本的概念。因此，这个问题就要变成：小资金应当走短周期交易的线路，还是应当走长周期交易的线路，而不是走激进或稳健的线路。

咱们先别说操作方法了，就连许多的基本概念许多投资者都没有搞清楚，以这种状况去操作，胜算又有几何？

一阳认为：小资金应当走短周期交易之路，长周期交易之路并不适合。看似长周期交易单笔利润很高，但是，长周期K线操作的机会却是非常少的，其实大资金也想把握更多的机会，但是，在进出都不方便的情况下，只能牺牲短周期交易的机会而死等长一些周期的交易机会。没听说过上千万的资金天天在那打日内的。

短周期交易虽然说单笔利润不多，但累积下来的利润却是非常惊人的，理论上讲每个交易日只要有1%收益，一年240个交易日便可以实现10倍的盈利；如果每天2%的收益，那更是了不得了。每天赚1%或是2%其实并不难，其中的难点在于：每天都赚这不现实，总有亏的时候，而亏一天其实就需要两三天来追上原来计划的脚步。当然，这只是一种理论，心别太高，理论与实际完全是两回事，所有理论的东西都是极为完美的，所以别太当回事儿。

如果做长周期，假设价格今天波动了2%，按10倍保证金来算，也就是赚20%这么多的死数了，但如果是做短周期交易，涨了做多，跌了做空，累积起来的收益肯定就要超过20%了。做趋势也是如此，这一段价格涨了1000元，这1000 元对于趋势交易就是死数(在不复利加仓的情况下)，但对于日内，涨涨跌跌之中，累积下来的收益可能就要远超过1000元了。所以，小资金一定要发挥灵活的特点去把握更多收益机会，这才是正事。

但如果不想这样做，只想追求大资金像巴菲特一样，一年20%的收益可以吗？可以是可以，但一阳认为根本不值当！算笔账就知道了。

在不增加投入的情况下，假设20岁的年轻人拿20000元钱来做期货。每年按20%来算，5年之后的25岁，资金变为49767元，净盈利29767元，每年5954元，每月496元，如果再减掉生活成本呢，这5年虽然赚到了钱，但生活其实挺悲催的。你就是到北上广深当保安，每月工资也得5000元往上了，5年也能攒个25万元左右！

虽然每年20%的收益按国际投资收益标准来看非常高了，但在本金较小的情况下，就算你赚钱了，但你的生活质量一点也没有提高，生活依然非常苦逼。但若有1000万呢？别说20%，就是10%好不好，也是100万，在国内走哪儿你也不能说这是一笔小钱吧？

这是5年的情况，那么10年后的情况呢？10年后20000变成了123835元了，可是，从20岁到了30岁的年纪，你结婚吗？别管在哪个城市，这12万应当连首付都不够吧？哪个丈母娘会让自己的女儿嫁给一个30岁连首付都付不起的穷青年？

所以说，资金量如果小，千万不要学什么长周期交易或是学什么稳健的交易方法，没有任何意义，不是说这种方法不正确，而是获利速度太慢。除非你只是把交易当成一种娱乐，根本不指着它赚钱，就像打麻将一样，打发时间。否则，小资金必须去追求更多的获利机会，从短周期交易上做文章。

一阳认为，在三、四线城市生活的投资者，资金量要在100万元以上才有必要以求稳为主，只有以这样的资金规模一年轻轻松松赚个二三十万才可以使生活变得有点意义。而在二、三线以上的城市生活的投资者，低于500万元资金就猛往前冲，再不冲你那点钱回头连个厕所都买不起了。

当然也一定要记住往前冲的前提：你得有两下子，如果只是除了吃就会拉，还想着找到一个月赚好几万的工作，这就是做梦了。先有金刚钻，再去揽那瓷器活，顺序不能搞错。有一些投资者这样想：我先赚了钱再去学炒期货的好方法。拜托！没方法你靠什么赚钱？真不知这类投资者怎么会有这样错误的想法。不过，还是感谢他们的大量存在，多多益善。

第四节　好方法与好工具

作为普通投资者想要持续性盈利需要什么呢？需要两样东西，但不管是哪一样，只要拥有了就可以做到盈利，当然，多盈利一些和少盈利一些会随这两样东西运用的熟练度而有区别，但至少可以不亏。

这两样东西便是：好方法与好工具。

好方法容易理解，就是应对价格波动变化的各种操盘手法，这里面也包括理念。许多投资者之所以亏钱，其实最主要的原因就是根本不具备任何赚钱的方法！只是觉得能赚钱，然后就来了。甚至曾有投资者问我：一阳老师，请问做什么品种能赚到钱？我再次郁闷得不要不要的，我真不知道做什么品种能赚到钱，我只知道用什么样的方法能赚到钱，而用这些方法在任何一个品种上都能赚到钱。能让我们赚到钱的不是具体某个品种，而是你所运用的方法。

就比如说斗地主游戏吧，赢和输的关键是你打牌的技术水平，不会打配合、不会记牌算牌、乱打一通能打赢才怪呢。想跟别人打麻将赢钱，你是不是得知道怎样胡牌？能赢与否不在于你是打麻将，还是玩牌九，而在于你会不会玩的方法。有了这个方法，不管玩什么你都可以赢到钱。

做任何事情先讲究方法，再去看结果。我说过一句这样的话：交易的结果等于你的方法的有效性。如果你总是在亏钱，上至理念，下至方法全部都是错的。如果你可以持续性盈利，而不是一时运气好盈利，那你的思路与方法全部正确，此时你要做的就是坚持当下的交易状态。如果一直亏损，你就必须有所改变，你当下的思维全部是垃圾，你当下的交易方法全部是错误，全部需要扔掉，如果只要不改头换面，绝无盈利的希望。

当然，好方法能够帮助投资者实现盈利，已被越来越多的投资者意识到了，所以您才会购买这一本书来学习，这就是一个好的开始！投资其实并不难，难的是纪律的坚守与人性的控制，因为方法都是死的，许多方法的核心思路都是长久不变的，掌握它们并不困难，难的是坚持使用下去。

你懂的交易方法越多，应对价格波动变化的能力就越强，最终就可以达到不管价格如何波动，都有相应的盈利解决方案。当然，这是建立在一招鲜吃遍天的基础上。这一招鲜就是你的大本营，是你最后的退路，在这个基础上，你才可以开疆扩土学习更多的方法。如果你在市场里没有一技之长，却想着千招会，这是没意义的。须知千招会不如一招精！一阳极为提倡一招精。只不过随着这一招练到了极致，你就会发现有时市场并不给这种交易形态的获利机会，而是形成了其他的获利形态，这怎么办呢？此时，千招会就派上了用场，你可以再用其他方法捕捉交易机会。

好方法并不是多种方法；一阳在实战操作时也就用一招，只不过在教学员的时候，会根据学员的自身状况教他们合适的方法，为了培训所以才使得自己做到了千招会，但在实战操作时，只一招，这一招能帮我赚钱，而且赚得轻轻松松，我为何不用呢？

再说好工具，作为投资者可能会非常排斥，好工具就是所谓的软件、指标之类。软件又分为：功能性软件与决策性软件。像现在功能性软件好的就是文华财经，最简单一个功能，画线下单，画一根线开仓、止盈、止损全有了，根本用不着一直盯着盘，节省了投资者的精力，这属于功能性软件。决策性软件或是指标则是通过技术指标为投资者提示交易机会，其实这种东西很多，大家天天接触的什么移动均线、MACD指标等都属于决策类工具。

因为投资者根本不严格按照决策类工具的信号执行操作，所以，在亏损以后，受心理保护机制的影响而又去埋怨信号不好使、赚不到钱。这些决策类工具真是被活活怨死了。因为一阳太了解各个指标的功能了，所以一阳才敢说：不管哪一个指标，如果你觉得用它赚不到钱的，来和我打个赌，我让你看看我是如何用它赚到钱的！就是这样自信。一款款的指标就像一把把的名刀，你不会耍，砍伤了自己却赖刀不好，这是耍混的行为，如果你是这样一名投资者，那我只能再次谢谢你存在于这个市场之中了。

指标也好、软件也好，之所以让投资者反感是因为它们多数得购买，在没赚钱或是亏钱的情况下先得花一笔钱来买它们，这滋味就换作是我也觉得不爽。但没办法，人家的工具也不是白白就弄出来的，都集聚了人力物力。

投资者虽然反感，但是投资机构们却非常喜欢！别说大机构了，就是笔者自己的交易团队没事都会搞搞这方面的研究，想办法让自己的交易更加便捷，让自己的决策可以更加省力，听说有什么好的功能性工具或是决策性工具都会去了解一下，因为每一款工具的背后都反映了一组交易的策略，这是必须学习的。现在国内的投资公司哪一家要是没有自己专用的交易工具，那这家公司根本就无法生存下去，仅凭人脑主观判断式的交易注定是要被市场淘汰的。

用工具几秒钟或几分钟就能干完的事，你非得人脑思考好几个小时，这不是浪费时间是什么？有那个时间锻炼一下身体，享受一下生活多好。正是因为会使用以及会制造工具，才使得人类与动物区分开来，而你却做着回归原始的事情，结局注定是可悲的。在这个时时搅动我们内心的市场中，如果没有一个工具辅助着、约束着你的交易，主观判断哪怕只出一次错，也可能造成无法挽回的损失。

当然了，在使用工具的时候，一般大资金才需要使用有更多功能的功能性工具，作为普通投资者决策性工具就够了，因为大多数投资者缺少的其实就是正确的操作方法，而决策性工具则是这些正确操作方法指标化的外在体现，最简单的例子，MACD指标金叉买进，你死按此做就行了，不需要考虑别的，是不是简化了你分析的压力？只是你不相信MACD指标会有这么大的作用而已。

好方法与好工具其实是一回事！只不过工具的便捷之处在于，你拥有它以后就不必再学习了，直接按信号执行操作就可以，因为它本身就是正确方法的外在体现。一阳就有许多学员现在正使用着好的工具，在没怎么学习的情况下也照样实现了不错的收益，这就是好工具带来的便捷之处。当然，至于你相不相信那就是另外一回事了，在自信的成功者眼中，市场存在必然的获利方案，他们坚定不移的相信着；而在失去自信的亏家眼中，这个市场压根就不可能赚到钱，所有赚钱的方法都是骗人的。何止在这个市场中，任何行业不都是这样吗？虽然笔者现在的获利方式效果很不错，但我依然相信，市场中还存在更好的获利方法，只是我还没有破解它而已，但并不表示它不存在。

好的工具不一定可以帮你直接赚钱，它只不过去除了人性的弱点，将波动的信息以统一的理由直观地显示出来，其信号更符合价格波动的常态规律，因此非常值得交易水平低下的投资者使用，在你没有任何技术的情况下，任何一款指标的信号都比你自己交易的成功率要高得多。

好方法是我们赚钱的根本，学习起来颇费力气，掌握好方法需要努力刻苦的学习，还得有好的老师教。好工具，拥有比较简单，只要能坚定地按信号执行操作，肯定比自己胡乱做效果要好得多。好方法与好工具是获利的基础保障，请你至少拥有其中一项，否则你凭什么从市场中、从众多的高手手中把钱赚走？我曾这样比喻这个市场：满市场的人都是“小偷”，既要偷走别人的钱，又要防止别人把自己的钱偷走，于是大家都苦练技术，谁的技术高，谁就吃香喝辣；谁的技术差，就只能等着别人把你口袋里的钱掏光，然后饿死。你不想练也没事，拥有一个“小偷”机器人就可以了，让它替你完成任务。

※ 第二章　量价分析 ※

在技术分析中，量与价就好比是人们的双腿，同步对量与价格的配合状况进行分析，可以得出许多重要的技术信息，可以使得投资者的分析结论与市场的波动高度一致。量价配合是死的，有固定的规律可以寻找，只要牢记这些核心交易思路，就可以轻松打通量价分析这一关。

这一章就为各位读者朋友重点讲解一下常规量价分析的要点，结合量价的关系再去看待各种技术形态，胜算的概率就可大幅提升了。

※ 第二章　量价分析 ※

第一节　哪里有量哪里就有机会

投资者都希望把握更多的交易机会，但许多时候又不知道交易机会会在何时出现，或是机会出现时是大机会还是小机会。运用各种买卖技巧时来把握稍纵即逝的机会，若结合成交量分析则更容易知晓机会将会在什么情况下存在，以及是大机会还是小机会。

那么，交易的机会如何判断呢？很简单，一定要记住下面的两句话：①哪里有量，哪里就有机会；②大量大机会、小量小机会、无量无机会。

成交量的放大意味着什么？意味着资金的积极参与，任何商品的价格都是这样，只要有资金介入，价格就会产生波动。而价格只要产生了波动，对于投资者来讲，也就意味着交易机会的出现。

大量大机会是指：资金介入的数量越多，那么，对价格的影响也就越大，价格此时的波动幅度就会越宽，与之对应的交易机会与获利空间也就越大。这就好像是车速跟油门的关系，成交量就是油门，车速就是价格，油门踩得大车速自然就快。

小量小机会是指：资金入场的数量不多，对价格的影响就会较小，此时价格的波动幅度也就会比较小，价格波动幅度小带来的盈利机会也就会小一些。同样，油门给得小，车也就跑不快。

无量无机会是指：不管是做多的资金还是做空的资金，在此时都没兴趣入场操作，那么，价格何来波动的动力，无量的区间不管是做多还是做空都没有什么机会的，直到成交量再度出现放大的时候，机会才会真正出现。同理，你不踩油门了，还想让车往前跑，这怎么可能？

在寻找机会的时候，只需要看一下当前的成交量是萎缩状态的，还是放量状态的，就知道机会的大与小了。使用这种方式进行交易，仅限于日内交易，对于日线级别的趋势性交易并不适用，股票的日K线量能是要重点分析的，但期货的日K线量能没有任何规律。

橡胶1701合约2016年9月12日3分钟K线走势如图2-1所示。

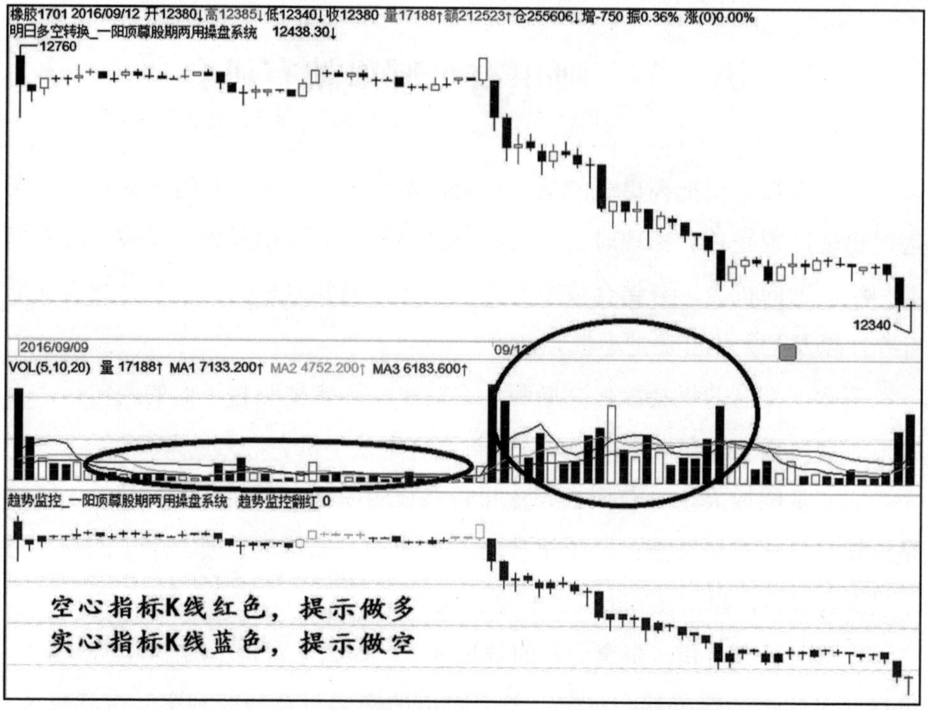

图2-1　橡胶1701合约2016年9月12日3分钟K线走势图

橡胶1701合约2016年9月12日价格在盘中出现了窄幅震荡与单边下跌的走势，很显然，窄幅震荡区间的操作价值比较小，而单边下跌的走势则成为当天最好的获利机会。是什么原因导致了价格的波动产生了如此大的差异呢？

只要仔细看一下成交量的变化便可以找到答案。价格窄幅波动的时候，成交量非常低迷，这说明资金在此时并没有入场操作的意向，得不到资金的推动，价格自然很难有较大幅度的波动，自然也就无法给投资者提供好的获利机会。

而在价格单边波动的过程中，成交量出现了明显放大的迹象，量能的放大意味着资金的介入，在有资金推动的情况下自然就会有不错的行情出现。橡胶的走势很好地体现了“哪里有量，哪里就有机会”这句话。

沪锌1611合约2016年9月27日3分钟K线走势如图2-2所示。

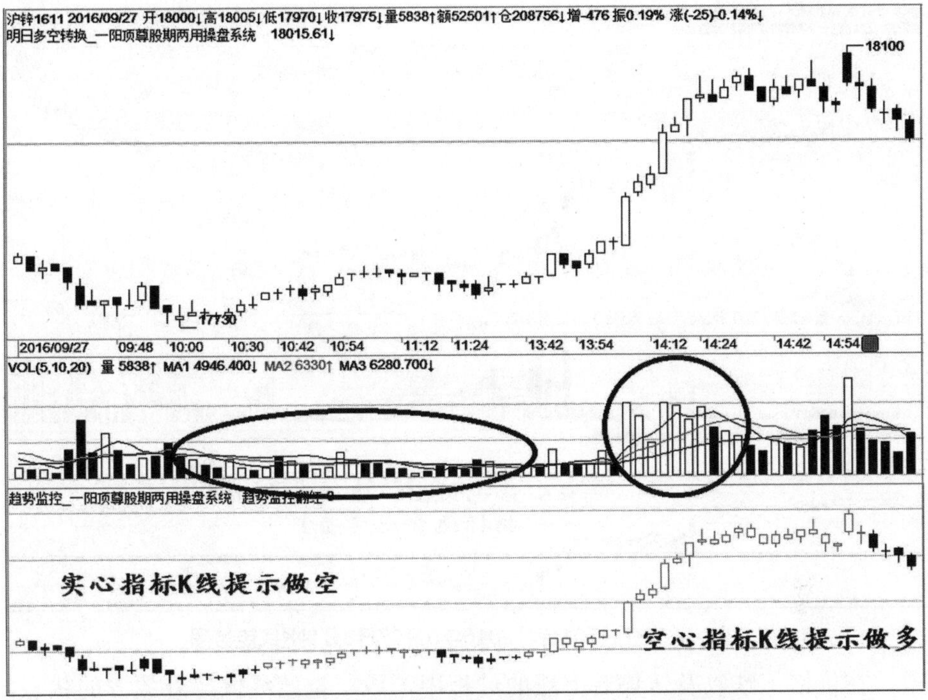

图2-2　沪锌1611合约2016年9月27日3分钟K线走势图

沪锌1611合约2016年9月27日价格在低位震荡的过程中，成交量非常小，量能小说明资金入场的数量少，在轻踩油门的情况下，价格自然也就无法快速波动了。

经过了一番低位震荡之后，出现了一波上涨的行情，上涨过程中，成交量出现了明显放大的迹象，这意味着资金开始大量入场，受资金的推动价格的波动幅度肯定会比较宽，从而给投资者带来极好的获利良机。

从沪锌的走势来看，放量区间就会有大机会，而无量区间就只能出现小机会了，作为普通投资者，交易机会我们无法创造，但可以等待，一旦见到放量现象出现，便要敏锐地意识到：好的获利机会就在眼前。

沪镍1701合约2016年9月27日3分钟K线走势如图2-3所示。

沪镍1701合约2016年9月27日价格出现了单边下跌而后转势单边上涨的行情，这两波行情为投资者提供了极佳的获利机会，为什么会出现这么大幅度的涨跌行情呢？除了其他因素，量能的变化是促使价格大幅涨跌的主要内在原因。

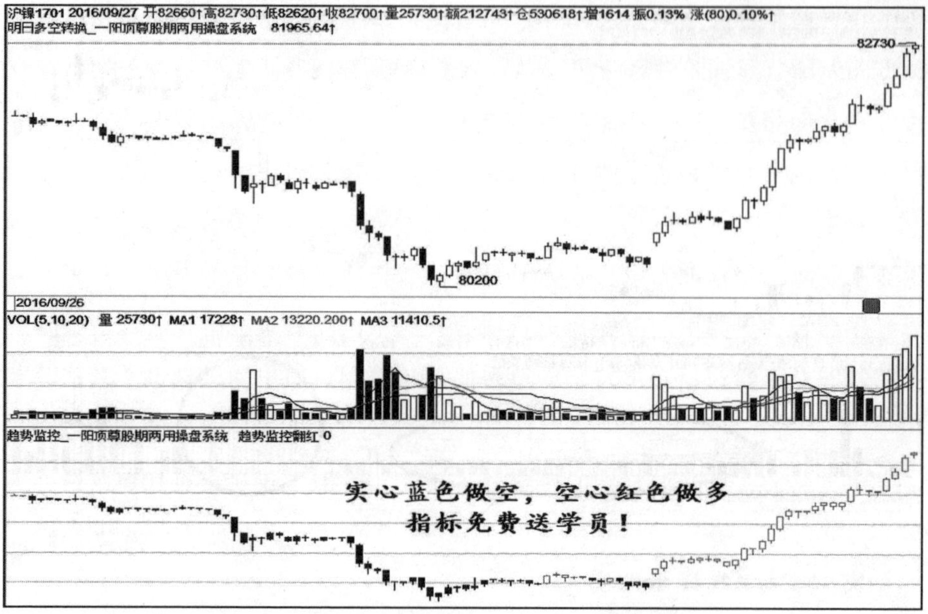

图2-3 沪镍1701合约2016年9月27日3分钟K线走势图

在价格下跌以及转势后上涨的过程中，成交量始终保持着放大的状态，这说明资金在积极参与着交易，油门一直踩得足足的，价格自然也就会唰唰地波动，想要捉住大的获利机会，就一定要在价格出现放量的区间去寻找机会，只要量能放大了，就必然会给投资者中途介入的机会。

当然，价格有大幅波动也就会有小幅波动的时候，那么，沪镍小幅波动的区间又有怎样的特点呢？大波动放大量，自然小波动区间肯定就不会有大量了，所以，在小量区间适宜关注，而在大量区间则适宜操作。

白糖1701合约2016年9月29日3分钟K线走势如图2-4所示。

白糖1701合约2016年9月29日价格出现了上涨、调整，而后转为下跌的走势，这期间价格有大幅度的波动，也有小幅度的波动，波动幅度之间差异的原因来自哪里呢？其实只要对成交量的变化仔细地进行分析便可以看出问题所在了。

在价格大幅波动的过程中，成交量都出现了明显的放大迹象，量能放大意味着资金介入的数量较多，有大量资金集中交易的区间，价格的波动肯定会比较大，从而给投资者带来更多的获利机会，所以，操作的点一定要落在放量区间之中。

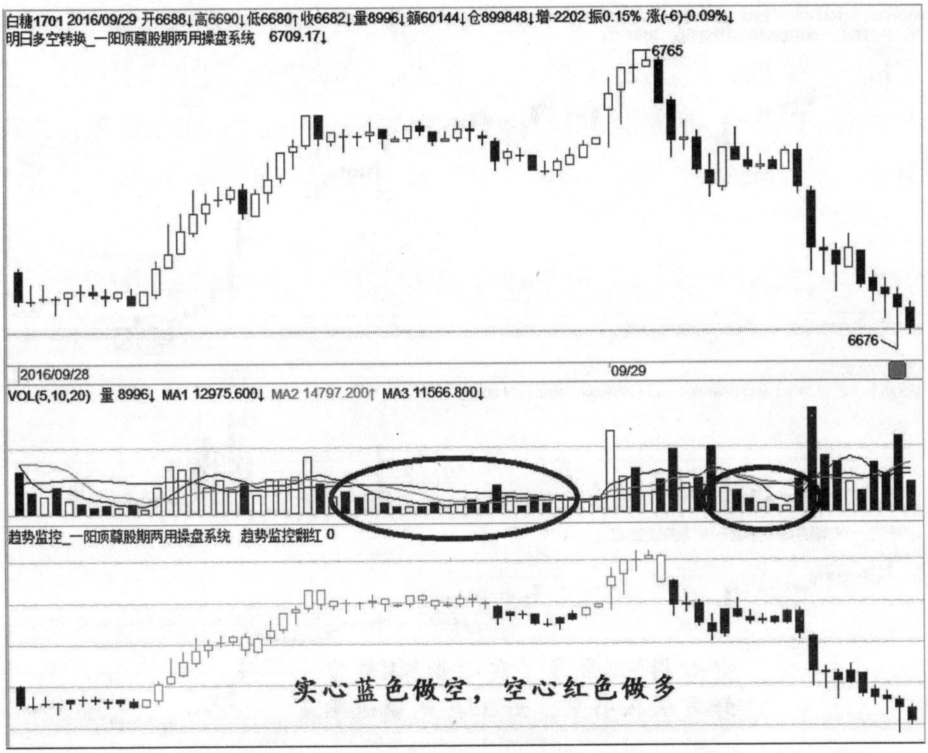

图2-4 白糖1701合约2016年9月29日3分钟K线走势图

而价格小幅度波动的时候，成交量则出现了明显的萎缩，在这一区间入场操作很难获得好的收益，所以，缩量区间只适合观望。量能不可能一直萎缩下去，总会出现放量，缩量休息，放量操作，把握好这个节奏，赚钱也就很容易了。

菜粕1701合约2016年9月30日3分钟K线走势如图2-5所示。

菜粕1701合约2016年9月30日价格整体出现了下跌的走势，在下跌的过程中，有时价格跌得少一些，有时则会跌得多一些，同方向波动时，幅度变化的原因来自于哪里呢？如果只是查看K线走势进行分析，则很难找到原因，但若结合成交量的变化进行分析，原因一下子就非常清楚了。

在价格下跌幅度小的区间，成交量也比较小，而在价格下跌幅度比较大的区间，成交量则比较大。有大量的资金入场做空，价格会跌得多一些、快一些，而入场资金数量较少的情况下，价格自然也就没有足够的动力出现大幅度的下跌。量能是决定价格大幅波动与否的关键所在。

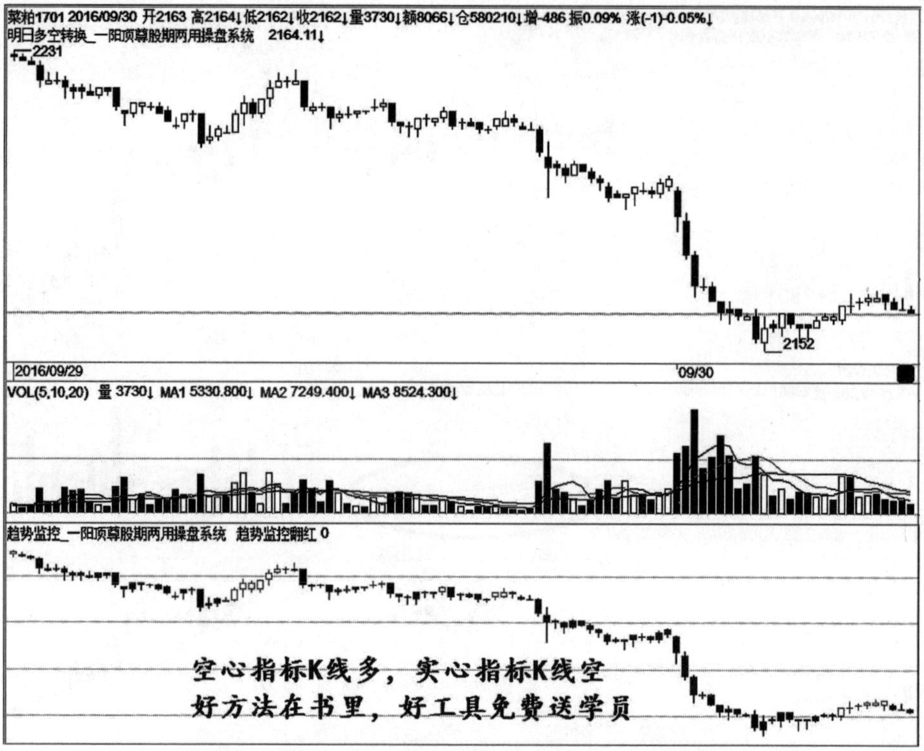

图2-5 菜粕1701合约2016年9月30日3分钟K线走势图

知道了机会藏在放量区间的道理之后，相信各位读者朋友也就不会再抱怨捉不住操作机会了，放量的区间就去找机会做交易，缩量区间则作为重点关注区间，毕竟放量之后就会缩量，而缩量之后也就会放量，放量与缩量就如同呼吸一样，只要跟上市场的节奏，资金自然会增值。

第二节　放量与缩量的标准

放量与缩量听起来容易理解，但放量的具体标准是什么？而缩量的具体标准又是什么？总要有一个标准对不对？否则，我认为是放量了，你则认为并没有放量，没有形成统一口径的结论自然也就不能够去指导实战操作。所以，放量与缩量不能仅凭口头描述，一定要有一个统一的标准。

其实就放量与缩量本身来说，常态情况下分析的标准便是进行对比，当前成交量放大了，这是因为与之前的量能相比，量能柱体明显变长。当前的成交量萎缩了，这是因为当前的成交量柱体相比之前缩短了。有了对比，放量与缩量也就容易做出判断了。这种方法是实战中普遍采用的方法，当然，它适用于略有经验的投资者。

而对于没有什么实战经验的投资者，则可以采取这种统一口径的判断方式：使用5日与10日均量线进行判断，如果成交量柱体在两条均量线上方，则说明成交量放大了；如果成交量柱体在两条均量线下方，则说明成交量萎缩了。用这样的标准去判断缩量与放量就更加清晰了。这样一来操作的区间也就容易找到了，一定要在成交量柱体位于均量线上方的时候进行操作，这一区间容易出现大的获利机会，而一旦成交量柱体位于均量线下方，获利的幅度也就要开始减小了。

螺纹1701合约2016年9月29日3分钟K线走势如图2-6所示。

螺纹1701合约2016年9月29日价格出现了连续上涨而后转为下跌的走势，从价格上涨与下跌时的成交量来看，在价格波动活跃的同时，成交量也保持着放大的状态，完美地体现了“哪里有量，哪里就有机会”这句话。

根据对比的方式确定放量，需要先看一下之前的量能，而后拿现在的成交量与之前的成交量大小进行对比，这种方式适用于经验多一些的投资者，因为如果碰到了量能规律性不太强的情况，有丰富实战经验的投资者才可以正确判断。

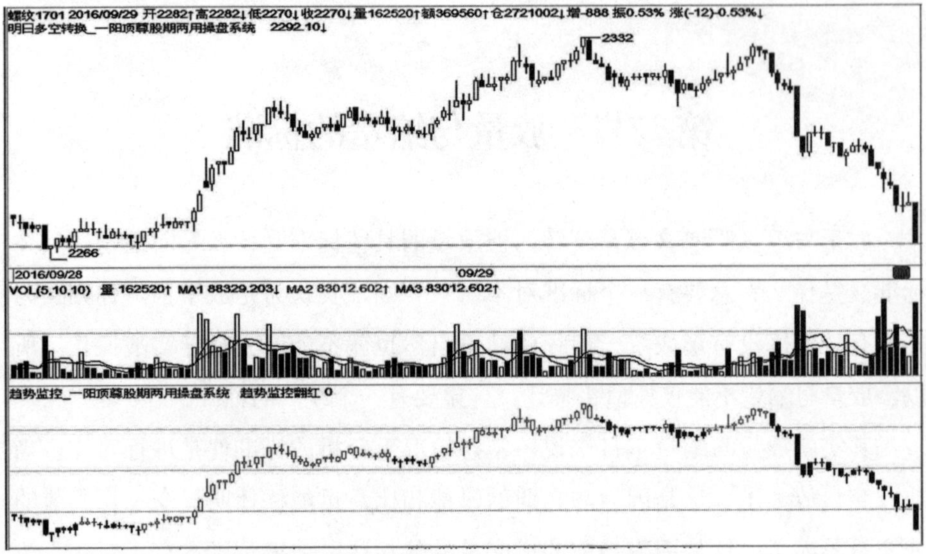

图2-6 螺纹1701合约2016年9月29日3分钟K线走势图

而对于实战水平差一些的投资者，则可以使用统一口径的方法进行判断：只要成交量柱体在5日、10日均量线上方，那么，成交量便是放大状态，而只要成交量柱体位于5日、10日均量线下方，则意味着成交量是萎缩的。用这种标准进行分析，在什么位置时应当积极操作，在什么位置时应当观望就显得比较容易判断了。

螺纹1701合约2016年9月27日3分钟K线走势如图2-7所示。

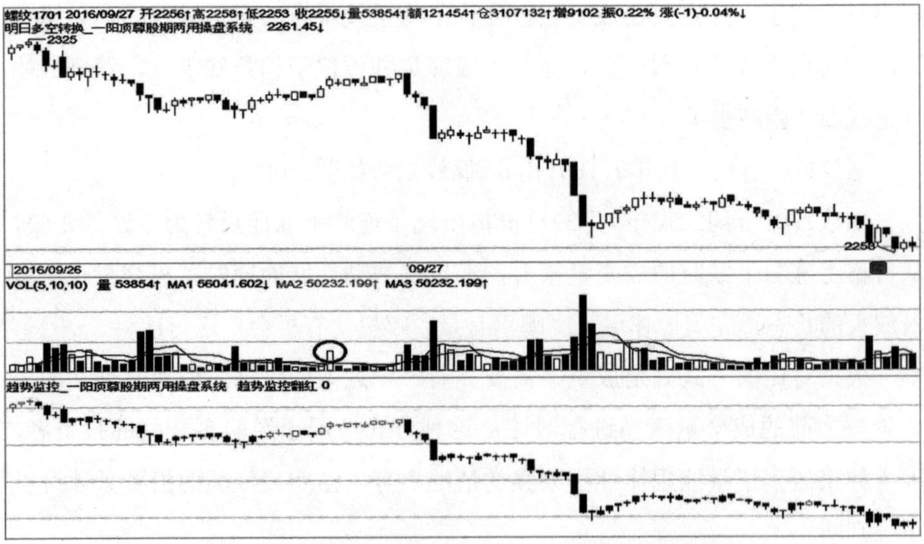

图2-7 螺纹1701合约2016年9月27日3分钟K线走势图

螺纹1701合约2016年9月27日价格出现了下跌、反弹、再下跌的走势，从整体下跌走势来看，主要的下跌过程中，成交量柱体全部位于均量线的上方，这说明资金做空的积极性非常高，价格有了足够的动力自然波动的幅度也就大一些了。

在下跌过程中还出现了反弹的走势，反弹区间成交量柱体基本上都在均量线的下方，这就意味着成交量萎缩了，在量能不足的情况下，反弹向上的幅度都比较小。有了均量线这个统一的标准，放量可以及时地做出判断，缩量更可以准确地做出判断。

在价格反弹过程中曾有一根阳线的量能位于均量线上方，这是属于放量吗？它是单根放量，而不是连续放量，成交量仅是单根放大，而整体还在均量线下方，就不能视为有效的放量。

玻璃1701合约2016年9月30日3分钟K线走势如图2-8所示。

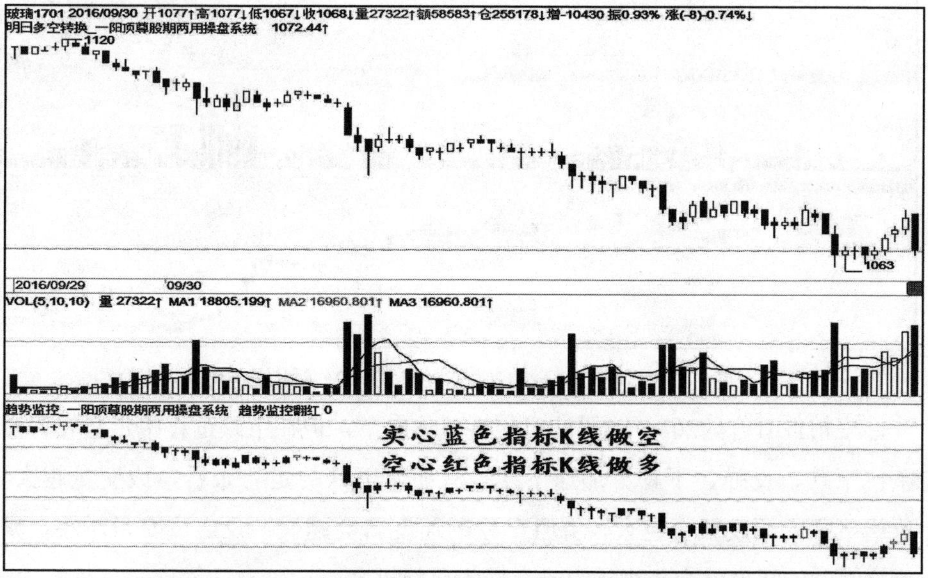

图2-8　玻璃1701合约2016年9月30日3分钟K线走势图

玻璃1701合约2016年9月30日价格出现了连续下跌的走势，在整个回落过程中，下跌与反弹交替出现，放量区间价格便会连续回落，而缩量区间价格则会出现小幅度反弹的走势，可见，放量的出现对于识别机会是多么重要。

5日、10日均量线是变动的，因此，在进行分析的时候也要变动地来看待，只要成交量柱体位于两条均量线上方，那就意味着放量现象的出现，获利的幅度也将会在这一区间变得大起来。而一旦成交量柱体位于均量线下方，便意味着价格的波动失去了动力，此时整体方向虽然可能还会延续，但价格会在前进的途中休息一下了。

成交量在均量线上方的放量区间，以操作为主要思路，而成交量在均量线下方的缩量区间，则以平仓、观望或等待新的介入机会为主要思路，这样去做市场的波动节奏也就会踏得准一些了。

菜粕1701合约2016年9月30日3分钟K线走势如图2-9所示。

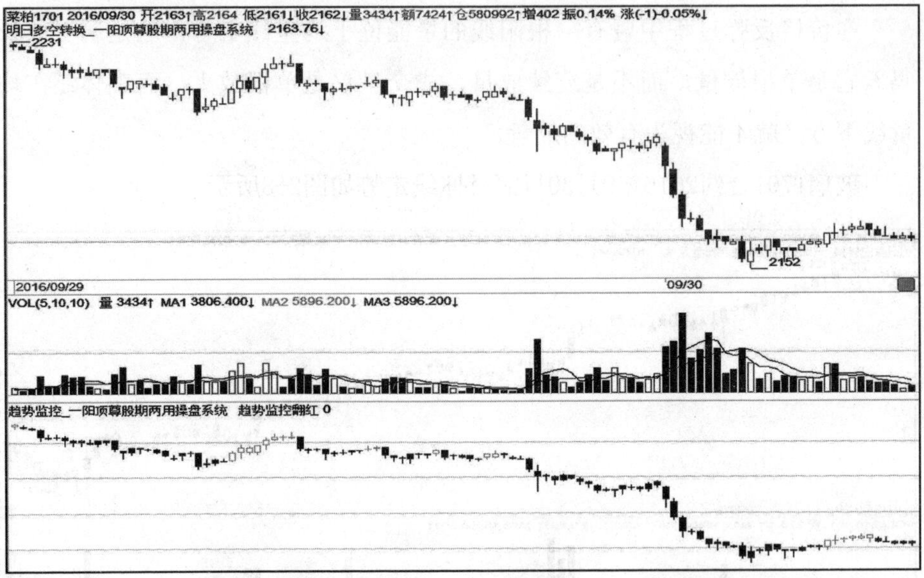

图2-9 菜粕1701合约2016年9月30日3分钟K线走势图

菜粕1701合约2016年9月30日价格整体向下，但在下跌过程中走势较为复杂：下跌、反弹、下跌、加速下跌。从加速下跌的走势来看，成交量越大，价格下跌的幅度就会越大，并且下跌的速度就会越快；反之成交量越小，则价格波动的幅度就会越小，很难有好的获利机会。

不管是加速下跌还是缓慢下跌，所有的下跌过程都有一个共性——成交量柱体都在均量线上方。由此可以看到，只要形成放量的态势，价格就很容易延续当前的波动趋势，一直为投资者带来盈利的机会，直到成交量开始萎缩。

而当成交量柱体位于均量线下方的时候，价格的下跌便暂时停止了，随后就是各种幅度的反弹，它们的出现也就意味着空单交易机会暂时消失。当然，千万不要认为成交量柱体位于均量线下方不好，这种现象其实恰恰意味着缩量过后又将会迎来新一次的放量。

棉花1701合约2016年9月29日3分钟K线走势如图2-10所示。

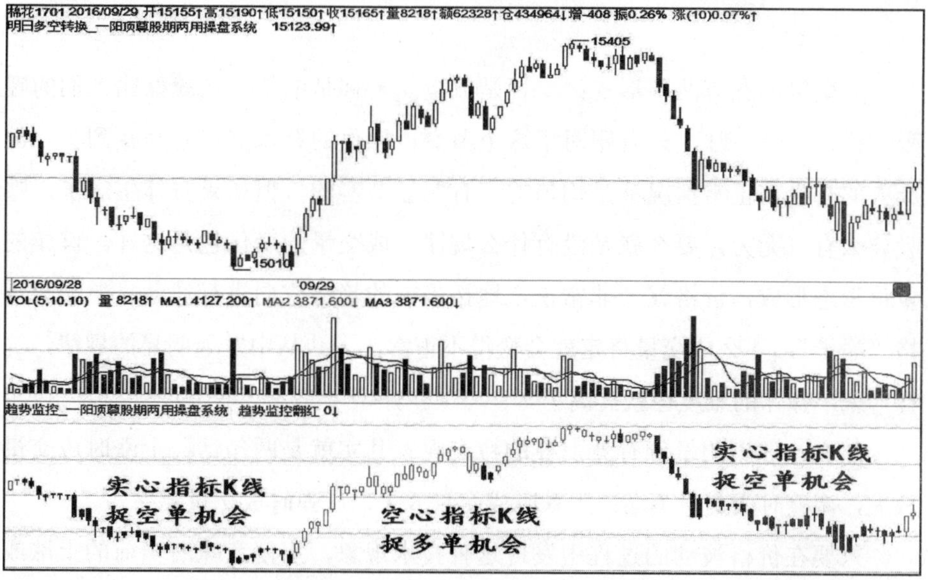

图2-10 棉花1701合约2016年9月29日3分钟K线走势图

棉花1701合约2016年9月29日价格出现了下跌、上涨、再下跌的走势，虽然说波动的方向发生了两次转变，但由于整体波动都比较连续，所以，成交量的变化也比较理想，在价格下跌与上涨的过程中，成交量始终保持着放大的状态，不管价格是涨是跌，只要量能放大，这说明当前价格的波动方向得到了资金的支持，在这种情况下，获利的可能性也就会很高。

在对整体走势分析的时候，既可以使用对比的方法来判断成交量是否放大，也可以使用统一标准的5日、10日均量线的方法来确定。从整体波动来看，价格处于活跃状态的时候，成交量柱体都位于均量线的上方。而当价格波动幅度减小的情况下，成交量柱体又全部位于均量线的下方。

掌握了放量与缩量的标准，以及了解了放量与缩量所对应的价格的波动特点，踏准市场节奏，抓住主要的利润段所在也就非常容易了。同时在好工具的帮助下，再结合趋势监控指标同步操作，在形成实心蓝色指标K线的时候做空，在形成空心红色指标K线时做多，获利就变得更加容易了。

第三节　完美量价的特点

成交量形态有两种形式：一种是放量；一种是缩量。它就好比人们的呼吸一样，一吸一呼，只有跟对了这个节奏，操作的介入点就容易找到了。健康人的呼吸在正常情况下是均匀的、有明显节奏的，但如果身体生病了，呼吸要么有气无力，要么就是没有什么规律。成交量的变化也是这样，健康的量价形态形成，价格就会非常正常地按当前的趋势方向进行波动，但如果价格“病了”，那么成交量肯定就会变得不正常，无法从中发现明显的规律，这样一来，操作的难度也就提高了。

那么，健康的量价有着怎样的特点呢？其实就是两句话：上涨时成交量放大，调整时成交量萎缩；下跌时成交量放大，反弹时成交量萎缩。

只要在价格波动的过程中发现这种技术现象，那便意味着当前的上涨或下跌趋势依然会延续下去，手中有持仓的可以继续持有，无持仓的则可以寻找介入点准备入场了。

上涨时放量说明资金在主动做多，虽然期货中一手多单必然对应一手空单，多方在进，空方也进了相应的数量，但也有一个主动进入的问题，价格上涨放量就是多方在主动进入，下跌则是空方在主动进入。放量上涨说明资金来了，而调整时无量，这说明介入的多方资金根本没有撤退，同时也没有空方资金大举入场。假设之前上涨时每分钟有1000万成交额，调整时每分钟只有200万成交额，这说明在市场中每分钟沉淀800万的资金。多方资金只进不出，空方资金又不敢入场，价格自然会继续上涨。

下跌也是如此。放量下跌说明空方资金在大举杀入，而反弹无量则说明空方资金没有离场，多方资金也没有介入，在这种情况下，价格继续下跌的可能性就会非常大。

橡胶1701合约2016年8月25日3分钟K线走势如图2-11所示。

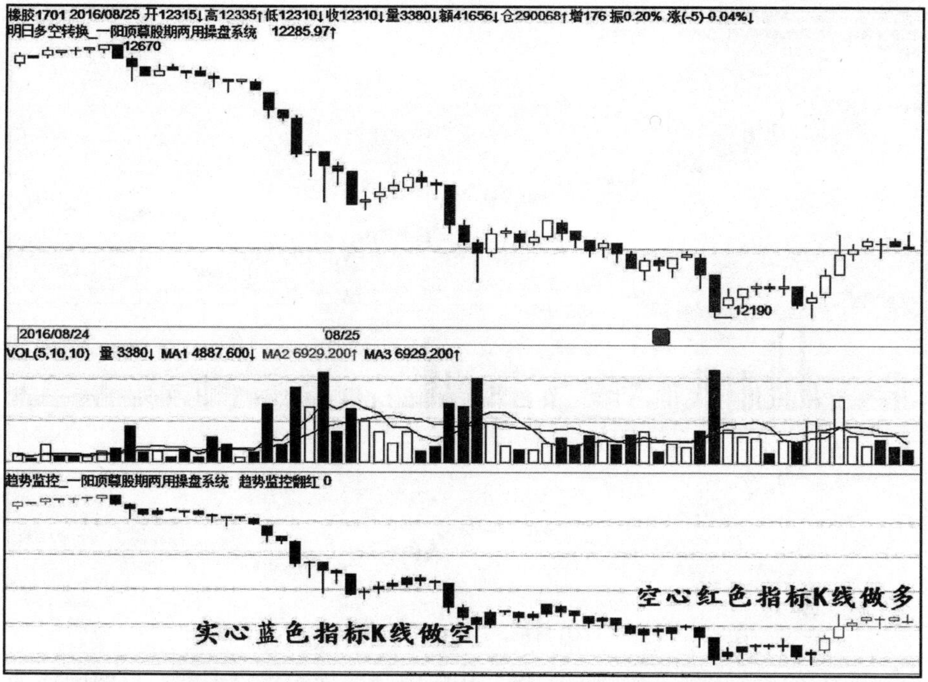

图2-11 橡胶1701合约2016年8月25日3分钟K线走势图

橡胶1701合约2016年8月25日价格出现了整体下跌的走势，在下跌的过程中，成交量保持着明显放大的状态，这说明下跌得到了资金高度的认可，量越大则价格跌得越多、越快，在放量区间一定要紧随着趋势的方向及时介入。

下跌放量只是完美量价的第一步，它只是体现了资金愿意在当前做空，但是不是非常坚定地做空呢，还需要略加考验。在价格反弹的区间，成交量柱体缩到了均量线的下方，毫无疑问，这样的量能满足了缩量的要求。

下跌带着大量资金积极地进行着做空的操作，反弹无量说明空方资金只进不出，而多方资金也不敢入场。因此，反弹过后价格必然下跌，并一直持续下跌到无法再放量，或反弹开始放量为止。

沪镍1701合约2016年8月25日3分钟K线走势如图2-12所示。

沪镍1701合约2016年8月25日价格整体出现了下跌的走势，并且下跌持续的时间比较长，而且幅度也很大，能出现这样的下跌，与资金的推动是绝对分不开的。所以，在下跌过程中，成交量始终保持着放大的状态，一直踩着油门，价格这辆车自然也就无法停下。

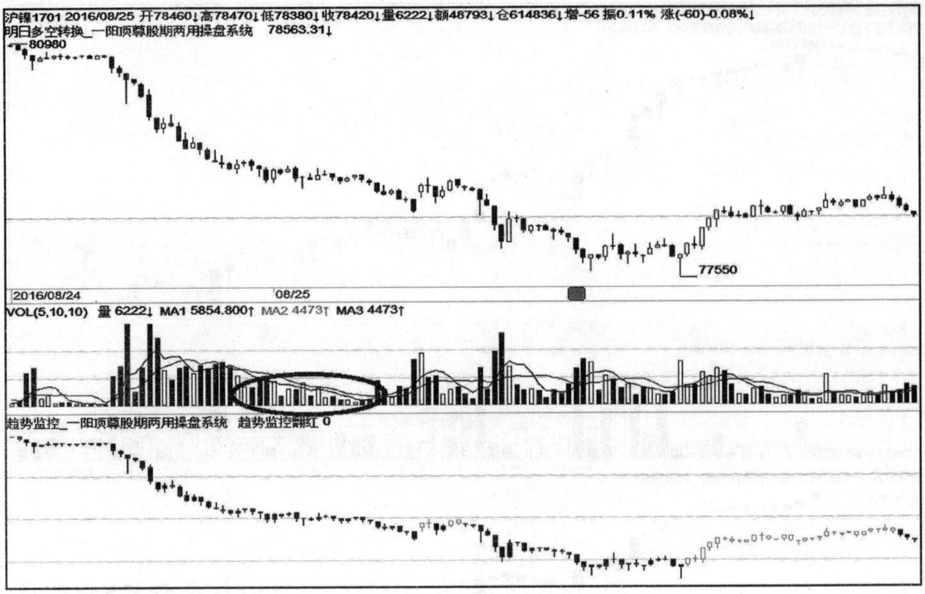

图2-12 沪镍1701合约2016年8月25日3分钟K线走势图

下跌的中途出现了反弹的走势，从图中画圈处的走势来看，反弹阳线的成交量柱体都位于均量线的下方，此时，价格越是反弹成交量反而越来越小。这说明之前介入的空方资金没有任何离场的迹象，同时，多方的资金也没有入场抄底的迹象，量价配合依然保持完美，这就意味着价格的下跌并未结束。

放量下跌提供的是做空的机会，而缩量反弹则是空方的休息，只要在反弹区间发现有成交量明显萎缩的迹象便要意识到，新一轮的下跌很快就要出现。

沪镍1701合约2016年8月4日3分钟K线走势如图2-13所示。

沪镍1701合约2016年8月4日盘中价格同样又出现了一轮下跌的走势，在下跌的过程中，阴线都保持着明显放量的状态，这说明资金做空的态度是非常积极的。做空的资金数量越多，那么价格整体下跌的幅度就会越大，对应的获利幅度也就会增大。

在下跌的过程中，价格先后出现了四次或大或小的反弹走势，这四次反弹位置不同、幅度不同、时间长短也不同，却有着完全一致的共性——反弹出现时成交量均出现了萎缩的迹象，这说明在价格反弹上涨的过程中，多方资金根本没有参与的兴趣，上涨得不到资金的支持，价格自然也就会顺势继续回落了。

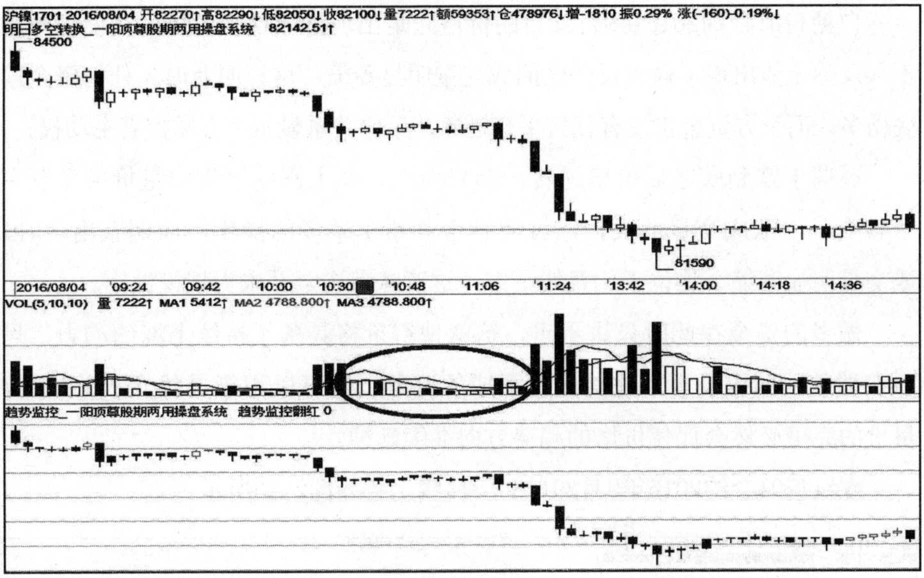

图2-13　沪镍1701合约2016年8月4日3分钟K线走势图

成交量放大空方资金在大量介入，反弹无量则说明多方资金不来。因此，在反弹区间一旦发现量价形态完美时，反弹也就会为我们提供极好的交易机会。

白糖1701合约2016年9月22日3分钟K线走势如图2-14所示。

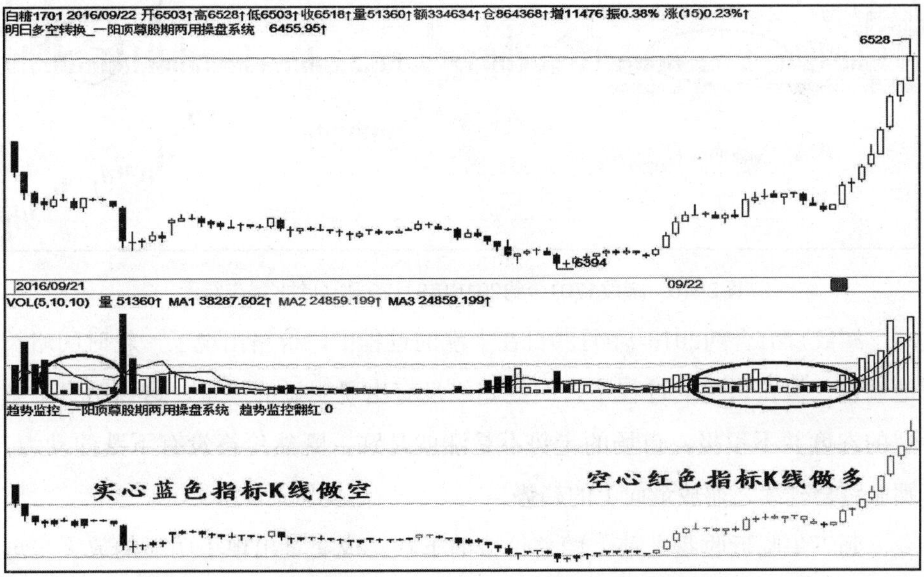

图2-14　白糖1701合约2016年9月22日3分钟K线走势图

白糖1701合约2016年9月22日的价格先是出现了下跌的走势，在夜盘开盘不久反弹走势出现，横盘反弹区间成交量明显萎缩，这说明此时无任何资金抄底做多，而空方资金也没有任何平仓迹象，量价关系显示空方掌握着主动权。

震荡下跌到底之后价格逆转，趋势向上，在上涨的过程中量价关系发生了转变，上涨成交量放大，这说明资金开始了做多的操作，而调整出现时，成交量明显萎缩，均位于均量线下方，这意味着资金并未大规模做空。

做多的资金在此时只进不出，这就使得价格具备了持续上涨的动力，只要在调整区间内发现了完美量价形成的迹象，便可以积极寻找介入的机会，量价的完美必然会促使价格的趋势方向继续延续。

螺纹1701合约2016年9月29日3分钟K线走势如图2-15所示。

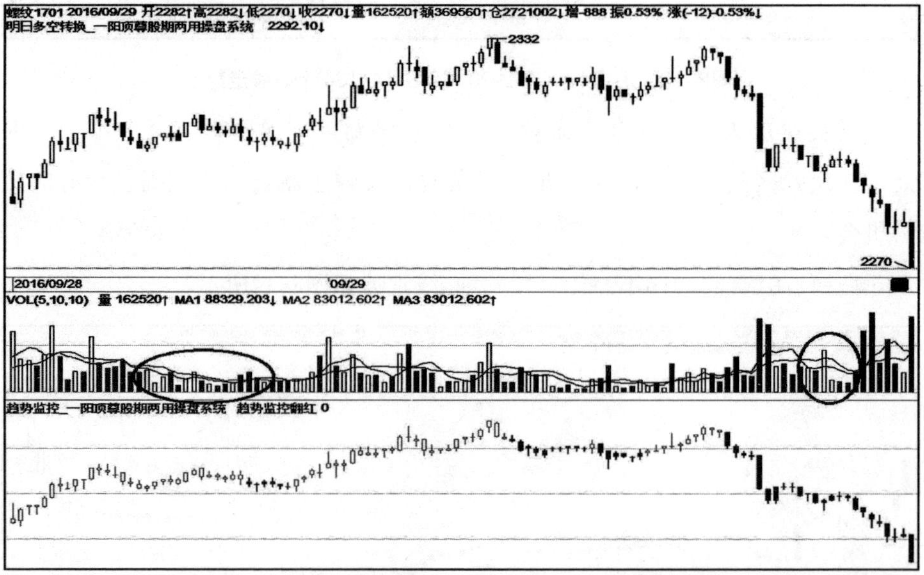

图2-15 螺纹1701合约2016年9月29日3分钟K线走势图

螺纹1701合约2016年9月29日在上涨的过程中，价格出现了一轮时间略长地调整，但在调整的过程中，阴线始终没有出现明显的放量，这说明资金做空的态度并不积极，市场的走势不是涨就是跌，既然价格没有下跌的动力，那么将会延续之前放量向上的趋势。

到下午临近收盘之前，随着价格的下跌，成交量出现了明显的放大，这说明资金此时做空的态度非常坚决。一轮下跌之后，价格出现了反弹，在反弹区间内虽然有一根阳线的成交量位于均量线上方，但请记住：仅是一根的放量并不是真实的，真实的放量应当连续站在均量线上方，这个区间成交量整体都位于均量线下方，说明该区间的量能状况整体是萎缩的。

上涨放量、调整缩量，以及下跌放量、反弹缩量，无论是上涨还是下跌，量价的配合都非常不错，只要量价保持着完美的状况，就必然会是投资者进行操作的大好时机。完美量价分析好了，再结合具体的介入点技术，获利的机会也就可以轻松地把握住了。

第四节　异常量价的特点

有完美的量价配合形态，也就必然有异常的量价配合形态。异常量价配合形态虽然也有其技术上的规律，但根本没有必要去记忆，只需要把完美量价的技术特点记忆下来便可以了，凡是与之不符合的，就是异常量价。人的呼吸不正常了，那就意味着身体不舒服了，量价若是不正常了，那么当前的趋势方向也就很可能快要结束了。

异常量价的特点与完美量价完全相反：上涨时缩量，或是调整时放量；下跌时缩量，或是反弹时放量。

上涨或下跌缩量意味着资金的认可度不高，价格的波动失去了动力，因此，趋势的方向将很难再延续下去。而调整放量则意味着：要么多方资金平仓跑了，要么空方资金杀进场了，无论哪一种情况，都将对价格当前的趋势方向起到破坏的作用，反弹也是同样的性质。

量价关系遭到了破坏，趋势方向发生改变的概率也就比较大了，这个时候投资者一定要小心手中的持仓，并需要择机出避。

螺纹1701合约2016年9月27日3分钟K线走势如图2-16所示。

螺纹1701合约2016年9月27日价格自高开始下跌时，量价的关系都非常不错，放量下跌、无量反弹，在完美量价配合的情况下，出现了一大波的下跌行情。

第二轮下跌之后价格再次反弹，直至反弹的高点，量价关系依然比较完美，但在随后下跌的过程中，量价关系发生了改变，价格反弹结束再度下跌的时候，并未再出现放量现象，这说明资金做空的意愿明显降低，再一次下跌的时候，成交量依然无法继续放大，虽然价格向下创出了新低，但在量价配合变得异常的情况下，下跌行情也就很难再继续延续了。

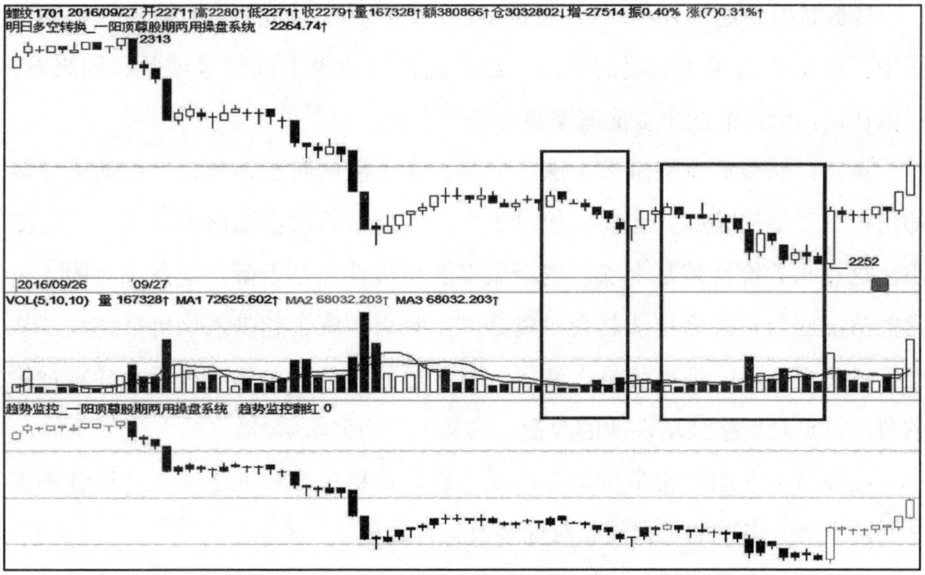

图2-16 螺纹1701合约2016年9月27日3分钟K线走势图

在异常量价配合创出新低之后，价格便快速反弹，由此可见，量价异常的区间不宜再留有空单，这一区间不必过分贪低点，根据大量大机会、小量小机会的方法分析，在无量区间价格本身也不会跌太多。

橡胶1701合约2016年9月22日3分钟K线走势如图2-17所示。

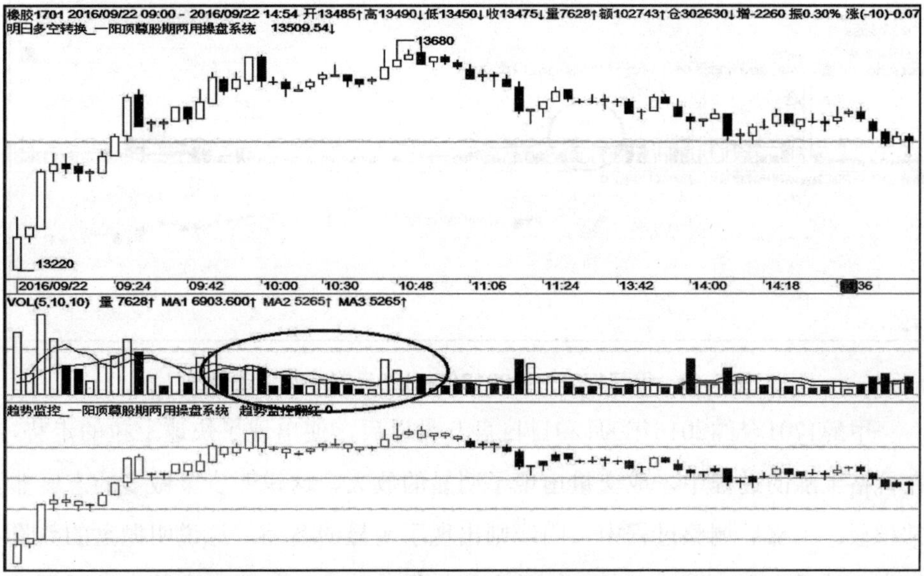

图2-17 橡胶1701合约2016年9月22日3分钟K线走势图

橡胶1701合约2016年9月22日价格经过连续的上涨到了高位，在调整的过程中，成交量出现了明显的萎缩，结合之前的放量上涨缩量调整原则来看，可以认定，价格继续上涨的概率将会是较大的。

果然，调整后价格继续上涨，但是，在上涨的时候，相比之前的成交量却出现了明显的萎缩。之前的放量更大，而价格再次上涨时的量能却明显减小。这意味着价格越是上涨，资金做多的积极性越是下降，这是不对的。正常的情况应当是价格越涨越会对资金产生吸引，资金越是入场价格越涨，从而形成良性循环。现在价格上涨了，肯入场的资金数量却减少了，异常量价的背后肯定是价格波动性质的改变，这是风险的警示信号。

在缩量上涨的异常量价形态出现之后，价格便在后期出现了持续性的震荡回落走势，多单的机会较长时间都没有再出现。

甲醇1701合约2016年9月28日3分钟K线走势如图2-18所示。

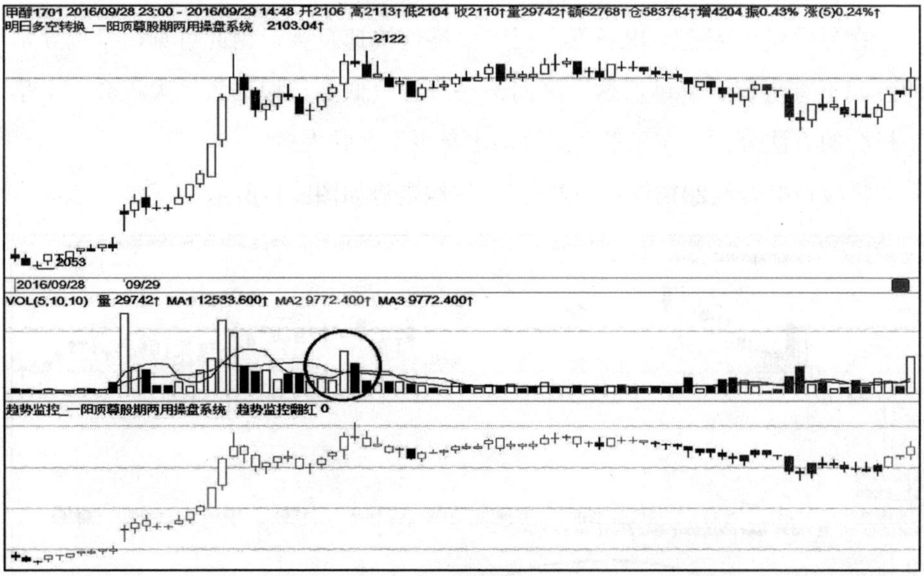

图2-18 甲醇1701合约2016年9月28日3分钟K线走势图

甲醇1701合约2016年9月29日日盘开盘以后，便出现了快速上拉的走势，在价格上涨的过程中，成交量出现了明显的放大，这说明资金做多的态度非常积极。上涨后调整过程中，阴线则出现了明显的萎缩，这说明抛盘的数量较少。放量上涨、缩量调整，这是完美的量价形态，如果在调整中发现便需要牢牢盯住后期做多的机会。

短时间的调整结束之后，价格果然再度上涨，并创出新高。但是，在价格向上创新高的时候，成交量并未再次出现连续放大的迹象，相比之前放大的量能明显减小了，这说明此位置资金做多积极性开始降低。上涨之后资金不愿意再积极做多，这也就使得多头的方向从此失去了资金支持，手持多单岂能不多加小心？

就算此时价格的趋势方向没有变化，但量能的减小也就意味着盈利空间的减小，无论后期价格跌不跌，多单都应当考虑平掉，然后去另行寻找正在放量波动的机会。

螺纹1701合约2016年9月22日3分钟K线走势如图2-19所示。

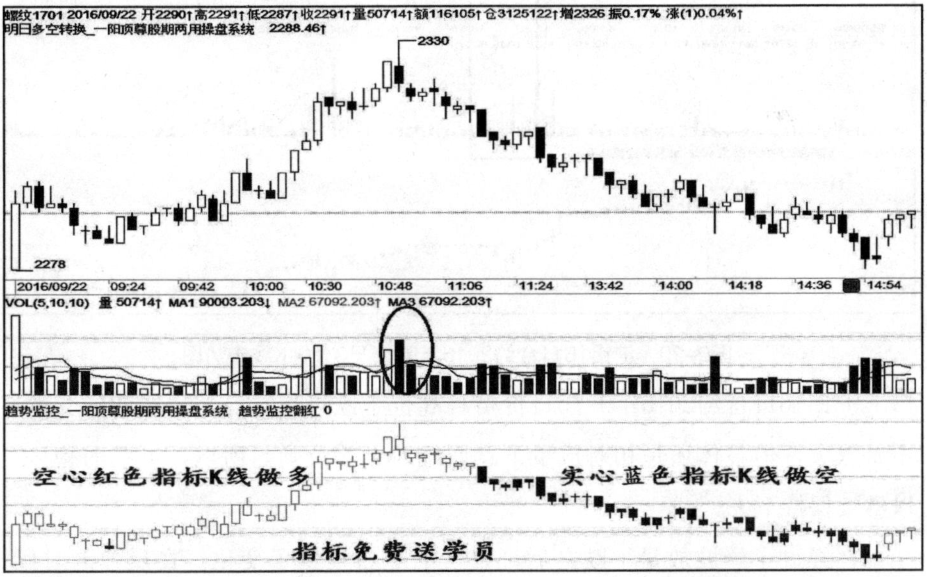

图2-19　螺纹1701合约2016年9月22日3分钟K线走势图

螺纹1701合约2016年9月22日在价格上涨的过程中整体量能的状态还算可以，阳线都保持着放大的状态，而阴线则都保持着萎缩的状态，只要量价配合是健康的，那么，价格的波动方向也就不会有什么问题。

上涨到高点以后，量价配合发生了变化，阴线的成交量出现了明显的放大迹象，这与之前调整阴线形成的缩量现象完全不同。既然不能形成缩量调整的走势，而是形成了放量调整的形态，那就表示健康的量价关系彻底遭到了破坏。健康量价可以持仓，而异常量价出现时先撤为宜。

随着放量调整走势的出现，价格也由上升趋势转变为下降趋势。完美量价要求放量与缩量都要出现，而异常量价只需见到一种情况就可以了，要么缩量上涨或下跌，要么放量调整或反弹，不需要两样都见到。

沪铝1611合约2016年9月5日3分钟K线走势如图2-20所示。

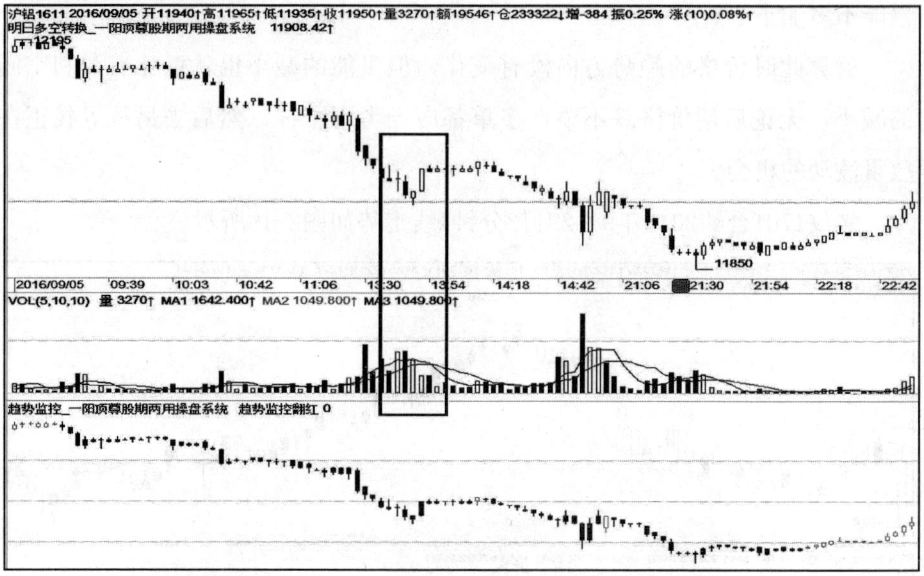

图2-20 沪铝1611合约2016年9月5日3分钟K线走势图

沪铝1611合约2016年9月5日价格自高位下跌以后，虽然阴线的成交量并不是太大，但整体还是相对放量下跌而绝对无量反弹。所以，下跌的趋势可以继续保持下去。

在经过了一波放量下跌之后，量价的配合发生了变化，在反弹的时候，阳线的成交量并没有再像之前的反弹那样明显缩量，而出现了放量的现象。此时的放量原因无非是两个，要么是空方资金在平仓，要么是多方资金在抄底。但无论在哪种情况下，都不利于价格后期进一步下跌，所以，当发现放量反弹出现时，最好先平掉手中的持仓。

反弹过后，价格又同现了一波下跌，这又该如何解释呢？其实大可不必为这种走势困扰，当下发现了异常量价已形成，那就按当下的信号执行交易就行了。未来的走势是未知的，如果进一步下跌，那撤出之后再重新寻找新的介入机会就可以了。

价格会随时转变方向，量价会随时转变为完美的状态，完美量价区间介入，异常量价区间离场，始终紧随市场给出的最新信号，这是立于不败之地的根本。同时，如果感到操作的难度较大，有一款好的工具做辅助效果自然更好，指标实心K线翻蓝做空，指标空心K线翻红做多，轻轻松松便可捉到机会。

第五节　量重要还是价重要?

提到成交量与价格的时候，基本上都是说的“量价”，很少有人说“价量”，这只是因为量价说起来更顺嘴一些。因为量排在前面，所以使得投资者会误认为成交量是极为重要的，但实情并不是这样的。笔者曾说过：量价就好比我们的双腿，但价是右腿，量是左腿，您哪条腿更灵活些呢？成交量是对价格形态的一种重要补充，是用来提高对价格分析的准确性，而不是起决定性的作用。

怎样说明价比量更重要呢？其实很简单，如果我们挡住价格走势图，只看成交量的变化，你能得出的操作信息非常有限，很多时候根本无法只通过成交量的变化来制定操作计划。但如果我们将成交量遮住，只看K线走势就会发现，我们完全可以制定出周全的操作计划，有没有成交量其实差别并不是太大。若不信，我们结合案例来看一下。

沪镍1701合约2016年9月29日3分钟K线走势如图2-21所示。我们把价格的走势完全挡住，只看成交量。这个时候，我们依据之前关于量能的变化特点可以得出这样的结论：放量区间价格的波动都是比较大的，缩量区间价格的波动都是窄幅状态。因此，盘中出现了一波放量上涨行情与下跌的行情。

就这个案例来看，我们找不到上涨时中途的介入机会，因为上涨时虽然放量，但调整的缩量状态并不完美。但下跌时的机会则可以只通过量价关系找到，图略中侧偏右，放量下跌之后缩量反弹，这个缩量反弹区间就可以入场做空，而后价格进一步放量的过程也就捉住了。

这样的分析如果让新手来进行，基本上是很难做出交易判断的，就是让交易了19年的笔者进行判断，也只有那些极为经典的走势才能判断出来，但凡量能有点散乱，也就不敢说能准确地找到介入点位了。

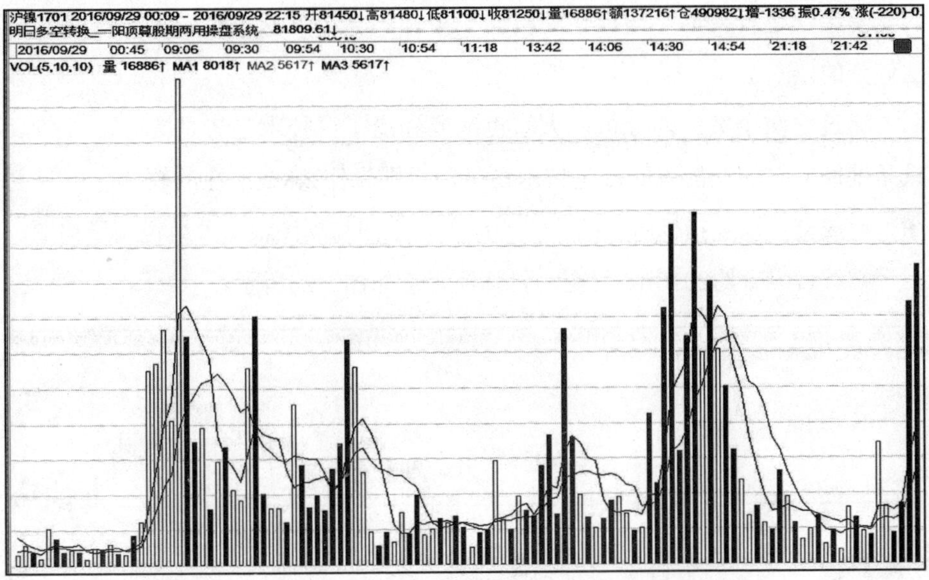

图2-21　沪镍1701合约2016年9月29日3分钟K线走势图

沪镍1701合约2016年9月29日3分钟K线走势如图2-22所示。我们把成交量给去掉，只看K线形态，这样一来，该怎么操作心中是不是就清清楚楚了？就笔者而言，成交量就好比是车顶上的那个后视镜，看它也行，不看它车也照开。

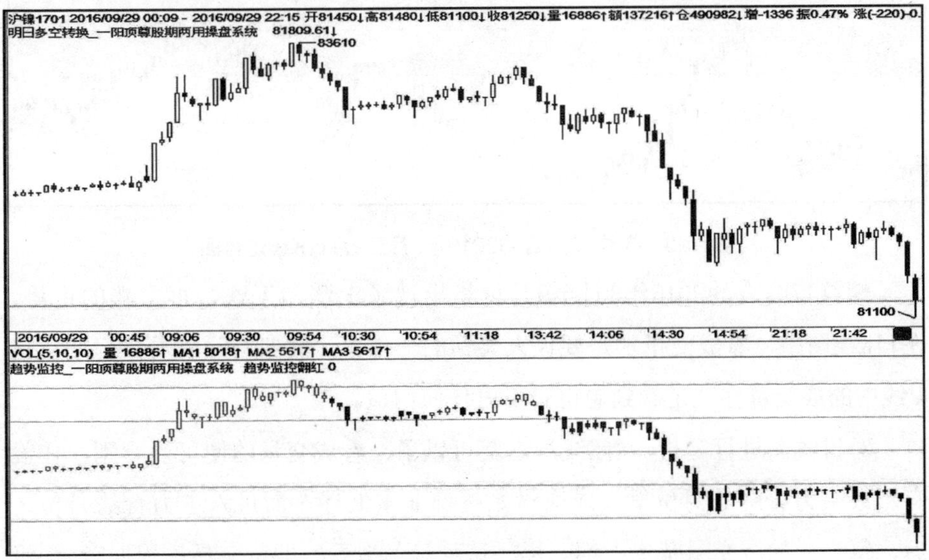

图2-22　沪镍1701合约2016年9月29日3分钟K线走势图

只要有了K线形态，不管你是结合着指标的信号来进行操作，还是用传统的交易手法进行交易，该捉住的机会一个都不会少。这是只看成交量根本无法做到的。

通过这两个案例的分析，大家也应当知道了，技术走势是核心，成交量只是辅助。它的功能就好比是技术指标，否则为什么K线所在的软件窗口叫主图，而成交量以及指标所在的窗口叫副图，主图与副图很形象地说明了问题。

螺纹1701合约2016年3月至9月日K线走势如图2-23所示。

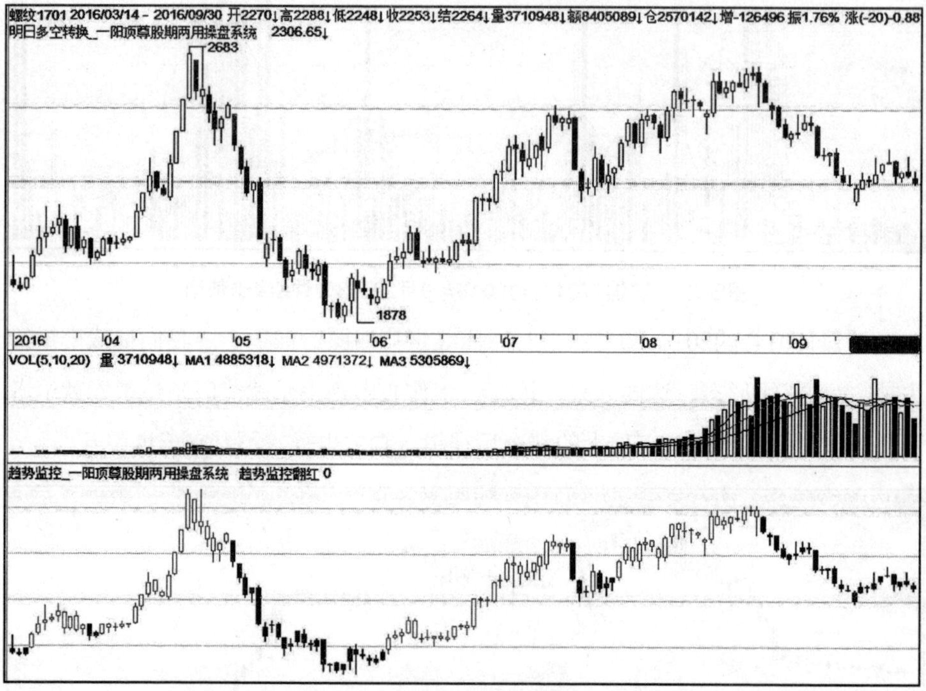

图2-23 螺纹1701合约2016年3月至9月日K线走势图

螺纹1701合约2016年3月至9月价格出现了上涨、下跌、再上涨的走势，在日K线图中，看成交量那是要让人笑话的一件事，股票必须看量，但期货日K线中的成交量你就是看到老也看不出任何门道。

对日线图进行分析，看K线形态就可以了，看成交量的便可以看到。在没有形成主力合约的月份里，成交量始终都非常低迷，而进入主力合约月份之后，每一天的成交量基本上都一样。这种量怎么看？期货交易长周期K线都没必要看量，只有日内交易的短周期K线才有必要看量，这一点一定要切记。

焦炭1701合约2016年3月至9月日K线走势如图2-24所示。

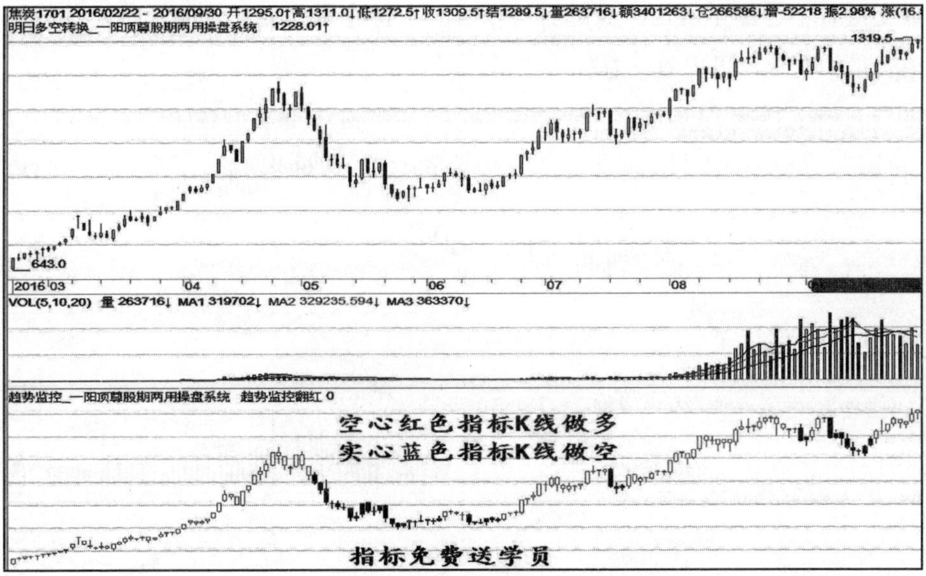

图2-24　焦炭1701合约2016年3月至9月日K线走势图

焦炭1701合约2016年3月至9月出现了整体上涨的大行情，与螺纹的走势一样，在没有进入主力合约月份之前，成交量一路低迷，而后一路开始放大并保持状态，再次显示出在商品期货日K线图中没必要看量的特点。

除了日K线以外，30分钟、60分钟K线图中也没必要看量，15分钟比较尴尬，但5分钟以下周期的K线看成交量则是可以的。操作长周期交易一定要以形态为主，毕竟在技术分析中有这样一句话：价格包含了一切的信息，而一切的信息自然也包括成交量这个因素。

棉花1701合约2016年3月至9月日K线走势如图2-25所示。

棉花1701合约2016年3月至9月走势中价格同样连续上涨，在上涨中途貌似还形成放量上涨缩量调整的走势，但其实这并不是实情。上涨行情过于猛烈，当时虽然棉花1701合约还不是主力合约，但也随着放了量，而后价格波动回落正常状态成交量也回归正常。而后上涨的放量一是因为强劲的上涨行情再度复燃，二是因为主力合约开始换月。

实战分析就是这样，一定要深入去想一下眼睛所看到的外表，交易绝对不能带有任何感情色彩，一定要客观客观再客观！看似放量上涨缩量调整而后再放量上涨，其实也不是真的，无须再多看案例了，记住一阳的话：日线成交量看不看都无所谓，做趋势可以看一下持仓量的变化，而没必要看日线成交量的变化，日内看一看就可以了。

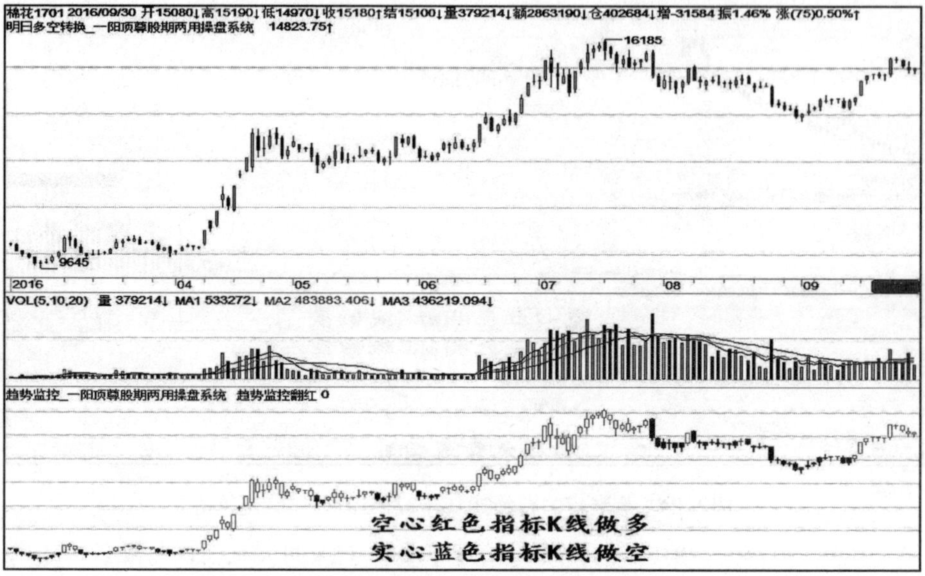

图2-25 棉花1701合约2016年3月至9月日K线走势图

我们所有的获利都是价格波动带来的，并不是成交量带来的，所以应当把分析的重心放在价格的变化上。

※ 第三章　调整与反弹的决策技巧 ※

调整与反弹对于一些操作能力较差的朋友可能并不太重视，甚至还会厌恶，它们的出现使得上涨或下跌暂时结束了，因为这类投资者眼中只盯着上涨与下跌，认为上涨与下跌才是最为重要的。其实，这是一种大错特错的想法，一定要记住：调整与反弹远比上涨或下跌更重要！

行军打仗讲究知己知彼。你可以不知己，但你必须要知彼，许多时候知彼要比知己更重要。那这个彼是谁？它就是调整或是反弹，调整是多方暂时的休息，反弹是空方的休息。身体素质好的人，跑了1000米以后，喘上两口气便可以继续跑下去，而身体素质差的人，跑个1000米就累得再也跑不动了，从这个休息的过程，是不是就可以看出端倪？

请重视调整与反弹，真正的交易机会其实藏在这里！

第一节 调整与反弹的实战重要性

调整与反弹对于笔者来说是极为重要的波动形态，通过调整或是反弹，可以非常清楚地看到多空力量的对比结果。单纯看上涨或下跌，你只能看到多方本身或是空方本身的状态，你根本无法识别出多与空对比之后的力量悬殊度！而实战操作的依据最重要的就是多空悬殊度，悬殊越大越值得进行交易！而想获得这种交易效果，就必须在调整与反弹出现的时候才能做出判断。

假设上涨非常凌厉，价格开始调整了，但调整回落的幅度也非常大，怎样涨上去的，价格便怎样跌下来，此时还能做多吗？肯定不行了，虽然多方力量大，但空方的力量也不小，在空方力量大的情况下做多无异于找死。如果没有等调整出现就冲进场中，你就根本不知道多与空双方的力度如何，你只知道多方力量强，却在多方力量强的情况下依然赔钱了，原因就是你忽视了空方，因为空方在此时力量也挺强。

但如果价格上升后调整的幅度很弱，这就明确知道了。调整是由空方引发的，调整幅度小就意味着空方力量弱，在空方力量弱的情况下多单自然就可以杀进场中了。有了多空悬殊非常大的对比结果，操作的机会也就近在眼前了。

调整与反弹是重要的中继介入点位，之前的上涨或下跌可能没有进场，但这并没有关系，如果价格会持续性上涨或下跌，绝对不会只来一波行情，在调整或反弹之后肯定还会继续延续之前的波动方向。在未来继续上涨的情况下，调整的出现其实就给投资者提供了一次逢低做多的大好机会，而反弹的出现同样也为投资者提供了一次价格即将下跌之前的介入机会。

理性的投资者应当是极度欢迎调整或反弹出现的，只有看不懂价格波动内在性质的投资者才会排斥调整与反弹。调整与反弹并不会阻止当前的趋势，反而性质健康的调整与反弹还会使趋势的方向进一步延续。这是因为调整就是多方在休息，反弹就是空方在休息，休息好了之后，又有了新的力量继续上路，岂不走得更远？

在价格突破的点位可以总结出统一交易口径的操作方法，但在价格持续上涨的过程中，想找出统一口径的追涨方法却是非常难的，做了19年的投资，笔者也仅仅找到两种统一口径的追涨方法。而在调整与反弹的过程中，统一的交易口径却是无处不在的，随时都可以为投资者提供介入点完全一致的形态。实战操作就要用这些统一口径的方法，因为这些方法买点具有一致性原则，每一次的形态全是用一样的交易理由，而绝不会这笔交易是这理由，下一笔交易就是另一个理由了，这种无法统一交易口径的方法是那些经常亏损的投资者所使用的。但凡成功的投资者，其交易理由都必然是完全一致的，而想达到这种效果，只有把精力放在调整与反弹上。

调整与反弹让投资者真正做到了知彼，敌人一百万大军在那等着，咱这万把号人就别往前冲了。上涨与下跌的波动是知己，而调整与反弹就是知彼。如果敌人力量虚弱，那我们就可以趁虚而入，做交易就是得找软柿子捏，这个软柿子要么是多强空弱的时候，要么是空强多弱的时候，多与空必然有明显的力量差距，两者力度差距越大，获利的机会也就越大。不信你仔细看一下自己以往成功做盘的单子，之所以盈利必然是在多与空力量相差较大的时候操作的，而赔钱的单子肯定是多与空的力量差距不大或很难判断时交易的。

调整与反弹的出现，使得价格的波动形成了一多一空与一空一多的走势，黑子白子双方落棋完毕，也就更容易看出局势如何。请记住一阳的一句话：但凡你的介入点是经过了多与空的对比之后再确定的，盈利的概率必将会大幅提升！但凡没有经过对比就开仓的，你的钱亏得一点也不冤。

第二节　健康调整与反弹的幅度

调整与反弹是当前趋势方向的敌人，但是，千万不要认为是敌人就一定不好，因为它们的出现可以让你更好地观察多空双方的力量。健康的调整可以使得价格的趋势更好地延续下去，而不健康的调整则会破坏当前趋势的方向。那么，什么是健康的调整与反弹呢？

健康的调整与反弹涉及三个方面的因素——幅度、时间与量能，其中幅度是最重要的一环，调整或反弹的幅度大小可以直接代表敌方的力量。下跌以后，如果反弹幅度大，这就说明多方力量强，此时做空单是不太适合的；价格上涨以后，如果调整回落的幅度大，则意味着空方力量大，此时做多单是不适合的。

而如果调整或反弹的幅度都比较小，则说明敌人的实力不大，这种情况下趋势的方向就会很好地延续下去。所以，在实战操作时，一定要在小幅的调整或反弹出现时操作，此时交易的成功率才会更高。

那么，如何确认调整或反弹幅度是大是小呢？可以用一个统一的标准来衡量：调整回落的幅度是上涨波段的1/3，或者反弹的幅度是下跌波段的1/3，则称为健康的调整幅度。这种形态出现，价格继续上涨的概率将会非常大。

橡胶1701合约2016年8月25日3分钟K线走势如图3-1所示。

橡胶1701合约2016年8月25日价格出现了下跌的走势，连续不断的下跌形态给投资者带来了极好的日内获利机会。下跌过程中，价格先后出现了两次反弹的走势，虽然下降趋势临时终止，但反弹过后破位走势的再度出现又使得空单收益进一步扩大，反弹的出现不仅没有破坏下降趋势，反而使得空方在休息之后集聚了更大的下跌动能。

从图中的走势来看，在价格反弹的过程中，反弹的幅度非常小，下跌反映了空方的力量，而反弹上涨自然可以体现多方的状况，反弹幅度这么小，说明多方力量非常虚弱，多方弱而空方强，自然价格继续下跌的概率非常大。

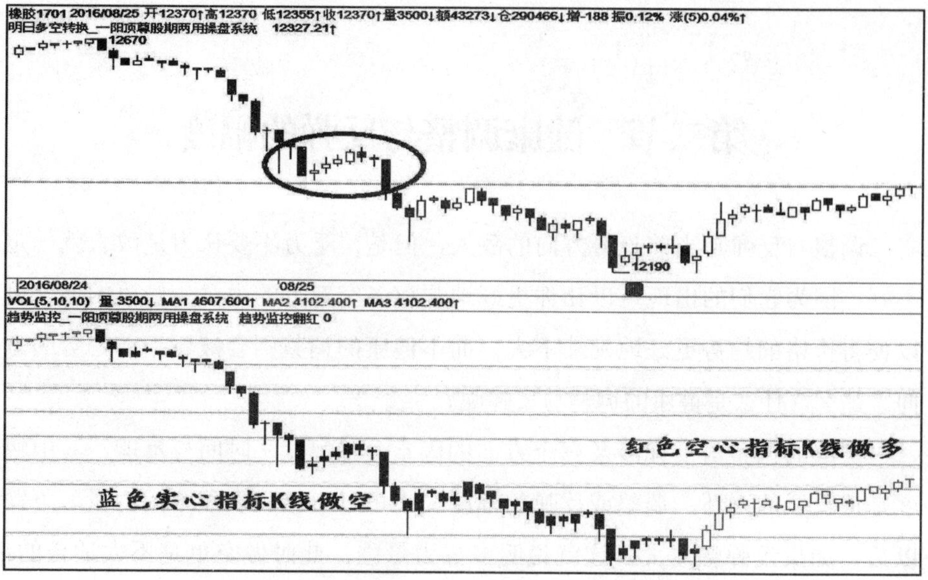

图3-1 橡胶1701合约2016年8月25日3分钟K线走势图

反弹之所以重要，就是因为它如实地在下跌之后反映出了多方的力量，多方的情况知道了，空方的底也摸透了，后期价格将会如何波动便一清二楚了。

沪镍1701合约2016年9月29日3分钟K线走势如图3-2所示。

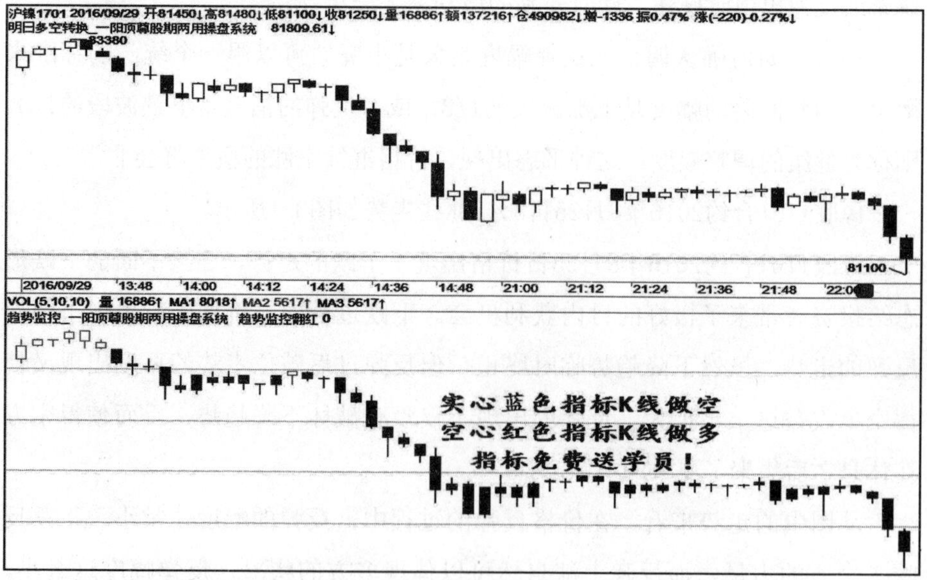

图3-2 沪镍1701合约2016年9月29日3分钟K线走势图

沪镍1701合约2016年9月29日价格出现了连续下跌的走势，在价格下跌的过程中，出现了两次反弹的走势。虽然所处的位置各不相同，但是，这两次反弹都向投资者发出了价格将会继续下跌的信号，因为它们具备完全一致的技术特征。

这两次反弹的差别就在于周期的不同，第一次反弹的时间短一些，第二次反弹的时间长一些，但是，反弹幅度的一致却是两次反弹的共性。下跌之后该多方行棋了，但多方的表现却非常差劲，价格根本就弹不起来，这说明多方力量非常虚弱，多弱的背后就是空强，因此，价格下跌的概率自然是非常大的。

在下降趋势中进行操作，反弹的出现相当于给了投资者再一次获利的大好机会，一定要善于利用这些反弹进行操作，当然，能创造新盈利机会的只有这些幅度很小的反弹形态。

螺纹1701合约2016年9月29日3分钟K线走势如图3-3所示。

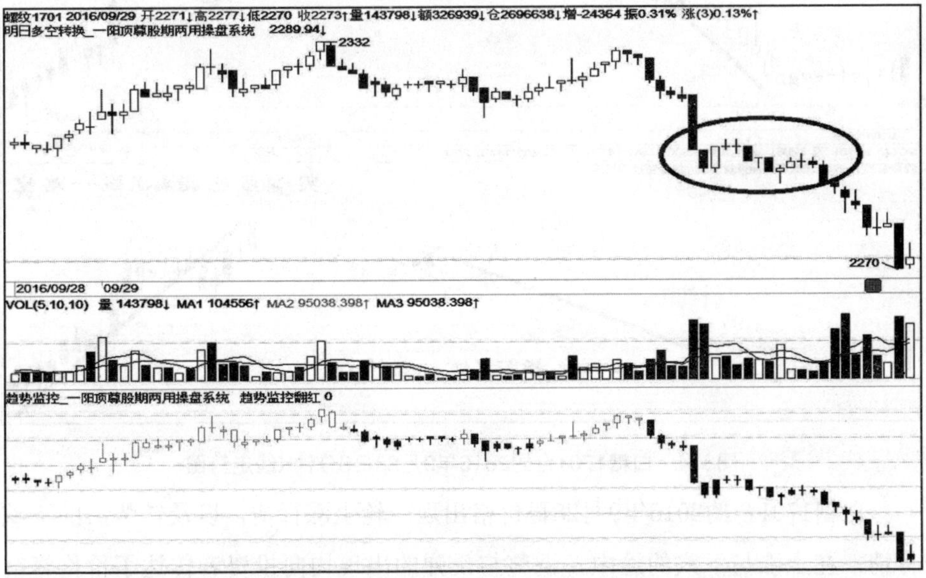

图3-3 螺纹1701合约2016年9月29日3分钟K线走势图

螺纹1701合约2016年9月29日价格在几波上涨之后，转为了下跌的走势。在下跌的过程中，成交量的配合较为完美，下跌时始终保持着放量的状态，这说明资金正在积极进行做空的交易，只要有量肯定就有获利的机会。

在下跌的中途价格出现了一次反弹，这一次的反弹十分明确地告诉了投资者价格还将会继续下跌。K线语言是这样描述的：反弹的时候，阳线的实体相比阴线的小很多，并且整个反弹区间价格根本涨不起来，这说明多方的力量非常虚弱，空方牢牢地控制着盘面的波动。既然空方占主动，那么，价格自然会继续延续之前的下跌走势。

可见，价格在下跌后出现反弹并不是什么令人担忧的事情，那些不会操盘的投资者才会担心反弹的出现，只要懂得价格波动性质的投资者，都必然渴望下跌之后反弹的出现，因为可以通过反弹确认出价格还能不能够继续下跌，这对于实战操作来讲是多么重要的事啊！

白糖1701合约2016年9月28日3分钟K线走势如图3-4所示。

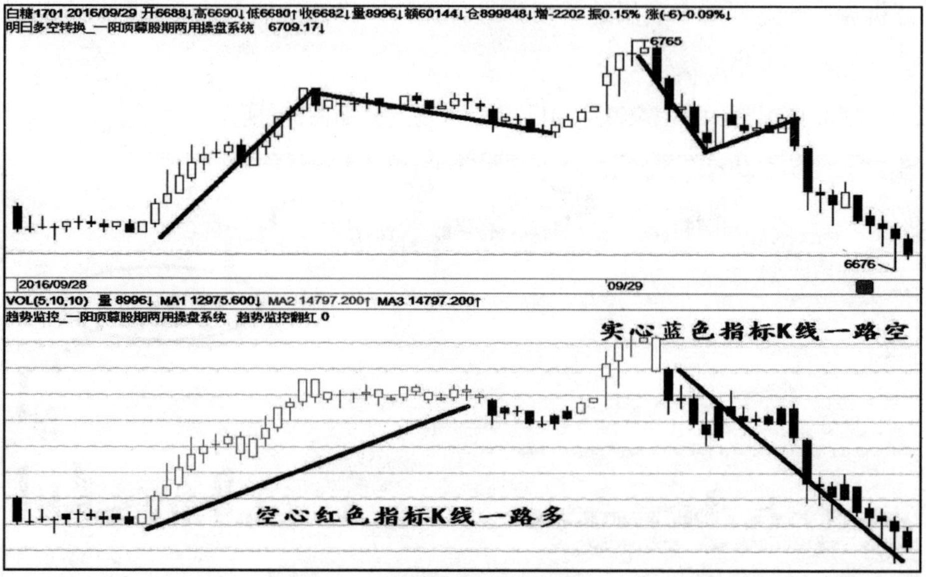

图3-4 白糖1701合约2016年9月28日3分钟K线走势图

白糖1701合约2016年9月28日价格出现一轮上涨行情，以及转势后的下跌行情，在上涨与下跌的途中，调整与反弹的出现均向投资者传达了价格将会继续延续当前趋势方向的信号，只要读懂了这些信息，投资者也就可以轻松地捕捉到获利的机会了。

在上涨的途中，价格出现了周期略长的调整，虽然周期略长，但从调整的幅度来看，价格回落的并不深，这说明空方的力度并不是很强大，所以，在价格小幅度调整的时候，应当继续做多或者择机做多。

而当价格由上涨转变为下跌的时候，反弹走势出现，从较小的反弹幅度来看，多方的力量已经彻底变弱，根本无力与空方相抗衡。多强空弱必须进行做多的操作，而一旦形势转变，转为空强多弱，则必须顺应多空的转变及时入场进行做空操作。

沪镍1701合约2016年10月12日3分钟K线走势如图3-5所示。

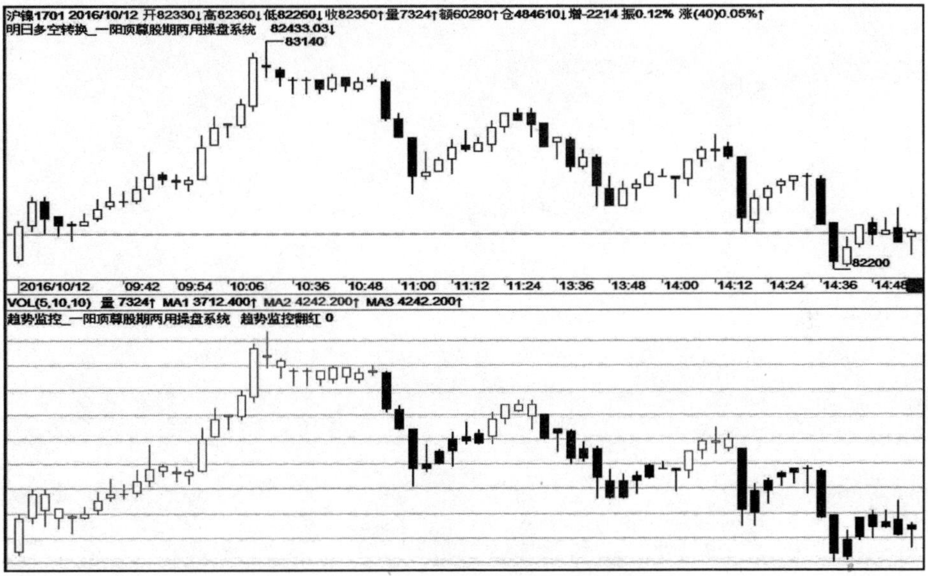

图3-5　沪镍1701合约2016年10月12日3分钟K线走势图

沪镍1701合约2016年10月12日价格在上涨之后出现了下跌的走势，从形态来看，整个下跌过程形成了一个非常标准的下降通道。触及下降压力线价格便会回落，触及支撑线则会反弹，但这样的走势从K线形态的角度来讲是不适合操作的。

从图中来看，主要的三次反弹走势，基本上反弹的幅度都超过了下跌波段的50%以上，这说明空方力量虽然较大，但多方并不是太弱的，还是有一定能力与空方抵抗一下的。多方力量并不是太弱体现在价格反弹的幅度上，反弹幅度小则多方非常弱，反弹幅度大则说明多方力量大，反弹幅度的大小直接等于多方实力的大小。

如果市场中有的品种反弹或调整幅度很小，而有的品种调整或反弹幅度较大，那么，一定要选那些幅度小的品种进行操作，幅度大的品种是必须放弃的。如果对形态的波动把握较为困难，那么借助趋势监控指标这个工具也是不错的，指标形成实心蓝色K线便做空，形成空心红色K线便做多，就算是新手，也照样可以上手交易。

第三节　健康调整与反弹的时间

调整或反弹的幅度是非常重要的因素，在进行实战操作的时候，其实仅针对幅度进行分析便已经可以得出准确的结果了，只不过再加上其他的因素，会使得结论更加可靠一些。

调整与反弹的时间是第二大因素，在相同调整或反弹幅度的情况下，时间越短的品种越值得进行操作。在价格上涨的过程中，调整所需的时间越短说明多方上涨的需求越迫切，在这种情况下，价格上涨的概率也将会是极大的。而在下跌过程中，反弹所花费的时间越短，一则说明多方力量非常虚弱，二则说明空方下跌的需求是极为迫切的，价格此时下跌的概率将会非常大。

对调整与反弹进行分析，先看幅度，再看时间。但幅度如果没达到要求的，时间也就没有任何意义了。

棉花1701合约2016年9月29日3分钟K线走势如图3-6所示。

图3-6　棉花1701合约2016年9月29日3分钟K线走势图

棉花1701合约2016年9月29日价格经过前一日的下跌之后出现了逆转连续

上涨的走势。在上涨的过程中，出现了多次调整的走势，但这些调整无论是从小波段的角度，还是从大波段的角度来看，都有一个共性：回落的幅度比较小，也正是这个原因使得价格的上涨可以很好地延续下去。

除了幅度这个关键因素之外，如果再对调整的时间进行分析便可以看到，在价格调整的过程中，每一次调整所花费的时间是非常短的，小幅度短时间的调整结束之后，价格便再度重新上涨。时间反映了多方迫切地攻击愿望，既然多方这么急着往上冲，空方也只能让路。

在调整幅度较小的情况下，如果调整的时间又很短，一定要重点关注，因为好的机会就藏在这些短时间小幅度的调整之中。

豆一1701合约2016年9月21日3分钟K线走势如图3-7所示。

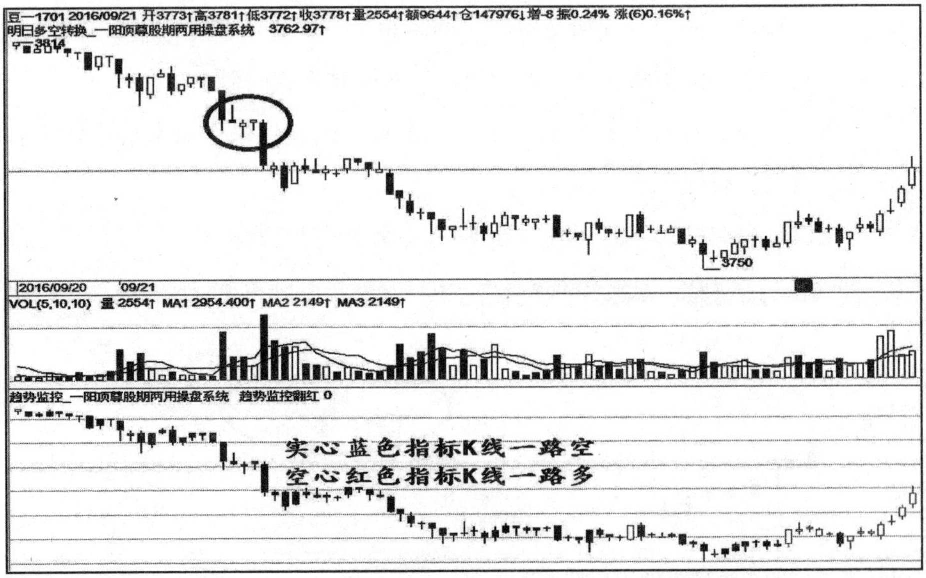

图3-7 豆一1701合约2016年9月21日3分钟K线走势图

豆一1701合约2016年9月21日价格出现了一轮持续性下跌的走势，在下跌的过程中曾出现了多次反弹的走势，但这些反弹都有着非常大的共性：反弹区间阳线的实体非常小，这说明多方根本无法与空方相抗衡，盘面的控制权牢牢握在空方手中。

如果仅从反弹幅度来看，每一次的反弹都值得投资者入场进行操作，它们都是下跌过程中提供给投资者的难得的中途入场机会。但如果结合上时间的因素再来看，最为值得操作的机会就是图中画圈的位置了。

这个位置反弹的幅度非常小，这说明空方的力量很虚弱。同时，反弹的时间也非常短，这说明空方急不可耐地想要下跌，根本不给多方留太多的反抗时间。在这种情况下，价格的下跌甚至可以用“必然”这两个字来形容。

白银1612合约2016年8月13日3分钟K线走势如图3-8所示。

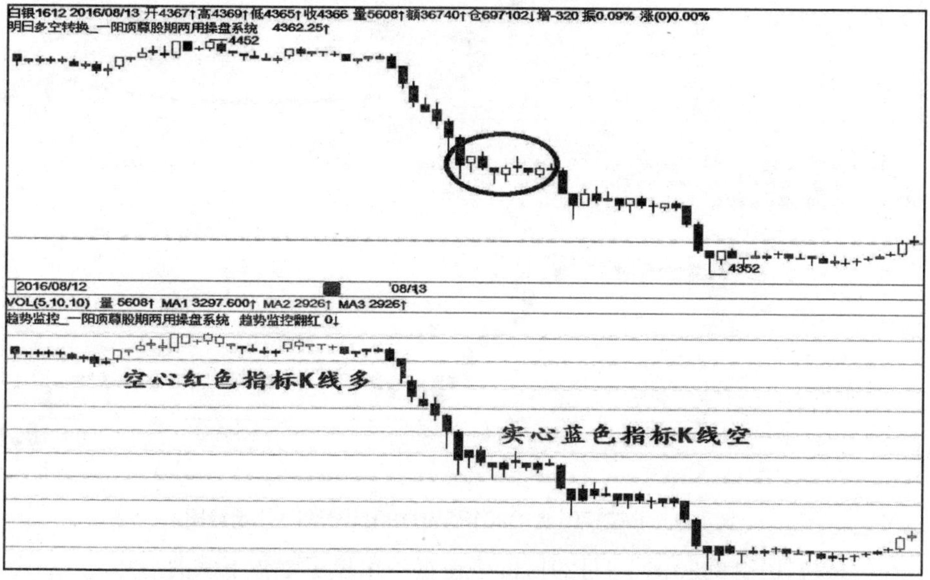

图3-8 白银1612合约2016年8月13日3分钟K线走势图

白银1612合约2016年8月13日的下跌可以称得上是经典的技术图形，价格在下跌的时候整体形态非常单一，这种形态别说老手了，就是新手也应当可以获得非常不错的收益。虽然技术形态非常简单，但在下跌过程中也有非常鲜明的技术特点。

下跌途中出现了两次反弹的走势，虽然位置有高有低，但反弹的幅度都是一样的小，这说明多方的力量非常虚弱，仅从这一点便可以判断出价格还将会继续下跌。再从时间的角度进行判断第一次反弹的时候，所花费的时间非常短，这说明空方在此时急切地想要下跌。虽然第二次反弹的时间略长一些，但由于幅度非常小，也可以得出明确地判断结果：价格还会下跌。

通过这个案例可以看到，反弹的幅度起决定性作用，而反弹的时间只是起辅助的作用。幅度又小、时间又短的技术形态对于投资者来说，简直就是送钱的行情。

沪镍1701合约2016年9月29日3分钟K线走势如图3-9所示。

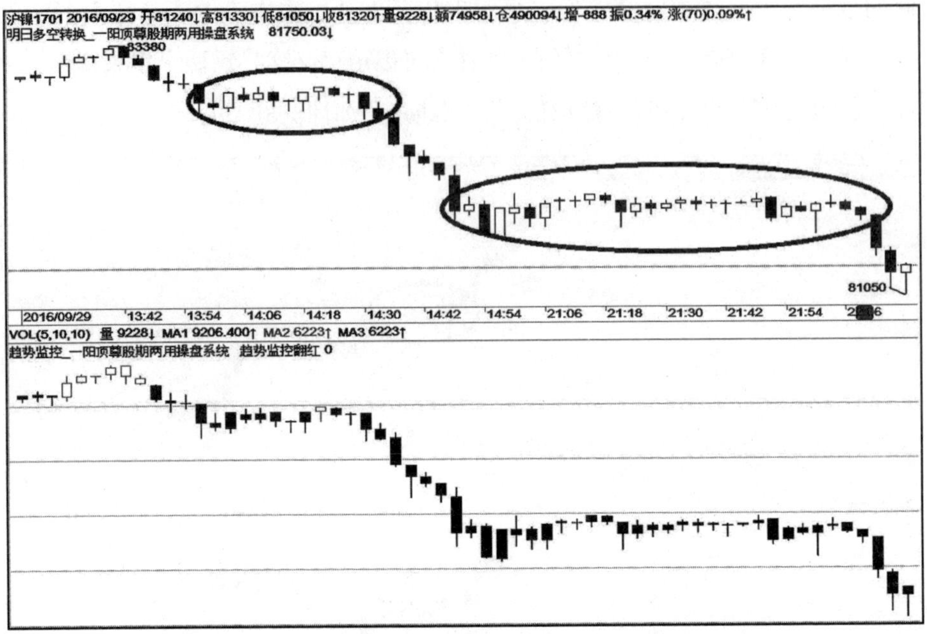

图3-9 沪镍1701合约2016年9月29日3分钟K线走势图

沪镍1701合约2016年9月29日价格在盘中出现了整体下跌的走势，下跌途中先后出现了两次反弹，但反弹的出现并未使得下降趋势结束，反而使得下降趋势更好地延续了下去，可见下跌途中健康的反弹只会给投资者带来机会，很少会带来风险。

虽然两次反弹出现的位置不同，但反弹后走势结果却是一致的，而且反弹的幅度都非常小，价格根本无法向上弹起来，这说明多方的力量非常虚弱，多弱则空强，因此价格后期的走势还将会继续回落。

从幅度来看反弹并没有任何问题，但若从时间的角度进行分析就发现问题了。第二次反弹的时候，反弹的周期非常长。如果仅从反弹周期来看，这种走势应当放弃，但不要忘了，幅度是第一要素，时间只排第二。在时间比较长的情况下，看一下幅度，如果幅度小则没有问题，但如果反弹时间较长，反弹幅度较大，那肯定是要放弃了。

豆一1701合约2016年10月12日3分钟K线走势如图3-10所示。

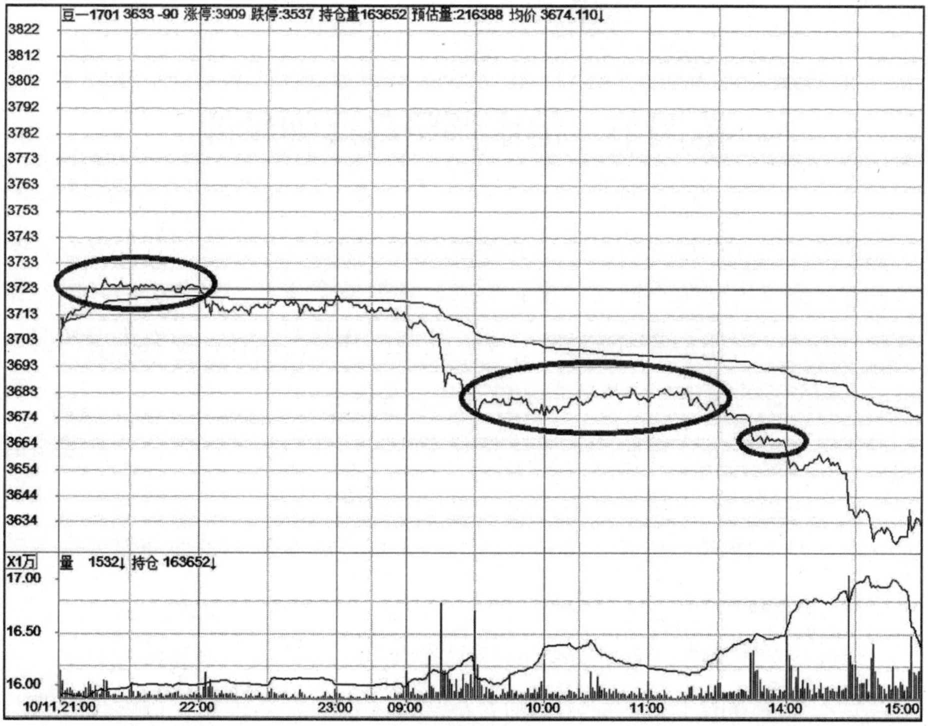

图3-10　豆一1701合约2016年10月12日3分钟K线走势图

豆一1701合约2016年10月11日夜盘的时候，价格在上涨后出现了调整的形态，从此时调整走势来看，应当是考虑做多的，因为分时线在均价线上方。价格调整时，回落的幅度非常小，这说明空方的力量比较虚弱。虽然调整的时间长了一些，但幅度则更为重要，只不过随着分时线向下跌破了均价线，宣告了调整走势的失败，调整区间做多的投资者必须在分时线向下跌破均价线的时候进行止损操作。

而在下跌的途中，价格同样又出现了一次周期较长的反弹，幅度依然非常小，时间依然比较长，此时绝不能因为夜盘形态的失败就去否定这一次反弹的成功。在价格始终弹不起来的情况下，就要密切留意之后的做空机会了。

价格有长时间的反弹，也有短时间的反弹，在之后下跌的过程中，反弹的周期都比较短了。在反弹幅度一致的情况下，反弹的周期越短价格越易按之前的方向波动，幅度不一样时，一定要先遵循幅度第一的原则，因为调整的时间只是一种辅助分析的方式。

第四节　健康调整与反弹量能

量能为辅，价格为主，虽然这是价格波动的本质，但相同的形态，不同的量能又会走出完全不同的结果。所以，量能的变化在实际分析的时候，在有精力的情况下还是必须关注一下的。实战操作就是这样，综合考虑的因素越多，则分析的结论与价格实际的波动也就会接近。

那么在价格形成健康的调整或反弹走势时，量能该如何配合才是健康的呢？价格上涨以后出现调整要求成交量是这样变化的——上涨时放量，调整时缩量，且缩得越小越好；价格下跌之后出现反弹时则要求成交量——下跌时放量，反弹时缩量，量缩得越小越好。

上涨以后的调整是由于空方的攻击造成的，不管这个空方是来自于空方的开仓还是多方的平仓，而缩量则表示空方并没有什么力量，因为空方没有踩油门。下跌之后的反弹如果缩量，这就说明反弹上涨并没有什么动力，在没有得到资金认可的情况下，此时价格的反弹上涨便不可靠，因此在反弹过后，价格继续下跌的概率就将会是非常大的。

螺纹1701合约2016年9月29日1分钟K线走势如图3-11所示。

螺纹1701合约2016年9月29日价格整体出现了下跌的走势，在下跌的过程中，阴线基本上都带着明显的量能，下跌带量这说明资金做空的积极性。每当价格下跌便会有新的资金入场做空，而资金推动着价格的下跌，又不断地对场外资金形成吸引，从而进入良性下跌循环之中。

在价格下跌的过程中还出现了多次反弹的走势，这些反弹的时间不一样、位置不一样、幅度也各不相同，却有着一个非常明显的共性：成交量都出现了萎缩的迹象。反弹的本质就是下跌之后的上涨，而在价格上涨的时候却没有量能放大的迹象，这说明资金根本没有兴趣入场做多。

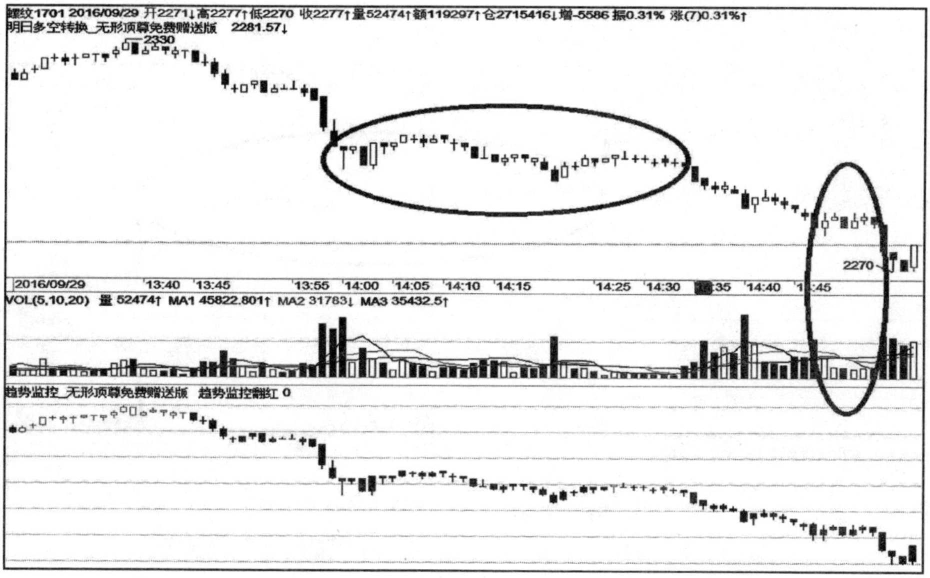

图3-11　螺纹1701合约2016年9月29日1分钟K线走势图

下跌资金愿意积极地进行做空操作，而上涨时资金却没有任何意愿做多，这就使得下跌有十足的动力，而上涨却缺乏支持，因此价格才可以不断地跌下来。所以在放量下跌之后一旦发现价格形成了缩量反弹，就可以确定：价格后期下跌的概率将会是非常大的。

豆一1701合约2016年10月12日1分钟K线走势如图3-12所示。

豆一1701合约2016年10月12日价格整体出现了下跌的走势，构成价格下跌的阴线都带着明显放大的成交量，这说明资金进行做空操作的时候态度是非常积极的。大量的资金在价格下跌的时候参与操作，从而促使着下跌行情不断延续。

下跌之后价格出现了反弹，在反弹出现的过程中，成交量非常小，反弹无量则说明资金入场做多的积极性并不高，得不到资金积极地追捧，价格也就很难出现效果较好的多头走势。如果再结合较小的反弹幅度来综合判断，价格后期上涨的概率大还是下跌的概率大，一眼就可以准确分辨出来了。

在价格下跌的过程中，重点并不完全在放量下跌上，而应当在缩量反弹上。不管下跌是不是带量，反弹只要是无量的，那就说明资金无心做多，再配合大的下降趋势，既然做多没动力，延续下降趋势的可能性自然也就会非常大了。

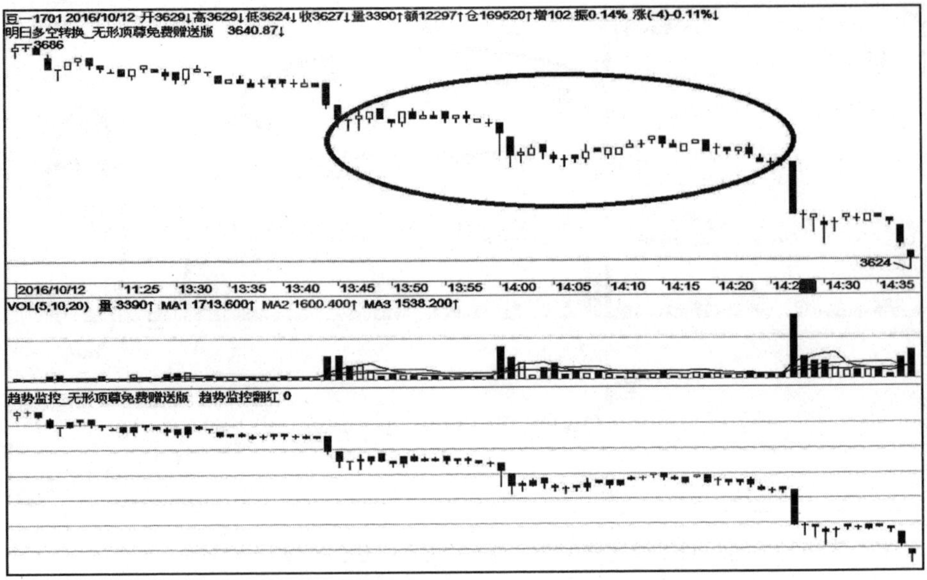

图3-12　豆一1701合约2016年10月12日1分钟K线走势图

沪镍1701合约2016年10月13日1分钟K线走势如图3-13所示。

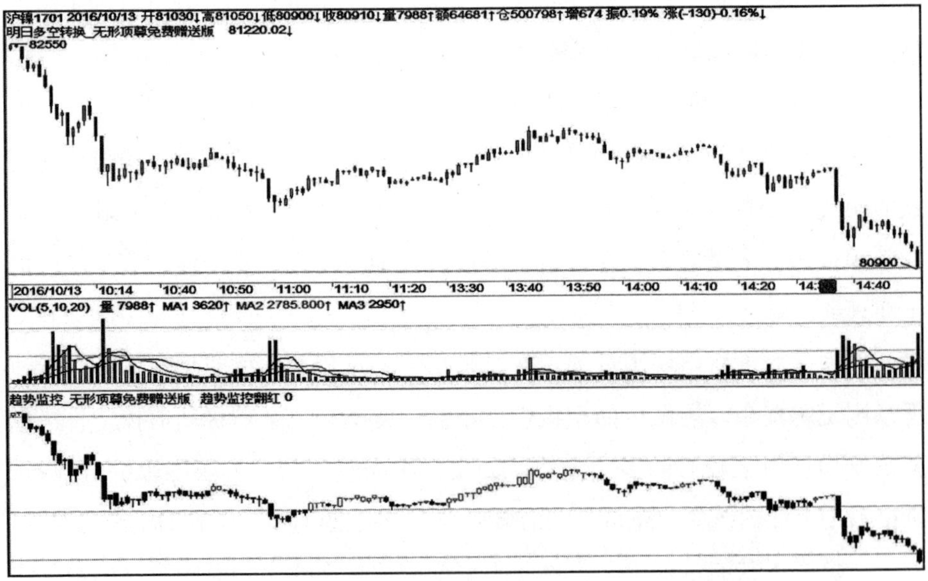

图3-13　沪镍1701合约2016年10月13日1分钟K线走势图

沪镍1701合约2016年10月13日价格在盘中整体出现了连续下跌的走势，

但下跌途中较长周期的反弹却会对分析产生一定的困扰，这种技术形态该如何破解呢？

先确认空方的态度：在价格下跌的过程中，每一次的下跌波段都伴随着一波放量，这说明资金做空的积极性是非常高的。而后再确认多方的态度：在价格反弹的过程中，成交量始终没有放大，只有在反弹的高点才出现了放量。多方不在低位介入，难道到了反弹的高点才杀进场中吗？这显然不是合理的逻辑。

从多空双方的态度便可以看出，资金做空还是非常积极的，并没有任何做多的兴趣。价格之所以反弹那么长的时间，只不过是空方需要更多的时间休息而已。价格波动就如同下棋一般，既然给了你这么长的时间，你都形成不了有效的攻势，那空方就继续出手了。

沪铜1612合约2016年10月10日1分钟K线走势如图3-14所示。

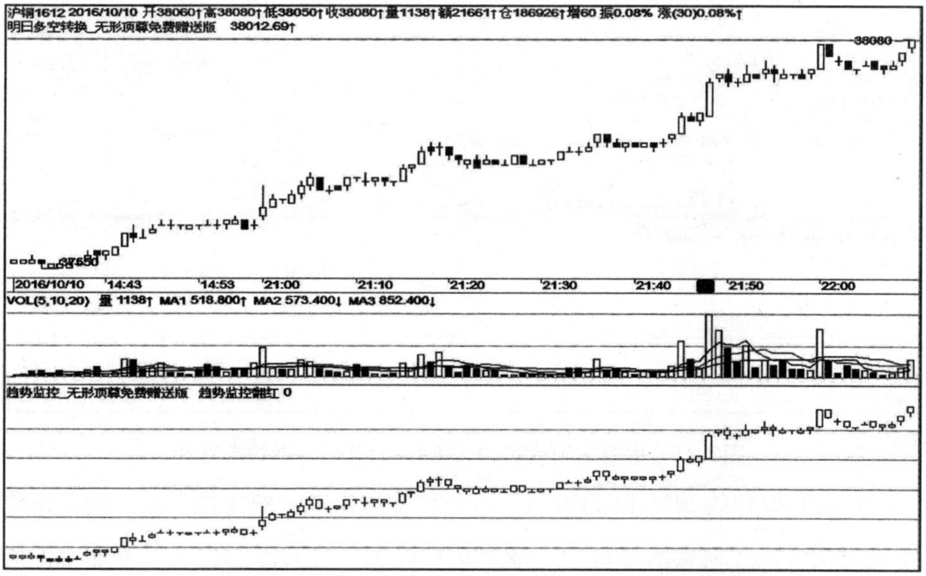

图3-14 沪铜1612合约2016年10月10日1分钟K线走势图

沪铜1612合约2016年10月10日价格在盘中出现了一波震荡上行的走势，由于价格上涨的时间非常长，所以积累下来的涨幅也是非常大的，而在上涨的初期，趋势监控指标便一路翻红形成空心做多信号，把价格的主升浪全部抓住。

从上涨的过程中可以看到，每一轮上涨都带着或大或小的成交量，这说明在价格上涨的过程中，资金做多的态度还是非常坚决的。在上涨之后价格调整的过程中，成交量相比上涨时的量能都出现了明显的萎缩，这说明多头资金在这一轮上涨的过程中只进不出，而空方资金则始终没有入场的打算。

也正是由于空方资金根本没有入场，所以才使得每一次调整的幅度都非常小，K线形态显示多强空弱，而量能又进一步配合显示资金更偏向于做多，自然价格上涨就会成为主流走势，每一次调整的出现其实都相当于给投资者提供了极好的获利机会。

橡胶1701合约2016年9月22日1分钟K线走势如图3-15所示。

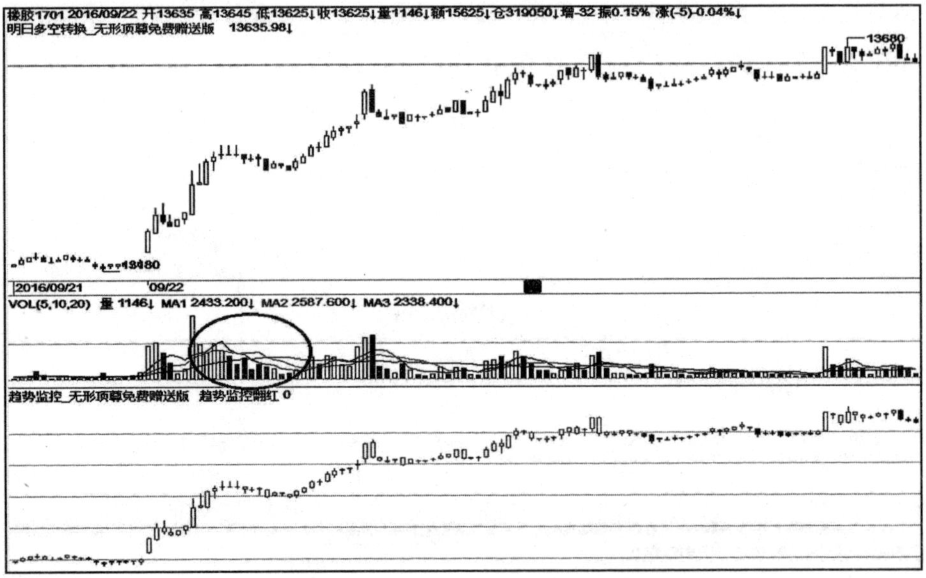

图3-15 橡胶1701合约2016年9月22日1分钟K线走势图

橡胶1701合约2016年9月22日开盘后价格便出现了快速地上涨，随后出现了调整走势。在调整的过程中，成交量对比上涨时的量能出现了萎缩，但如果与上涨之前的量能相比，还是有一些大，该如何鉴定缩量与否呢？

成交量的萎缩与否可以对比，将调整时的量与上涨时的对比，对比之下便可以发现：调整时的走势是明确缩量的。同时，也可以用统一的标准进行衡量，那就是看一下调整时阴线的成交量柱体是不是缩到了均量线的下方，如果缩到了均量线下方，那就是明确无误的缩量。从这个角度来看，调整走势区间的确是缩量的。

而如果量能能缩到之前的极度低迷状态，那更是极完美的缩量状态。但不管是缩到极限状态，还是缩到均量线下方，这都属于标准的缩量，只要上涨带量，调整缩量，价格继续上涨的概率将会是非常大的。

调整与反弹的量能必须遵循完美的量能要求，虽然说价格波动的时候并不见得时时刻刻都保持着完美的量能状态，但只要投资者在完美量价形态出现的时候才进行操作，胜算自然也就会高很多了。

第五节 需放弃的调整与反弹形态

有一些调整与反弹形态出现是必须积极进行操作的，而有一些调整与反弹形态出现则是要回避或是观望的。价格虽然时时都有波动，但并不意味着投资者时时都有交易的机会。当符合操作要求的形态出现时，拿下它，不符合要求的形态出现时，就放弃它。

健康调整与反弹出现时，肯定是要积极操作的，而与之对应的，当不健康甚至是异常调整与反弹形态出现的时候，就必须放弃了。那么，什么样的调整与反弹形态是异常的呢？其实很简单，凡是与健康调整与反弹形态不符合的全部属于异常形态。

健康的调整是缩量的，而且调整幅度比较小，而异常的调整就是放量的，或是调整幅度非常大，不管是否同时出现，都属于异常形态，不仅不应操作还要及时回避。

健康的反弹是缩量的，同时，反弹的幅度也是非常小的，而异常的反弹要么是放量的，要么是反弹幅度非常大的，不管两者单一出现还是共同出现，都应当回避。

这两种异常形态出现，不仅不能操作，同时，它往往还意味着之前的趋势方向很有可能就此毁坏，完全逆转的方向就此形成。

焦煤1701合约2016年10月12日1分钟K线走势如图3-16所示。

焦煤1701合约2016年10月12日价格在上涨的过程中，阳线基本上都带着量，而阴线都缩着量，同时，价格调整的时候，调整的幅度都非常小。无论是从资金的角度，还是透过K线对比多空的角度，价格上涨的概率都将会是非常大的。

上涨到高点以后，价格再次调整回落，这一次的回落彻底改变了多头有利的技术形态。阴线的实体变得非常大，这说明空方的力量突然变大，彻底击败了多方；而在价格下跌的过程中，成交量则出现了明显的放大迹象，这说明资金在此时疯狂地做空，要么是空方资金大举杀入，要么是多方资金大举平仓，而不管是哪种情况，都不利于价格的进一步上行。

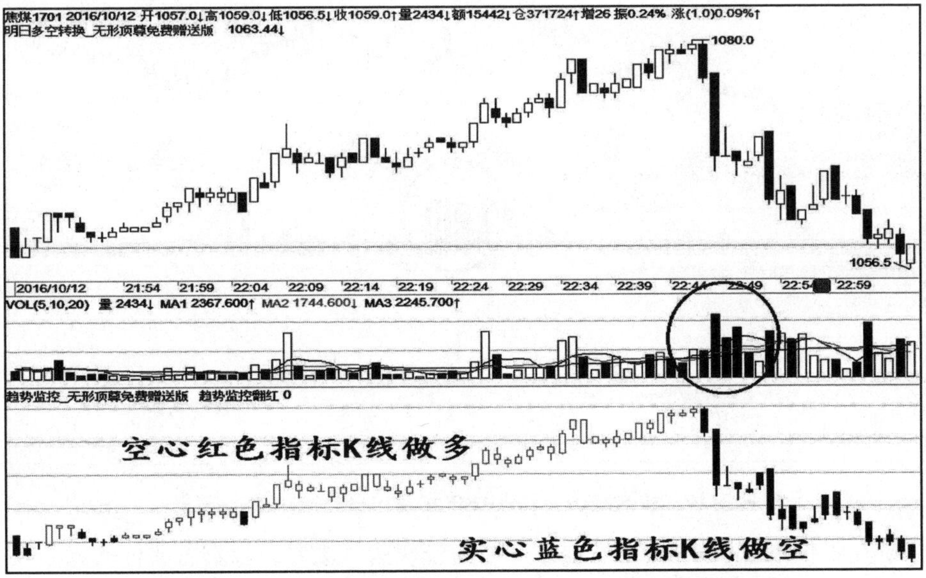

图3-16 焦煤1701合约2016年10月12日1分钟K线走势图

在空方力量非常大的时候能做多吗？君子不立危墙之下，做多必须在多方力量强大的时候进行，而在空方力量强大的时候多单是必须退让的。至于说是不是可以做空，这就要看此时的形态是不是符合做空的技术要求了，符合了自然可以做，如果不符，那就需要再等一等。

焦炭1701合约2016年10月14日1分钟K线走势如图3-17所示。

焦炭1701合约2016年10月14日价格在上涨的过程中，量价的配合还都是非常不错的，价格上涨，成交量随之放大，价格调整，成交量随之萎缩。量价配合完好，则趋势的延续性就比较好。

而在价格上涨到高点之后，再次调整，但这一次的调整却与之前价格调整的走势完全不同。相比之前的调整，此时阴线的实体比较大，这说明空方的力量增强了，只要空方力量大，那么价格将很难继续良性上涨；最为主要的就是在价格调整的时候，成交量出现了明显的放大迹象，此时的量能要么是空方资金在大举杀入，要么就是多方资金在大举平仓，而无论是哪种情况，都不利于价格的进一步上涨。

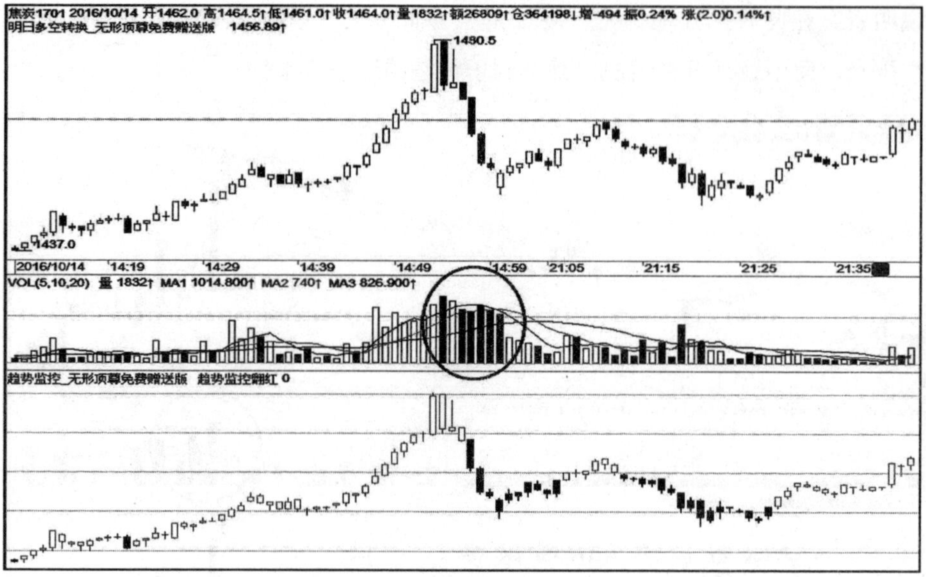

图3-17 焦炭1701合约2016年10月14日1分钟K线走势图

在量价形态以及K线形态显示空方力量较为强大时，投资者要做的就是及时回避这种调整形态，同时也不应将这种调整形态视为是机会的存在。

菜粕1701合约2016年10月12日1分钟K线走势如图3-18所示。

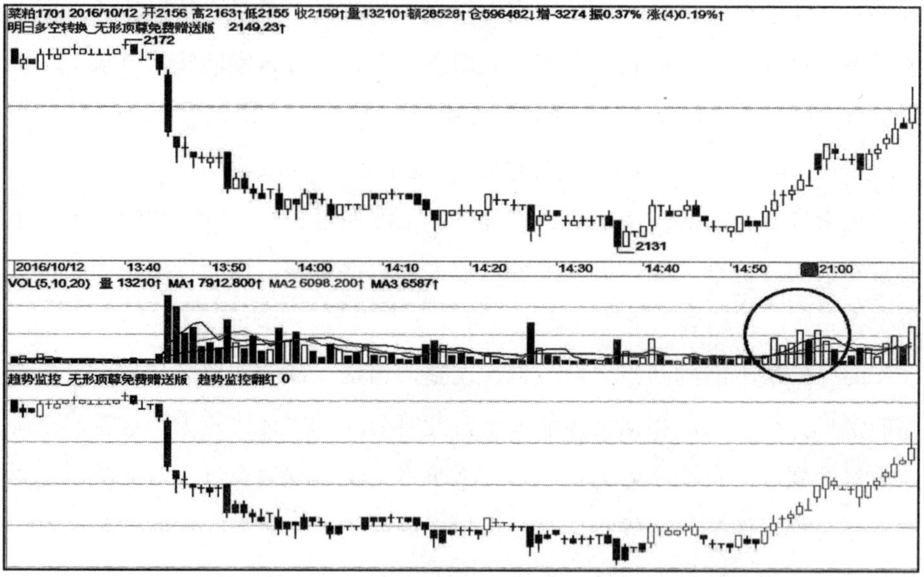

图3-18 菜粕1701合约2016年10月12日1分钟K线走势图

菜粕1701合约2016年10月12日价格在下跌的时候，整体保持着阴线有量，而阳线无量的状态。阴线有量说明资金做空较为积极，而阳线无量则说明多方资金实力较弱，资金的态度决定了价格震荡回落的必然。

经过一番震荡之后，价格再次反弹，形势发生了明显的变化，此时的反弹不再像之前的反弹那样保持着缩量的状态，而是出现了放量的状态，这是价格下跌以来从未发生过的事情。此时的量能状态说明：空方资金要么在大量地平仓，要么就是多方资金杀入了场中。不管在哪一种情况下，都提高了价格上涨的可能性，而降低了价格下跌的可能性。

因此，当下跌之后出现了放量反弹走势时，如果手中有空单的，就需要及时地进行平仓操作了；如果手中没有持仓，面对放量反弹的走势，也需要暂时放弃对空单的关注。

动煤1701合约2016年8月30日1分钟K线走势如图3-19所示。

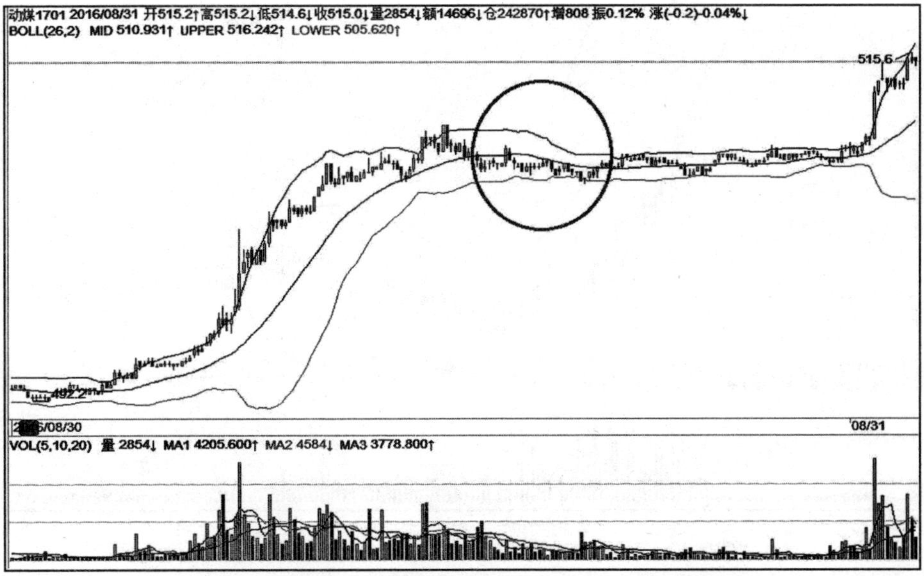

图3-19 动煤1701合约2016年8月30日1分钟K线走势图

动煤1701合约2016年8月30日在价格上涨的过程中，整体保持着上涨放量、调整缩量的迹象，这样的量价形态说明多方资金在此时只进不出，这正是价格持续上涨最主要的原因。

上涨到了高点之后，价格出现了调整的走势，从成交量的变化来看，在调整区间量能越来越小，这种量能仍属于完美的量价状态。同时，调整的幅度也比较小，虽然调整的时候比较长，但价格却并未下跌。唯一不好的就是价格的波动破坏掉了形态：价格小幅度的回落使得布林线指标中轨转为了下降。中轨方向一变，那也就意味着此时此刻价格的波动性质发生了变化，因此，多单在中轨没有重新转为上升趋势之前，便无须关注了。

价格在调整时保持着完美的量价关系，这是持续上涨的根本所在，但并不是说只要上涨放量调整缩量就可以一直看多，还得要求在调整的过程中绝对不能改变价格运行的方向，如果中轨的方向发生了改变，调整时完美的量价关系也就没有意义了。方向不变是前提，必须在这个前提存在的情况下，调整时的量价形态才有意义。

动煤1701合约2016年9月21日1分钟K线走势如图3-20所示。

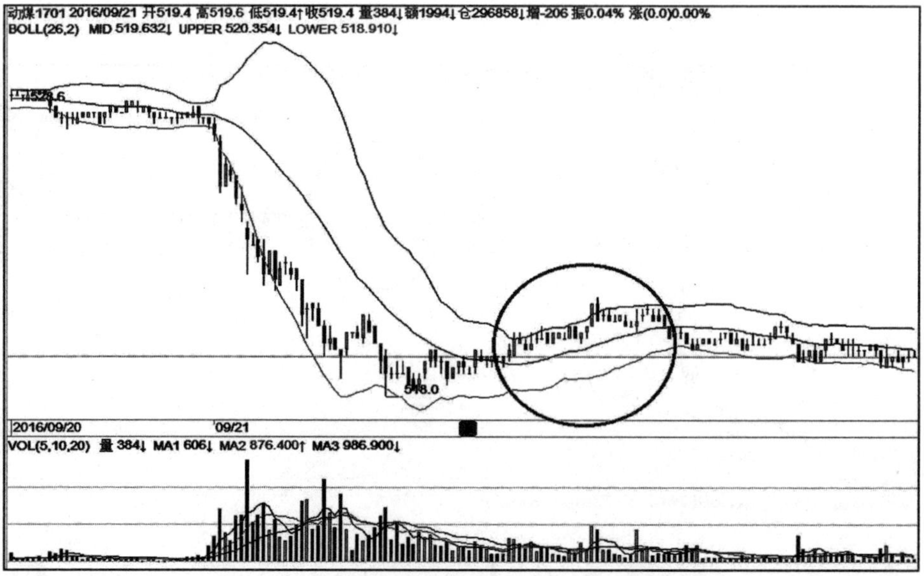

图3-20 动煤1701合约2016年9月21日1分钟K线走势图

动煤1701合约2016年9月21日价格在下跌的时候，阴线的放量非常漂亮，一堆堆的成交量说明资金做空的态度非常积极，只要成交量不萎缩、资金持续性的入场，价格的回落走势就必然会延续下去。

价格经过了一大波下跌之后开始反弹，如果仅看K线形态，此时的反弹幅度其实一点也不高，连下跌波段的1/3也没有弹上去，这说明多方的力量非常虚弱，从整体形态来看，价格还将会继续下跌。

但如果结合布林线指标进行分析结果就不同了，价格反弹的时候向上顶破了布林线上轨的压力，要知道，在中轨向下的情况下，上轨就是空方的最后一道防线，这一道防线若守不住，空头形态也就会遭到破坏。因此，对于那些反弹但向上顶破上轨的走势，应当放弃关注，而是要静待中轨重新转为下降趋势之后再去关注空单的机会。

由此可以看到，放量上涨、缩量调整，放量下跌、缩量反弹的完美量价配合形态，必须建立在明确的方向基本之上，脱离了明确的交易方向，量价的形态往往也就无法再继续指导操作了。

※ 第四章　指标及其实战应用 ※

技术指标可以说让投资者又爱又恨，爱的人是因为他们完全了解了指标的优点与缺点，可以把指标的优势全部发挥出来。就拿笔者来说，在我眼里任何一款指标都是一把把的名刀名剑。我曾说过：如果你说哪个指标不好用，来我跟前，我就用你认为不好用的指标当你面赚钱让你看。这份自信来自于知晓如何扬长避短，最大程度发挥每一个指标的优点，在我眼里，每一个指标都是一台印钞机。

而恨指标的人呢，基本上是那些亏钱了只会埋怨，把亏钱责任怨在指标身上，却从来不在自己身上找原因的失败者。好好的一款指标，却沦为了他们亏损之后的出气筒。

公平地说，指标有它的优点，也有它的缺点，你既不能只看到指标的优点，并过分放大，更不能只看到指标的缺点，认为它一无是处。一把锋利的菜刀，切菜非常顺利，你却用它切破了手，怪谁？指标就在那儿向所有关注它的投资者发出一致的信号，有人用它不断的赚钱，有人用它亏了钱骂街，你说，该怪谁？

第一节　KD指标的适用环境

KD指标对于所有的投资者来说都是一款入门级指标，不管是学期货交易，还是学股票交易，基本上最先接触的指标之中必定有KD指标。KD指标就是KDJ指标，因为J太过于灵敏，笔者认为意义不大，所以为了视觉效果的简单化，只使用有两条指标线的KD指标，而不使用KDJ指标。

也许是因为KD指标是许多新手最初学习的东西，大家都会觉得这款指标太平凡了，甚至还有一些投资者会看不起它，认为它根本不值得一用。其实这都是非常错误的观点！指标由于计算公式的不同，所反映的数据层面也各不相同。这就好比是财务报表一样，你是反映收益状况的，我是反映货物周转率的，两者有什么可比性？指标也是如此，不同性质的指标绝对没有对比性。

许多人认为KD指标不好使，其实并不是指标的原因，而是人笨，根本没有抓住要点。想用好KD指标就得先知道KD指标用在什么情况下才会有最好的效果。在放量区间用KD指标有效果吗？没有。在有量区间，价格的波动完全听从资金的态度，只要量不缩，上涨或下跌便会不断延续。既然在放量区间作用不大，那么对于缩量区间就肯定有作用了。

在成交量萎缩的区间，价格的波动将会非常标准地根据指标形态波动，KD 指标数值高了，价格也就不会再上涨或反弹了；KD指标数值低了，价格也就不会再调整或下跌了。在无量区间，K线的走势会使得技术形态非常标准。

因此请记住：KD指标最有效的使用区间就是无量区间。那么，什么位置会形成无量的状态呢？上涨后的调整区间，下跌后的反弹区间，以及窄幅箱体震荡区间，在这三个区间内结合着KD指标进行分析，结论是非常贴近于市场的真实运行状况的，其他的时候使用，作用都不大。

上证指数2014年12月至2015年6月走势如图4-1所示。

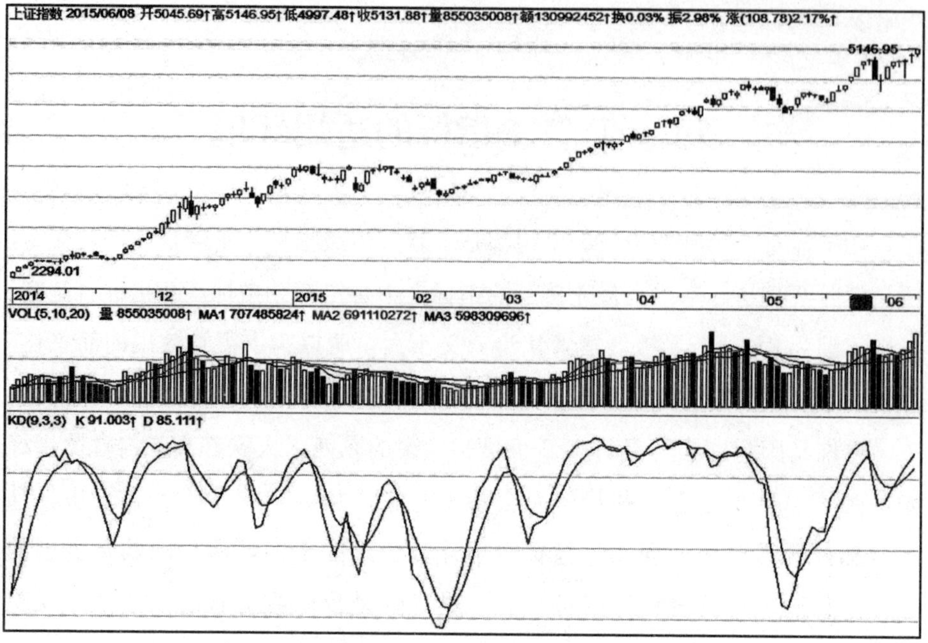

图4-1　上证指数2014年12月至2015年6月走势图

上证指数在2014年12月至2015年6月期间出现了连续上涨的走势，并且在上涨的过程中，成交量均保持着明显的放大状态(成交量柱体位于均量线上方)，在资金纷纷入场的情况下，除了趋势类指标可以在这一阶段发挥较好的提示作用之外，高低类的指标在此时全部会失准。

从KD指标的表现来看，特别是2016年3月开始指标便进入了高位钝化的状态，无法再给投资者以信号上的提示。放量区间价格会受资金的影响上涨或是下跌，资金的态度决定着价格的波动。所以，只要看到放量现象出现，不管是股票还是期货，就切换成别的指标使用便可以了，KD指标在放量区间是没有任何效果的。

2015年2月调整区间，成交量出现了萎缩(成交量柱体位于均量线下方)，这意味着KD指标可以用了，低数值区间的金叉不就是一次极好的逢低做多的机会吗?

PP1701 合约2016年10月27日3分钟K线走势如图4-2所示，价格出现了连续上涨的走势。在上涨的过程中，成交量始终保持着放大的状态，只要见到成交量放大，便要习惯性地忽视KD指标，而调取出趋势类指标进行使用。

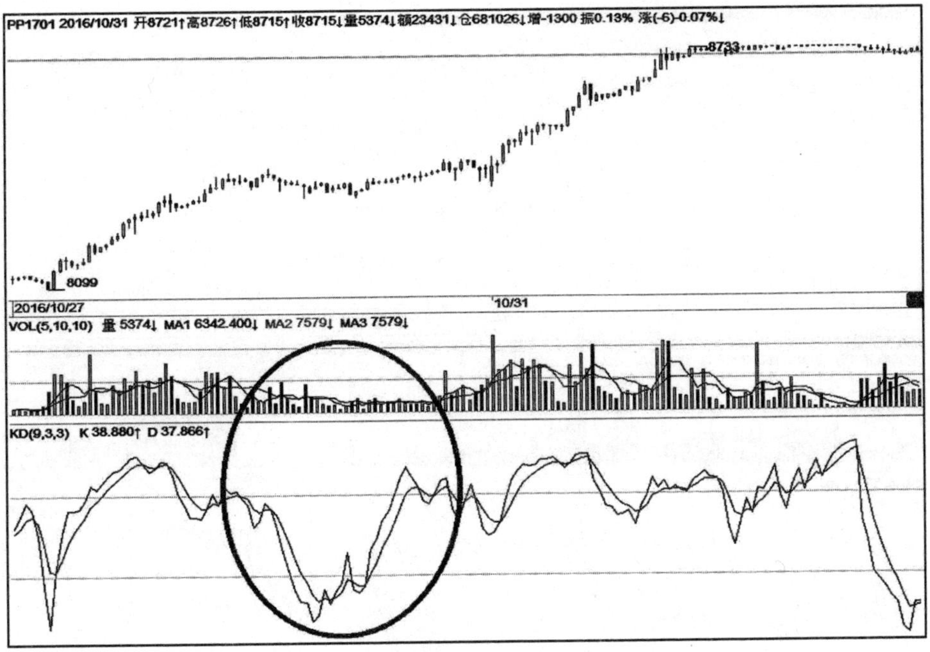

图4-2 PP1701合约2016年10月27日3分钟K线走势图

在上涨的途中价格出现了一次调整的走势，调整区间成交量相比上涨时的放量明显萎缩，放量区间KD指标不适用，而一旦到了缩量区间，KD指标就可以发挥最大的作用，此时就需要在缩量区间密切留意KD指标的信号提示。

价格在无量状态时，上涨和下跌由于暂时都得不到资金的认可，所以价格会很标准地按指标的提示信号运行，低了就会涨起来，高了就会回落。而高与低正是KD指标能够提示出来的，所以无量区间KD指标才最值得投资者使用。

沪铝1612合约2016年10月25日3分钟K线走势如图4-3所示。价格出现了整体大幅上涨并最终涨停的走势。在上涨的过程中，成交量出现了持续性放大的状态，这说明大量资金纷纷入场，资金积极地做多使得价格一举封停。

在放量的时候，无论KD指标如何变化，都没有分析的必要，放量区间是该指标的不适用区间。上涨中途价格出现了长时间的调整走势，在调整的过程中，成交量急剧萎缩，缩量区间KD指标就能顶大事了，这个时候投资者就必须高度关注指标的状态。

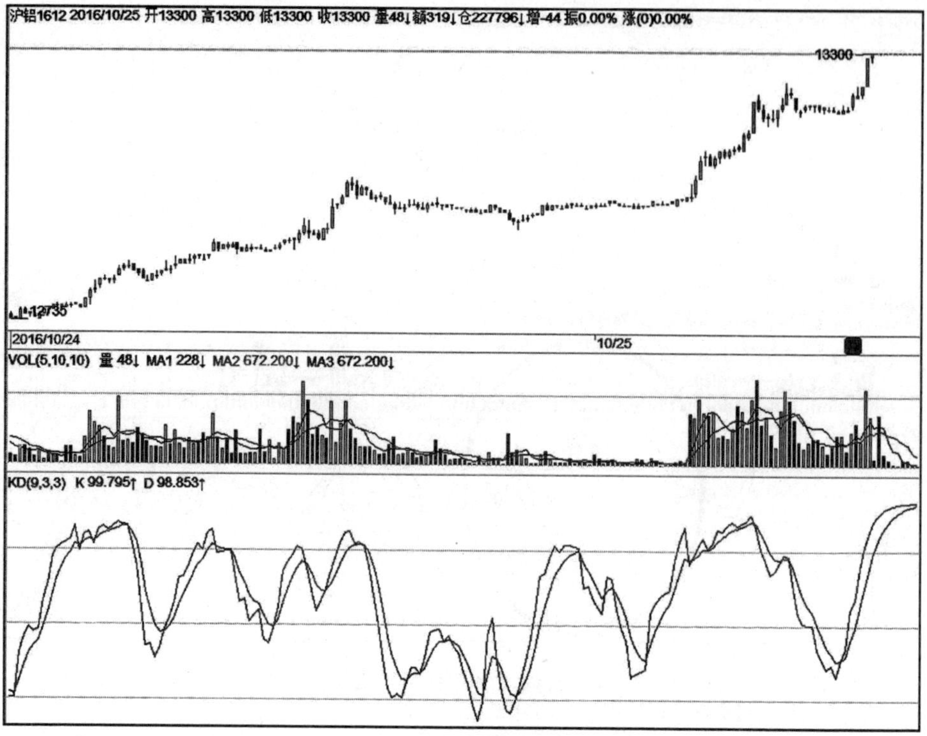

图4-3　沪铝1612合约2016年10月25日3分钟K线走势图

放量区间要放弃使用，针对的是任何时期的放量，只要见放量就不能用。同时，缩量区间就是有效的使用区间，不管价格之前如何变化，只要当前是缩量的，KD指标就可以发挥它帮助投资者赚钱、帮助投资者找高点与低点的巨大作用。

螺纹1701合约2016年9月26日3分钟K线走势如图4-4所示。价格出现了整体下跌的走势。在下跌的过程中，每一波的成交量都有所放大，这说明在价格下跌的过程中资金做空的态度还是比较积极的。而在反弹的过程中，成交量则全部出现了萎缩，这说明资金做多的兴趣不大，价格没有上涨的动力自然也就容易出现下跌。

放量下跌阶段不要看KD指标，而一旦进入到缩量反弹区间，就要意识到，KD 指标有了用武之地。而后结合着KD指标的使用细节、使用方向来操作就会发现，仅是一个简简单单的KD指标，就可以彻底解决如何把握下单机会的重大问题。

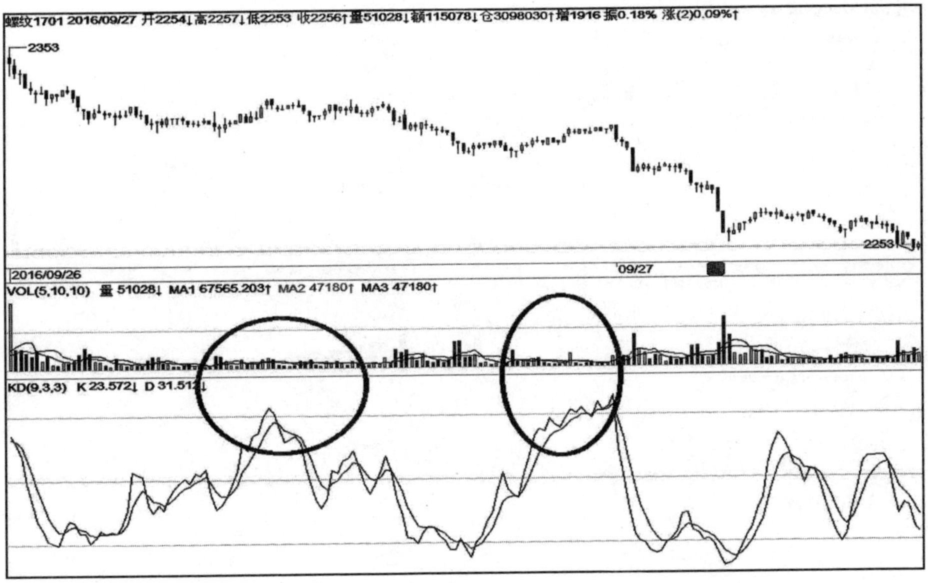

图4-4　螺纹1701合约2016年9月26日3分钟K线走势图

扬KD指标的长，一定要在缩量区间去使用它；避KD指标的短，一定要在放量区间使用其他的指标进行分析。只有首先明白一个指标的优势与劣势，才可以让它成为投资者赚钱的利器！

沪镍1701合约2016年10月19日3分钟K线走势如图4-5所示。价格在下跌的区间内，成交量都位于均量线上方，显示资金在盘中做空较为积极。而在反弹的过程中，成交量则均出现了明显的萎缩。由此也可以看到，成交量的变化总是保持着放大与萎缩的状态。量能不可能一直放大，更不可能一直萎缩。量能放大区间就是获利的区间，而量能萎缩区间就是把握战机的区间。

既然放量区间是获利的区间，那么这个区间就用趋势类指标去追随机会；而缩量区间是寻找战机的区间，那么就使用缩量区间最有效的KD指标来指导操作就可以。放量下跌区间，KD指标无用，而反弹区间，KD指标就可以发挥出作用了。

什么情况下才会出现缩量现象呢？价格下跌后的反弹区间，以及价格上涨后的调整区间，这也就意味着在这两个区间内投资者才可以使用KD指标，其他的时间如果使用KD指标那就是瞎用、乱用了，指标也就不可能帮着你赚到钱。

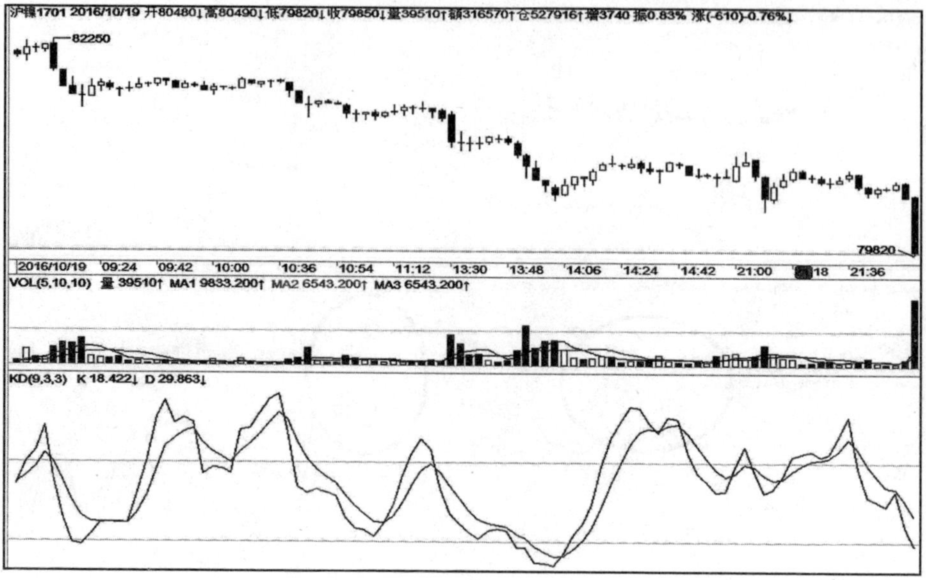

图4-5　沪镍1701合约2016年10月19日3分钟K线走势图

第二节 KD指标的两极

KD指标的数值范围是0～100，传统的分析方法里就数值进行了一些讲解，作为单一指标的研究来讲，的确有学习的价值。但在实战操作中，就以笔者的常规操盘方法来说，布林线指标、MACD指标以及KD指标三个要结合在一起分析，同时还要对盘面的多空状况、交易方向、介入点的细节挂单以及成交价等问题进行综合分析，根本没有精力顾及到一款指标的所有细节。

这不是技术熟练不熟练的问题，而是精力无法分散的问题。举个最简单的例子：你正开着车走得好好的，前边突然钻出来一个人，你会怎么办？马上踩刹车以及打方向盘避开这个人。此时，你根本没有精力去看一下左右反光镜身后有没有车，所有精力都高度集中在避开人这件事情上。这是技术不熟练吗？就是职业赛车手在此时也很难顾及到太多的信息。

正是由于精力的问题，所以在实战分析时任何一款指标我们都没必要用它所有的技术细节，只需要把握重点就可以了。这样才可以在多款指标、多种信息处理的过程中，用极短的时间得出一个正确的结论。

那么，KD指标使用的优点在哪里呢？就在数值的两极中。在实战分析时，我们只需要关注0～20的低数值区间，以及80～100的高数值区间，20～80数值的区间受精力的影响暂不做关注。

当然，使用KD指标两极数值的时候，必须与方向相结合，如何结合方向将在下一节中进行讲解。只有紧密结合上交易方向这个问题，才可以进一步发挥KD指标的优势，并将其优势发挥至极限！看完第三章，你就会发现，原来KD 指标居然是神一般的存在，你再也不敢小看它了。

沪镍1701合约2016年10月31日1分钟K线走势如图4-6所示。价格出现了多次调整的走势。理论上来讲，每一次调整的出现都将会是一次极好的做多机会，但并不是每一次的调整都会满足所有交易时的技术条件。面对调整走势时，只需要捕捉那些符合条件的调整形态便可以了。

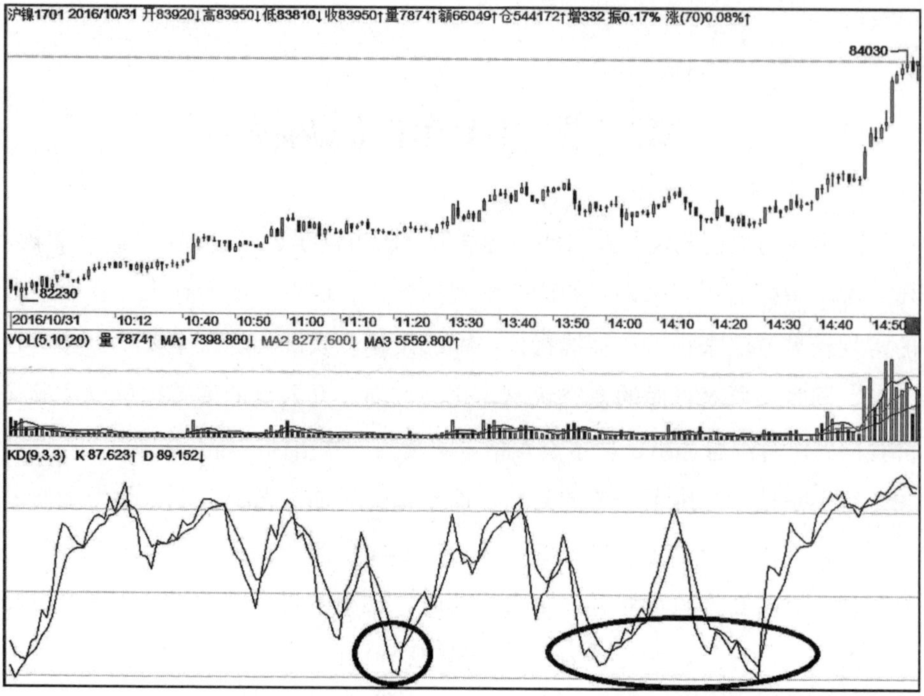

图4-6 沪镍1701合约2016年10月31日1分钟K线走势图

在价格调整的区间进行操作，是属于逢低交易的手法，那何为低呢？这就需要KD指标来解答了。在价格调整的时候，一旦KD指标数值接近、达到或低于20，这就意味着价格的波动形成了低点，这一区间入场做多的安全性是比较高的。

从图中的走势来看，价格在调整区间，共给投资者留下了三次极好的交易机会，只要在KD指标处于低数值状态下的时候入场做多，都可以实现盈利。而如果价格调整时，KD指标数值离20较远，则说明技术形态并未形成，此时的波动不应动手操作。

焦炭1701合约2016年10月28日1分钟K线走势如图4-7所示。价格整体出现了上涨的走势，上涨途中价格出现了多次调整的形态，虽然调整次数较多，但一定要记住，并不是每一次的调整都满足操作的要求。

在价格调整时，成交量一定要萎缩，如果量能没有萎缩，就意味着KD指标没有进入到适用区间，这是绝对不能够使用的。在量能满足萎缩条件的情况下，就可以使用KD指标来指导操作了。

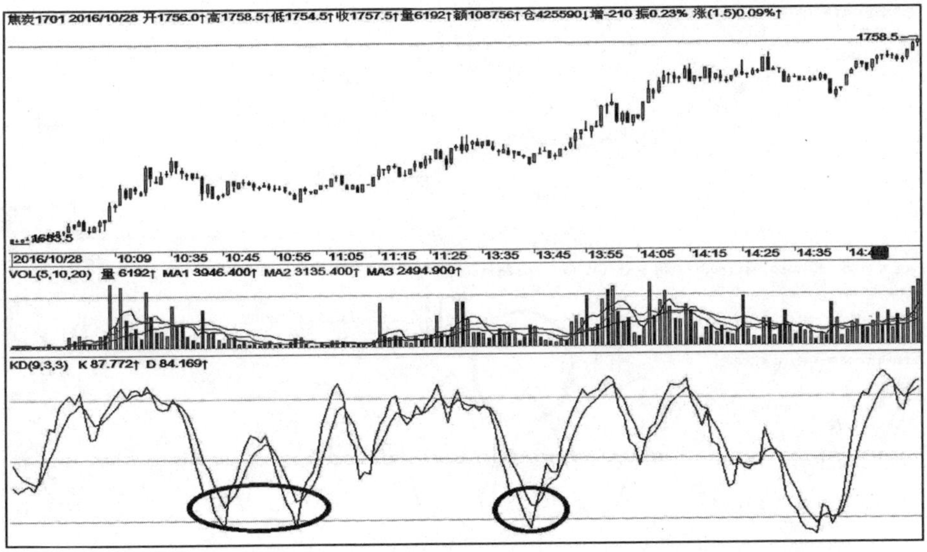

图4-7　焦炭1701合约2016年10月28日1分钟K线走势图

萎缩区间要去寻找KD指标形成低数值的形态，无量加上KD指标数值接近、达到或低于20时，便可以入场进行做多操作了，在这些点位进行操作不见得说次次盈利，但是盈利的概率却是非常大的。随着KD指标数值越来越低，价格在无量的情况下继续下跌的动力也越来越小，空方不行了，多方自然就要反抗了。

玉米淀粉1701合约2016年10月25日1分钟K线走势如图4-8所示。价格整体出现了下跌的走势，从成交量的变化上来看，每当下跌走势出现的时候，成交量便配合放大；而当反弹走势出现的时候，成交量则又明显萎缩，这说明资金做空的积极性更高，这也是价格可以持续下跌的根本原因所在。

由于趋势向下，在操作上自然也要顺势做空，而顺势做空最常用的手法之一就是“逢高做空”，这四个字投资者肯定不会陌生，但是，何为高呢？这就需要KD指标来回答。在价格下跌之后的反弹过程中，KD指数形成了较高数值的状态，KD双线指标值均超过了80，这是最为可信的“高”。

既然KD指标线进入了高数值，在下降趋势中，这个大好的做空机会自然也就不能放过了。在指标进入高数值状态的时候，还必须看一下成交量的变化，只要成交量也是同步萎缩的，KD指标同步进入适用区间，就要及时出手捕捉战机。

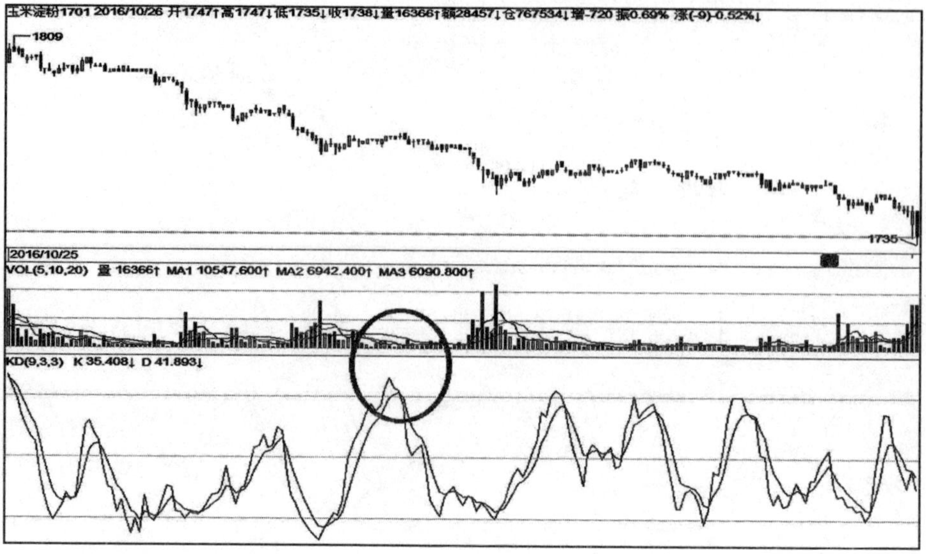

图4-8　玉米淀粉1701合约2016年10月25日1分钟K线走势图

鸡蛋1701合约2016年10月27日1分钟K线走势如图4-9所示。价格在下跌的时候，阴线的量能伴随着每一波的回落而不断放大，这说明价格越是下跌，资金做空的积极性反而越高，资金越是入场，越是可以推动价格不断回落，价格的波动进入了良性状态之中。

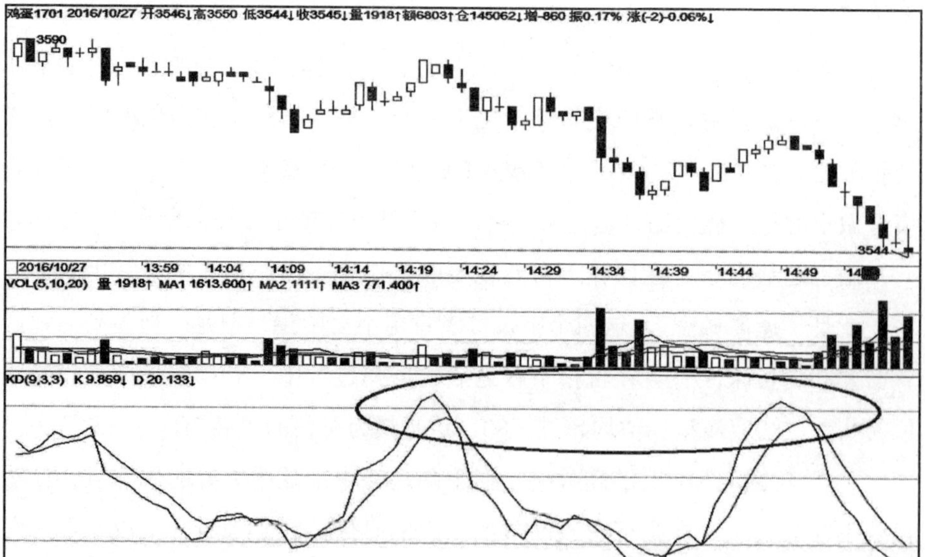

图4-9　鸡蛋1701合约2016年10月27日1分钟K线走势图

在下跌的途中曾出现了二次缩量反弹的走势，成交量此时的萎缩说明资金做多的积极性并不高，上涨并没有动力的支持。这两次反弹成为下跌过程中最棒的两次中途介入点，具体什么样的思路介入呢？要用逢高做空的手法进行操作。

在下跌过程中，KD指标数值接近、达到或超过80的区间便可以入场做空了，从图中的走势来看，这两次的反弹全部满足技术要求。在指标形成高数值状况的时候，反弹是否缩量也是必须关注的事情。如果反弹放量，那就绝不能参考KD指标进行做空操作了，而一旦反弹是缩量的，那就去放心大胆地做空就可以了，此时赚钱的概率将会是极大的。

橡胶1701合约2016年10月19日1分钟K线走势如图4-10所示。价格在下跌途中出现了多次反弹的走势，在实战操作时，理论上每一次反弹都是一次难得的做空机会，但在实战交易过程中，并不是每一次反弹都可以满足所有的技术条件。所以，实战时那些不符合所有技术条件的反弹必须放弃。

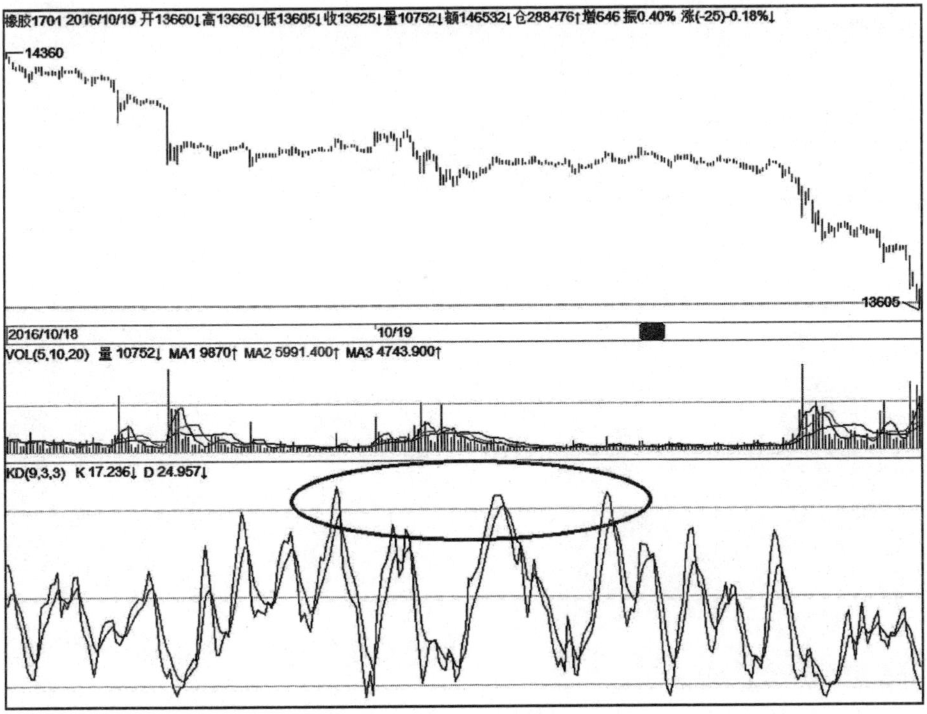

图4-10　橡胶1701合约2016年10月19日1分钟K线走势图

在下跌之后的反弹过程中，成交量始终保持着萎缩的状态，在缩量区间KD指标便有了发挥其最大威力的机会，因此投资者在下跌之后的缩量区间所要做的事情就是静待KD指标进入高数值区间。一旦满足了高数值的要求，所对应的价格便是一次好的开空点。

在实际操作时也需要注意，KD指标数值最高的那个点是无法把握到的，提前把握并不一定是最高点，如果等最高的点形成，价格也就跟着回落了。所以指标的高点不要强求，价格的高点也不要强求，只要那个点对应着高数值区间就可以入场开空。

由于KD较为灵敏，因此对价格局部波动的把握能力较高，上涨后的调整低点利用低数值完全可以轻松地找到，而上涨后的高数值也照样可以轻松地给投资者提示出来，所以想要进行逢高做空或是逢低做多的投资者是必须参考它的。至此学到了KD指标的两种用法：无量区间使用，以及上涨用低数值，下跌用高数值，千万别用错了！接下来再进一步学习KD指标使用时的方向要求。

第三节　KD指标的使用方向

许多投资者KD指标用不好的最重要一个原因就是：用错了方向。该用高数值的时候用成了低数值，该用低数值时用成了高数值，整个用反了。自个用得不对，却怪罪指标，指标成了投资者自己愚昧的替罪羊，真是替这些指标鸣不平啊。

KD指标该如何结合着方向进行使用呢？请切记：方向向上时只看低数值，也就是KD指标0～20的数值区间，以此来寻找逢低做多的机会；方向向下时只看高数值，也就是KD指标80～100的数值区间，以此来寻找逢高做空的机会。

逢低做多与逢高做空是投资者常说的两句话，但何为低，何又为高却又解释不清，结合KD指标来回答这个问题就简单多了。趋势向上时，随价格调整，只要KD指标接近、达到或是低于20值，这就是低了，再结合支撑就可以入场逢低做多了。而当趋势向下时，随价格反弹，只要KD指标接近、达到或是高于80值，这就是高了，再配合压力就可以入场逢高做空了。

知道了KD指标应当用在无量区间，然后在上升趋势中只看低数值，而不要去管高数值，在下降趋势中只看高数值，而不要去管低数值，这样一来KD指标就给投资者发出了准确性极高的交易信号。

当然，也需要注意：KD指标不宜单独使用，需要搭配使用，具体的原因就不再啰嗦了，就算不知道其中的原因也并不影响搭配使用的效果。

塑料1701合约2016年10月31日1分钟K线走势如图4-11所示。价格出现了连续上涨的走势，上涨过程中，成交量始终保持着放大的状态，这说明资金做多的积极性非常高，资金积极做多则为价格的持续上涨提供了足够的动力。

由于上升趋势已经非常明确，所以操作的方向必然是要坚定做多，而在上涨过程中较为常用的操盘手法除了追涨、突破，就是逢低做多，而又以逢低做多获利的效果最好，那么此时该如何借助KD指标进行逢低做多的操作呢？

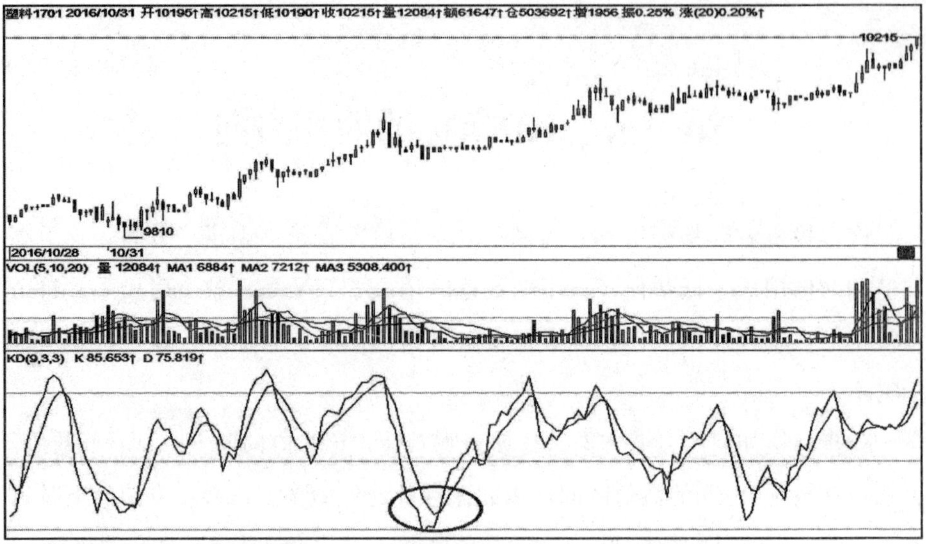

图4-11　塑料1701合约2016年10月31日1分钟K线走势图

趋势方向向上，KD指标就要用低数值来寻找介入点，在KD指标形成低数值时要求成交量必须处于萎缩的状态，只要方向、数值、量能同时满足了要求，这个位置就可以介入。图中画圈的位置三个技术条件全都满足了，从图中的走势来看，这也是一个非常不错的中途介入点。

塑料1701合约2016年8月29日1分钟K线走势如图4-12所示。价格在当天出现了连续下跌的走势，高点一波比一波低，低点也更是一波比一波低，形成了非常明显的空头态势。在价格下跌时，每一波下跌都形成了放量的现象，而每一次反弹成交量都明显萎缩，这说明下跌有资金推动，而反弹则没有资金参与。

下跌的趋势形成了，在具体运用KD指标时也就知道了具体的获利方法：下降趋势中，要使用KD指标的高数值去逢高做空操作，KD指标的低数值在下降趋势过程中没有意义。在KD指标形成高数值状态的时候，要求成交量必须萎缩。

从图中的走势来看，有两条非常标准的技术点，虽然价格在这两处位置各不相同，但都是无量的，同时KD指标双线数值都达到或超过了80，进入了绝对的高数值区间，这两个点位便可以积极地入场进行做空操作。只要顺应了方向，用对了细节，KD指标绝对可以帮助投资者找到最恰当的介入点。

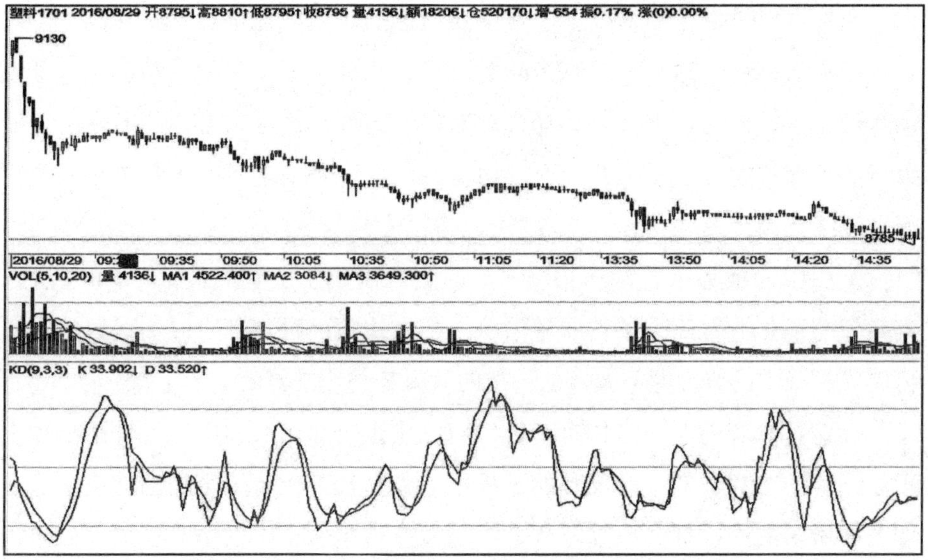

图4-12　塑料1701合约2016年8月29日1分钟K线走势图

塑料1701合约2016年9月27日1分钟K线走势如图4-13所示。价格下跌的过程中出现了明显的放量堆，但放量过后同样出现了明显缩量的走势，放量是投资者获利的大好时机，因为这一区间价格的波动往往方向非常明确，而缩量区间就是备战区间，投资者在这个区间要随时留意介入的机会。

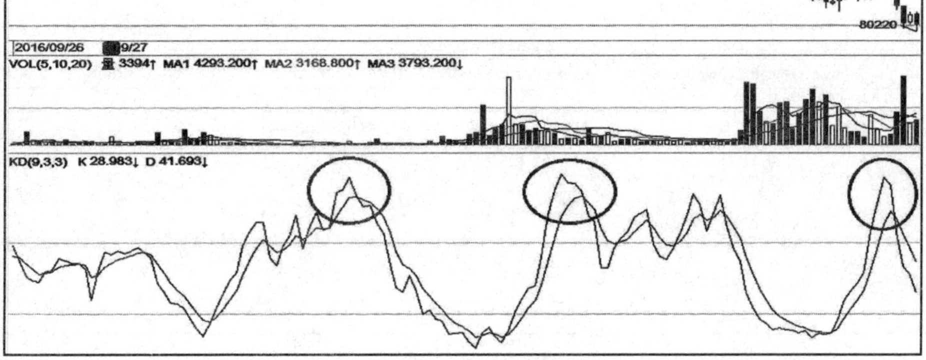

图4-13　沪镍1701合约2016年9月27日1分钟K线走势图

在价格整体偏空的情况下，使用KD指标的时候应当重点关注高数值，只要指标数值接近、达到或是高于80时，就意味着价格反弹得差不多了，可以动手做空了。同时，下降趋势形成高数值的时候，成交量必须要萎缩，量能此时的萎缩说明价格的反弹没有动力支持，在这种情况下，上涨也不可能很好地延续下去。

从图中的走势来看，一共有三次的走势满足了所有的技术条件：方向、高数值与缩量，这三个条件非常简单，整个决策的过程都可以在极短的时间内完成，操作的难度并不大，但实战的效果却是非常好的。

棕榈1701合约2016年10月20日1分钟K线走势如图4-14所示。价格整体出现了回落的走势，在下跌反弹的过程中，成交量都保持着萎缩的状态，这说明资金做多的积极性并不高，资金不是做多就是做空，做多不积极，做空肯定就会积极一些。因此，从成交量的变化来看，反弹无量，但下跌都有相应的量能放大，这些放量为价格的下跌提供了足够的动力。

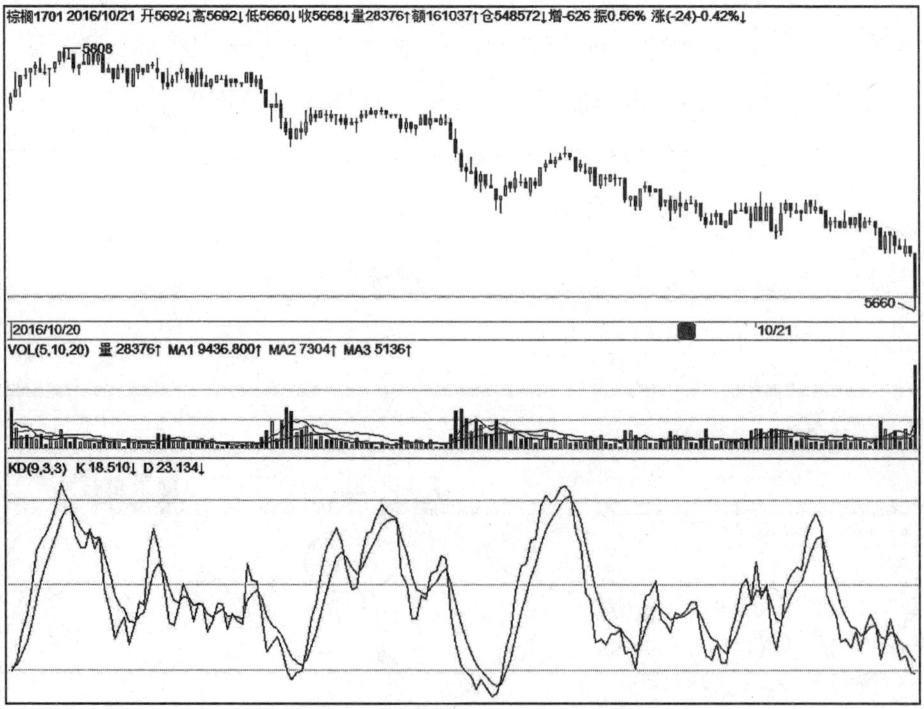

图4-14　棕榈1701合约2016年10月20日1分钟K线走势图

方向明确了，量价配合也没有问题，接下来就是要在缩量区间使用KD指标去寻找逢高做空的交易机会了。从图中的走势来看，KD指标有好几次接近了80，只要接近(75 以上)达到或是高于80都可以视为符合了技术条件，便可以在与之对应的点位入场做空。

在无量状态下，KD指标进入高数值状态之后，价格继续向上反弹的空间已经不大了，这个点位对于投资者来说风险很小。首先萎缩的量能并不支持进一步走高，其次大的下降趋势也不允许价格继续走高，最后再加上指标显示价格已处于高位状态，回落的概率自然会比较大。

螺纹1701合约2016年10月27日1分钟K线走势如图4-15所示。价格在下跌的时候成交量的变化比较完美，随着价格进一步的回落，成交量逐渐增加，只要有资金愿意在场中积极地交易，价格便具备了持续波动的能力。

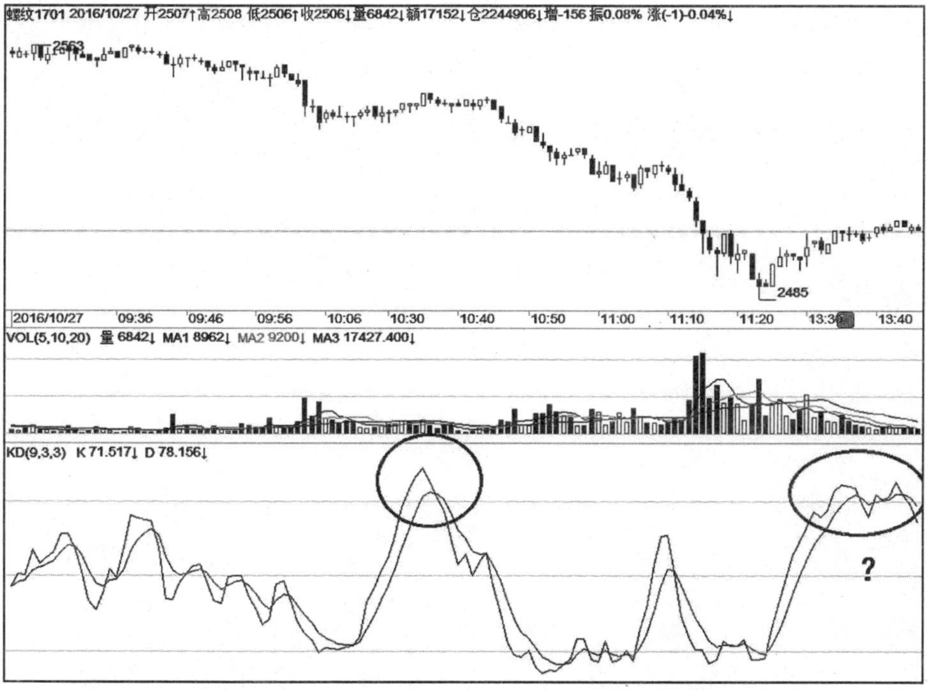

图4-15 螺纹1701合约2016年10月27日1分钟K线走势图

下跌的过程中，价格出现了两次规模大一些的反弹，虽然两次反弹价格所处的位置各不相同，但是许多技术特征却是完全一致的：首先是成交量都出现了萎缩，这说明资金在盘中根本没有兴趣进行做多的操作；其次反弹并未改变整个下降趋势，同时反弹的幅度也非常小，这说明空方力量强大而多方力量虚弱；最后便是在反弹到高点区间的时候，KD指标都达到了高数值的状态。

相似的技术特征价格后期走势相似的概率也会是非常大的，虽然后期的走势的涨跌是未知的，但是由于各种技术条件均满足了操作的要求，所以，在KD 指标进入高数值区间的时候便可以逢高入场做空。

量能是否萎缩、方向是何状态、在方向确定的情况下是用高数值还是低数值，这三项因素是决定KD指标是否可以发挥最大作用的关键，而投资者在实战交易时只要坚定地按照指标的信号条件进行操作，就算是被许多投资者看不起的KD指标也照样可以发挥非常棒的提示作用。

第四节　MACD指标的顶底背离

与KD指标一样，MACD指标也算是一款所谓的入门级指标，但它同样可以发挥较大的获利作用。对于KD指标，笔者建议与其他指标搭配使用，而MACD指标则不同，它既可以单独使用，也可以与其他指标搭配使用，无论怎样使用效果都非常不错。

在MACD指标使用的方法中，最主要就是利用该指标的背离来判断局部的顶部区间以及顶部区间。使用时需要记住：在MACD指标有了提示信号的时候，有的案例会形成当天最大级别的顶部，而在多数案例中，只是上涨途中暂时性的顶部，而绝非最高点，底部也是如此。因此，在使用时只可立足于眼前的走势进行操作。

MACD指标顶背离是指：价格保持着上升趋势，在震荡上涨的过程中，连接价格波动的高点可以画出一条上升趋势线，但连接MACD指标的高点却得到一条下降趋势线，价格上升指标下降，这就是背离形态。由于出现在上涨过程中，并且价格此时停止上涨的可能性较大，所以称为顶背离。

MACD指标底背离是指：在价格震荡下跌的过程中，连接价格的低点可以画出一条下降趋势线，但如果连续MACD指标的低点则可以画出一条上升趋势线，价格向下指标向上，两者出现了方向上的背离，这种技术形态出现之后，价格有很大的概率将会止跌反弹，因此称为底背离。

不管是顶背离还是底背离，在技术形态出现的时候，需要做的就是平仓手中的获利单，而不宜反方向开仓。例如形成顶背离之后开空单，虽然这不算错误的做法，但并不鼓励，这是因为大多数投资者顺势交易都没有做好，逆势交易就更难了。只有在顺势交易可以做到长时间的稳定盈利之后，才可以考虑采用逆势的手法多抓住一些交易的机会。之所以不建议投资者上来就在顶背离出现时做空，是因为整体趋势依然保持着上升的状态，在经验不足不知道如何正确且及时止损的情况下，一旦价格继续向上，便很容易出现亏损。在有了足够多的交易经验以后，无论进行什么性质的交易都可以在形态失败时坚决止损出局，才可以进行逆势交易。

沪铝1612合约2016年10月25日1分钟K线走势如图4-16所示。价格出现了连续下跌的走势，在主要的下跌波段中，成交量始终保持着放大的状态，这说明价格的回落得到了大量资金的认可。而下跌到了末期阶段的时间，成交量则出现了连续的萎缩，被松了油门的车自然也就跑不快了。

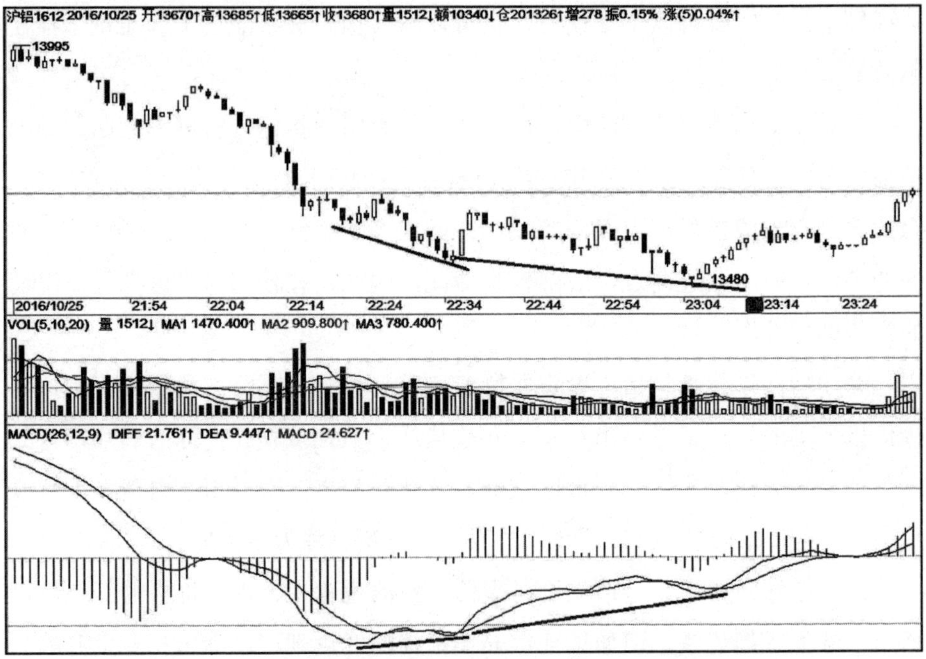

图4-16　沪铝1612合约2016年10月25日1分钟K线走势图

如果只看K线图，价格在下跌末期连创新低的时候，是很难提前预知下跌将会何时停止的，但若结合着MACD指标来进行分析，价格后期的波动性质也就非常容易识别了。价格虽然创出新低，但指标却形成了低点抬高的迹象，指标的运行状态与价格的运行状态完全相反，这就是底背离的技术形态。

在连续下跌之后，一旦MACD指标形成底背离迹象，投资者就应当平仓手中的空单。在这一区间内，价格反弹的概率将会是非常大的，就算不会出现上涨，想要继续下跌也会是非常难的。

螺纹1701合约2016年10月24日1分钟K线走势如图4-17所示。价格在下跌时出现了连续放量的迹象，而在反弹的过程中，明显萎缩的量能说明了价格后期继续下跌的概率是极大的，在完美量价配合出现的时候，投资者一定要积极地入场做空。

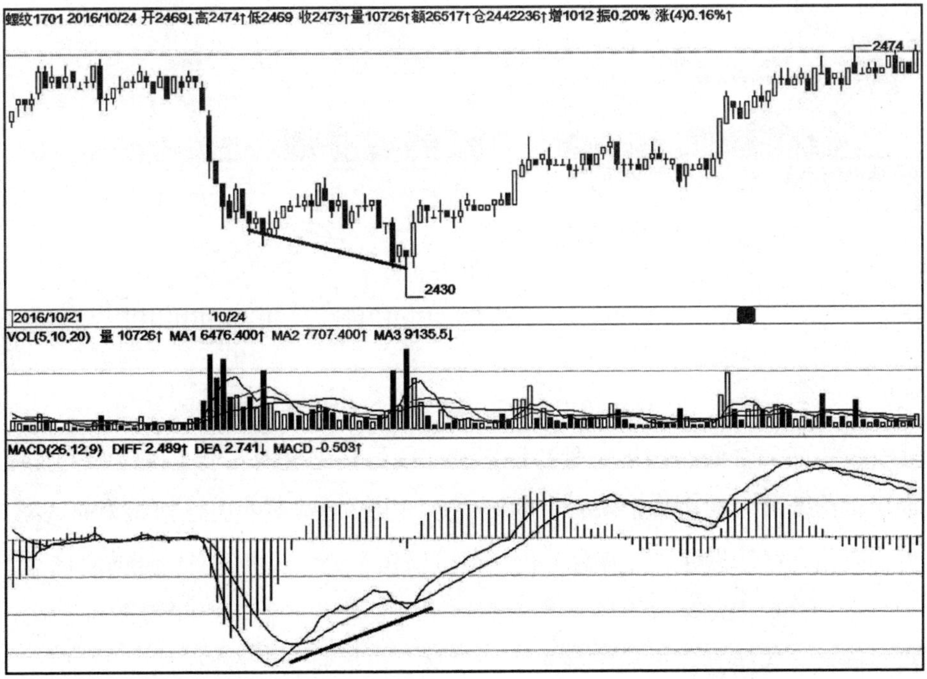

图4-17 螺纹1701合约2016年10月24日1分钟K线走势图

如果单看量价形态，价格第二波放量下跌的时候很难做出这是最后一波下跌的判断，但若结合着MACD指标来分析，便又是另一种分析结论了：价格虽然创出了新低，连续低点形成一条下降趋势线，但MACD指标却在此时形成了明显的上升趋势，连接低点形成了一条明显的上升趋势线，一旦底背离形成，价格在短期内将很难再度下跌。

底背离形成后，价格就算不涨，也会在一段时间内震荡拒绝下跌，而更多见的则是底背离出现以后价格反弹，当然还有另一种可能就是形成趋势上的彻底扭转，而无论是哪一种走势，对手中的空单都没有任何好处，所以，底背离区间首先要做的其实并不是抄底，而是要平仓空单。

沪铝1612合约2016年10月25日1分钟K线走势如图4-18所示。

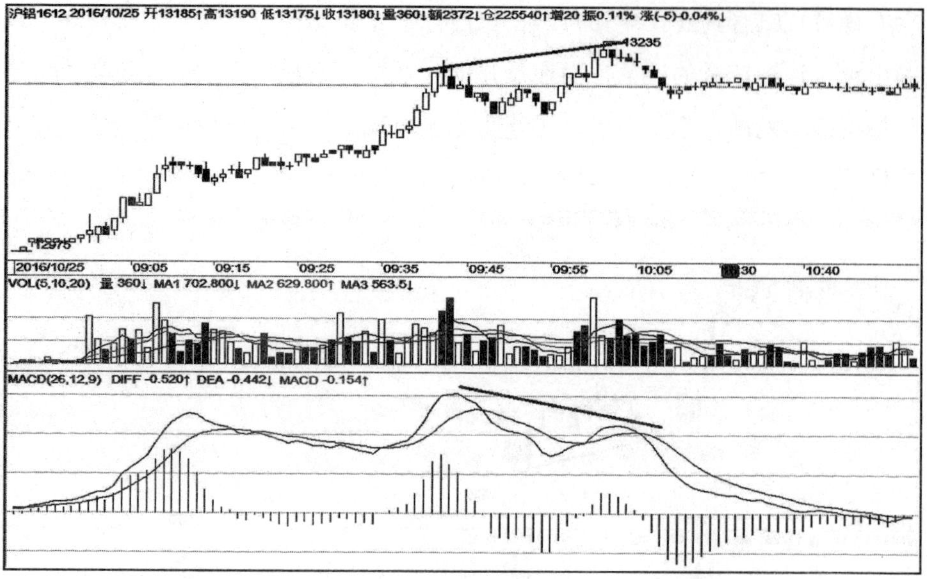

图4-18　沪铝1612合约2016年10月25日1分钟K线走势图

沪铝1612合约2016年10月25日1分钟K线价格经过两大波上涨之后，再度向上创出新高。从走势上来看，依然确定的上升趋势看不出任何结束的迹象，但如果结合MACD指标进行综合分析，便可以先人一步知道价格后期的变化了。

在价格向上创新高，连续高点形成上升趋势的时候，MACD指标则形成了高点降低，连接高点形成下降趋势的走势。价格向上，指标向下，两者的方向出现了背离，由于这种现象出现在上涨之后，因此称为顶背离。

这个顶一定要正确理解，它有可能只是一个局部顶，价格调整一番后会继续上涨，也有可能是一个大级别的顶部。但不管是什么样的顶，对于多单来讲都有必要回避一下，什么时候价格的波动再度形成了明显趋势的时候再重新入场操作。

PP1701合约2016年10月28日1分钟K线走势如图4-19所示。价格在几波小波段的上涨之后，继续向上创出新高，MACD指标的顶背离现象随之形成了，连接价格的低点或是高点可以画出非常明确的上升趋势线。但如果连接MACD指标线的高点，则形成了一条非常明显的下降趋势，指标向下，价格向上，当顶背离出现的时候，一定要先把手中的多单平掉，然后重新等待新的交易机会的出现。

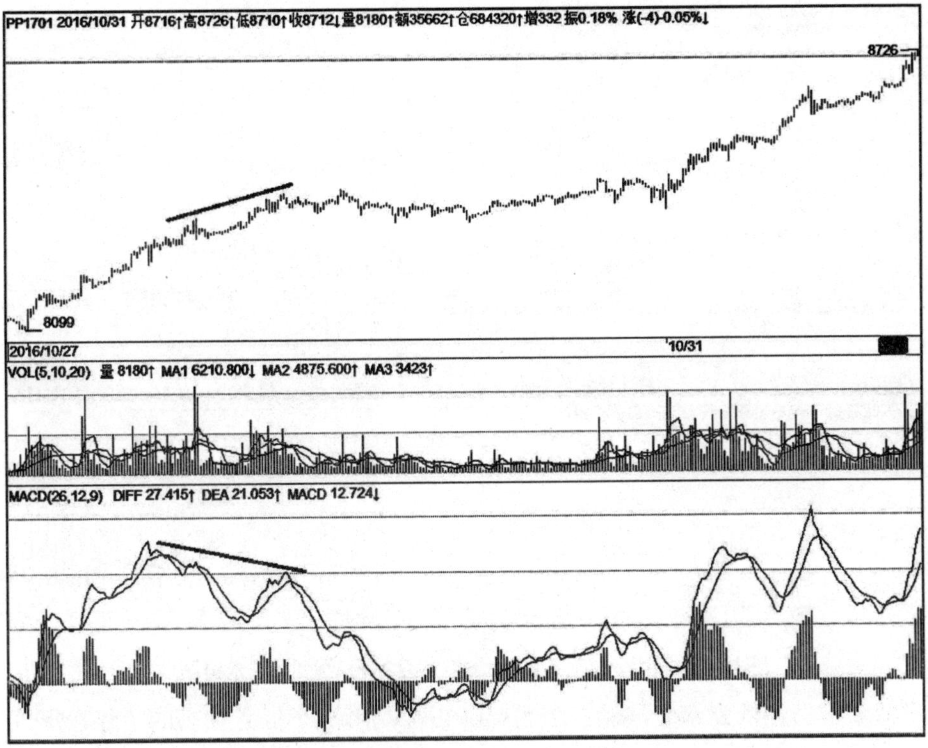

图4-19　PP1701合约2016年10月28日1分钟K线走势图

顶背离一旦出现平仓多单是正确的，但千万不要认为未来价格一定会下跌，这个顶有可能是最终的大顶，也有可能是局部的顶。图4-19中PP1701合约的走势就是这样，价格在顶背离形成之后的确形成了一个高点，但并没有跌下来，经过一段时间调整之后，一轮更大的上涨行情随之出现。阶段顶的确形成了，但并不是行情最终的顶，如果做空风险可就大了。

由这个案例可以看出：当顶背离形成时平仓多单是正确，它可以有效地回避风险。因为一旦顶背离形成，就算价格不跌，想涨暂时也是不可能的，平仓多单以后，等待价格有了新的交易信号再重新入场才是最适合的做法。

甲醇1701合约2016年10月24日1分钟K线走势如图4-20所示。价格下跌到低点区间以后形成了双底的形态，两个低点水平状态的走势价格后期该会如何波动呢？仅看K线得出的答案肯定是要继续顺势看空的，但若结合MACD指标进行分析则又是另一种结论了。

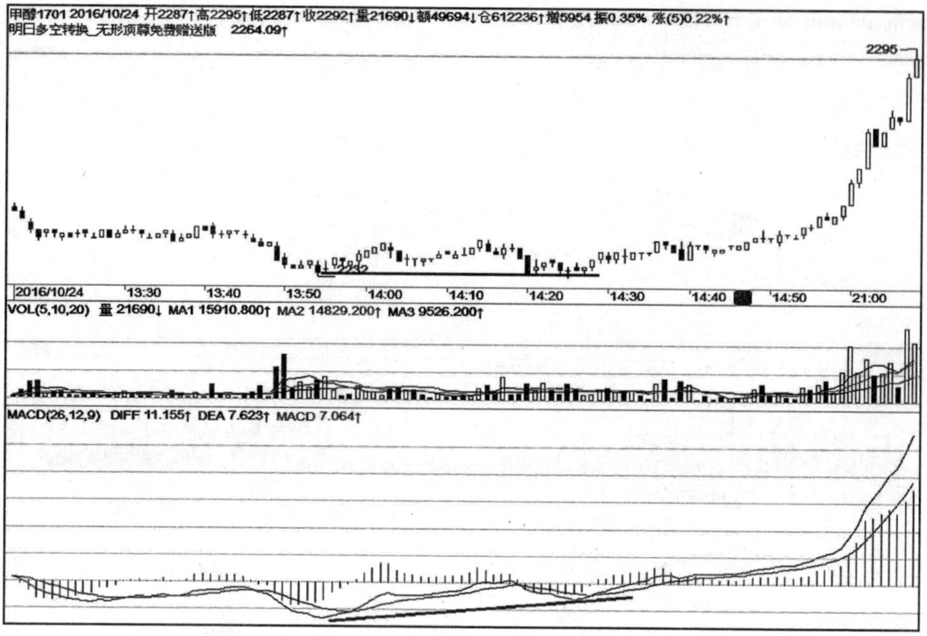

图4-20 甲醇1701合约2016年10月24日1分钟K线走势图

价格虽在低点水平波动，但是MACD指标却形成了低点抬高的走势，形成了底背离的技术形态。这种技术形态与之前几个案例有所不同，之前的底背离价格是向下创出新低的，而甲醇的走势则并未向下创出新低。如果说指标此时也是低点水平的，那就不是底背离了，但是指标先于价格形成了上升趋势，提前提示了投资者方向的转变，指标有方向，价格无方向，这不是底背离又是什么呢？

底背离或是顶背离在形态上有时会有变化，标准的形态就是价格创出新低时，指标趋势向上，或价格创出新高时，指标趋势向下。变化的形态则是：价格高点水平，指标高点下降；价格低点水平，指标低点上升。不管是哪一种形态，其技术的含义都是一样的。

第五节 MACD指标力度的判断

MACD指标可以追踪价格的运行方向，可以在局部顶与底正在形成的过程中提示投资者，还可以进一步提示投资者价格波动的力度大小的变化。使用MACD 指标判断价格波动力度变化需要用到MACD指标柱体，并依据指标柱体长短的变化知晓价格力量的增大与衰减。

在对比力度变化时，可以同方向对比，即两个相邻的上涨波动进行对比。此时可以将这两个同方向运行的波动的指标柱体比较一下，如果柱体一样长那就表示力度一致，柱体有长有短那就表示力度有大有小。也可以反方向对比，即将当前的上涨波段与接连着的下跌波段对比，上涨的柱体长度代表多方的力量，而下跌时的柱体长度代表空方的力量，两者进行比较也就很容易识别出当前多空双方的力量具体如何了。

通过柱体的长度对比力度有什么实战上的指导意义呢？力度的变化其实可以反映价格幅度的变化，在上涨力度减弱的情况下，上涨的幅度是不可能增大的，而在上涨力度增强的情况下，上涨的幅度也是不可能减小的。如果当前的波段比前一个波段力度大，那当前波段的波动幅度也将会超过之前的波动幅度，这样一来，收益的预期是不是就可以大致知晓了？当前波动力度大，那收益预期就可以放大一点，至少不会比之前的少，如果之前涨了100元，那这一波涨一百二三十块钱都不是问题了。

焦煤1701合约2016年11月1日3分钟K线走势如图4-21所示。价格下跌见底之后，出现了一轮较为凌厉的上涨走势。在价格上涨的过程中，MACD指标柱体也比较长，指标的柱体反映了价格较为强劲的上涨势头。

上涨中途价格经过了一段时间强势横盘调整之后继续上涨，但第二轮上涨的幅度相比第一轮减小了一些，此时如果仅看K线形态是无法找到原因的，但若结合着MACD指标柱体来分析便可以找到答案了。在价格第二轮上涨的过程中，指标柱体相比前一轮上涨的柱体明显缩短，指标柱体的缩短意味着上涨力度的减弱，而上涨力度减弱自然也就会使得价格的上涨幅度减小。

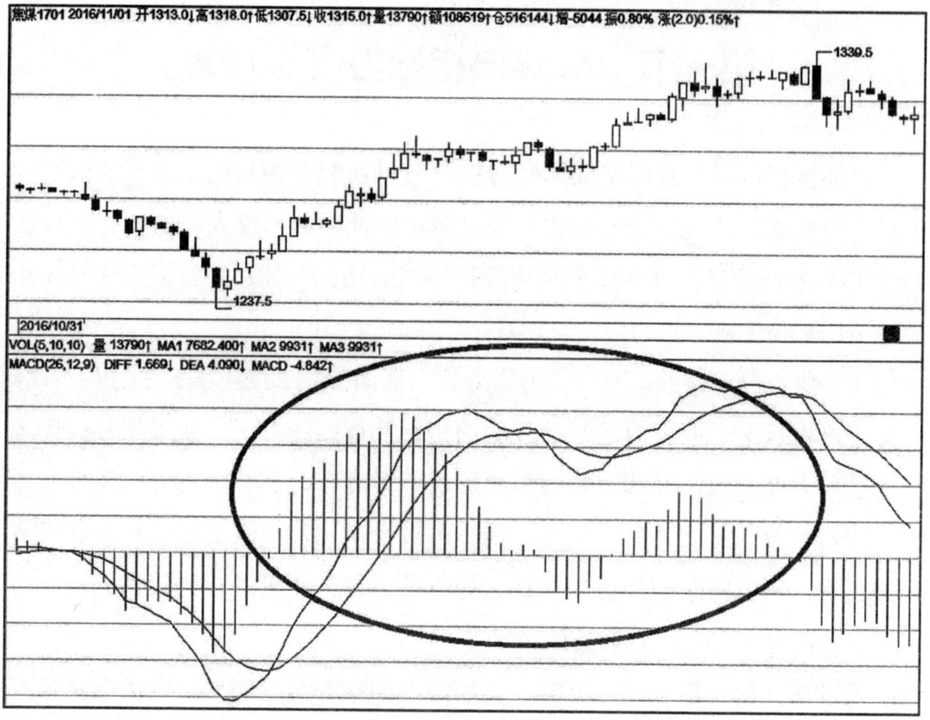

图4-21 焦煤1701合约2016年11月1日3分钟K线走势图

无论是在第二轮上涨时进行了交易，还是在第一轮上涨时进行着持仓，只要看到价格的上涨力度明显减小，就要知道第二轮的上涨幅度是绝不可能超过第一轮的，因此就需要在上涨力度减小的时候降低收益的预期。

棉花1701合约2016年11月3日3分钟K线走势如图4-22所示。价格出现了三轮上涨的走势，在前两轮的上涨中，第一轮上涨时指标的柱体相对长一些，而第二轮指标柱体比较短。从指标的显示上来看，在第二轮上涨的时候，收益的预期一定要降低，如果第一轮上涨了20元，第二轮做一个上涨15元以内的预期就可以了。

在第三轮上涨行情出现的时候，MACD指标柱体明显放长，并远超过前两轮上涨时的柱体长度，指标柱体的放长意味着价格上涨力度的变大。在这种情况下，就可以多持有一会多单，如果前一轮上涨了20元，在力度放大的情况下做出一个上涨30元以上的预期是非常合理的。

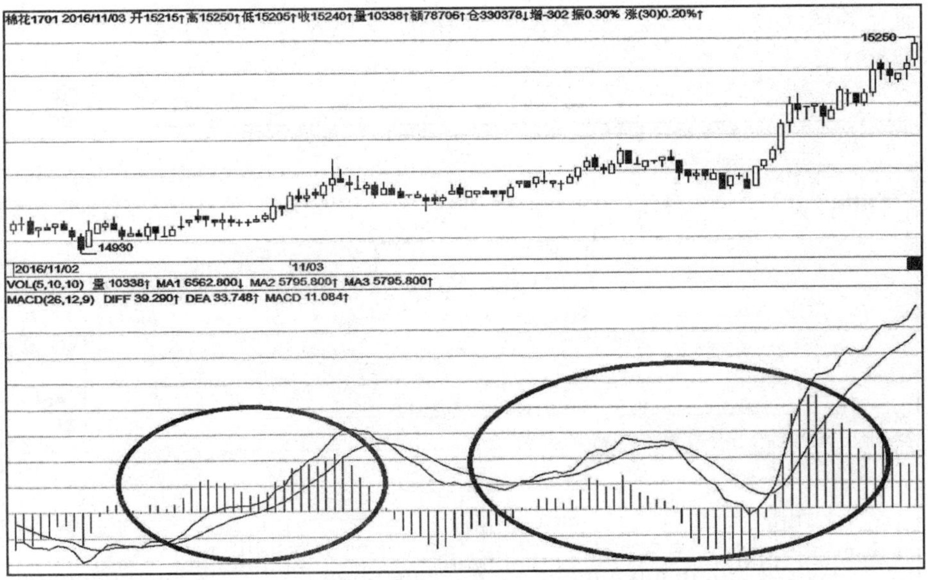

图4-22　棉花1701合约2016年11月3日3分钟K线走势图

这种判断的方法对于持仓是有很大帮助的，对于开仓作用可能一般，这是因为在开仓时，指标柱体有时会放长，有时也并不见得放长。而在持仓过程中，一旦发现指标柱体变长，便可以扩大收益预期，力度大收益预期则高，力度小收益预期则低。

白糖1701合约2016年10月27日3分钟K线走势如图4-23所示。价格先后出现了三轮下跌的走势，每一波下跌给投资者带来的收益都是差不多的。从MACD指标的表现来看，在价格下跌的过程中，指标柱体的长度相差无几，柱体长度接近则说明价格下跌的力度接近，价格下跌力度接近则回落的幅度自然也会接近。

实战操作时，价格的波动幅度能有多大是不可能极为准确地识别出来的，但可以通过正确的方法识别出普遍存在的规律。在指标柱体向下放长的情况下，历史上没有发生过下跌幅度小于前一波的现象，但至于会超过前一轮下跌幅度的多少，则又无法具体得知，所以这种判断方法所得出的结论只能是一个较为粗略的范围。

虽然无法精确得知实际的波动幅度，但是只要知道这一波会比前一波跌得多、大致跌幅相等、跌得少不照样可以对操作起到很大的帮助吗？跌得小收益预期就减小，力度一致就拿前一波的幅度作为收益目标，柱体放长则就多贪一些。

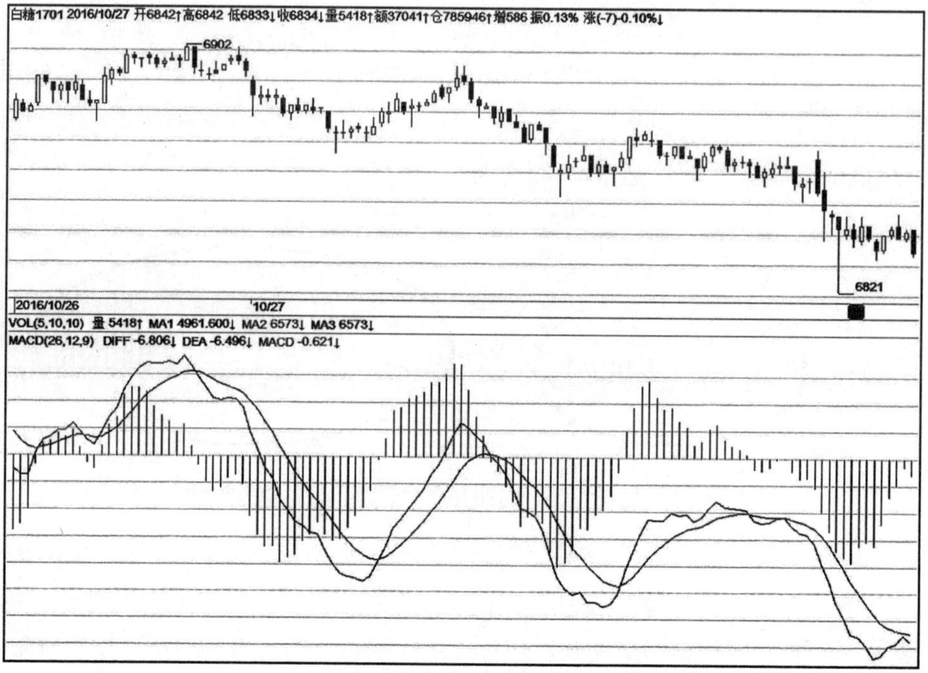

图4-23　白糖1701合约2016年10月27日3分钟K线走势图

螺纹1701合约2016年11月1日3分钟K线走势如图4-24所示。价格下跌结束之后出现了一轮逆转趋势的上涨行情，MACD指标可以判断同方向相临两波的涨跌力度，可以判断同方向跨时期两波涨跌力度，那它可以判断不同方向上涨与下跌的力度变化吗？

答案是肯定的！从图中的表现来看，价格下跌的时候，MACD指标的柱体向下的长度有限，而在价格上涨的过程中，柱体向上的长度更长。下跌柱体不长说明力度相对小，而上涨时柱体更长，则说明多头力度更大。把下跌时的柱体与上涨时的柱体进行比较，便可以得知：上涨的幅度将会超过下跌的幅度，此时下跌的幅度就可以作为多单获利幅度预测的参照了。

多头之间的走势可以自由对比，无论是相临的两波上涨，还是跨越了几波行情的两波上涨；而多与空之间的对比则建议是相临两波上涨与下跌，或下跌与上涨进行对比，跨越式的对比对实战操作意义不大。

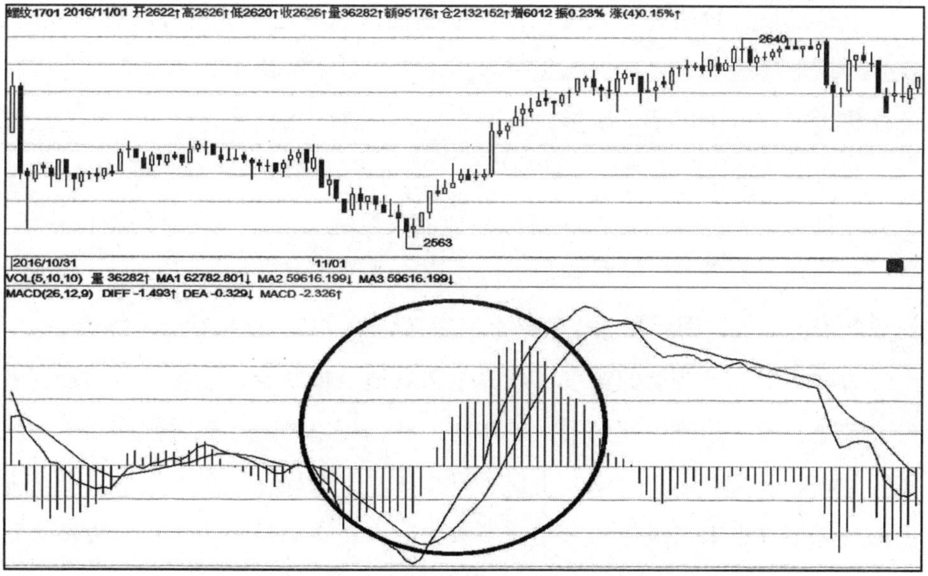

图4-24　螺纹1701合约2016年11月1日3分钟K线走势图

螺纹1701合约2016年10月26日3分钟K线走势如图4-25所示。价格在下跌的时候，MACD指标柱体比较长，说明价格此时回落的力度比较大，这一点K线形态也如实地反映了出来，连续的阴线在很短的时间内便给了投资者极好的收益。

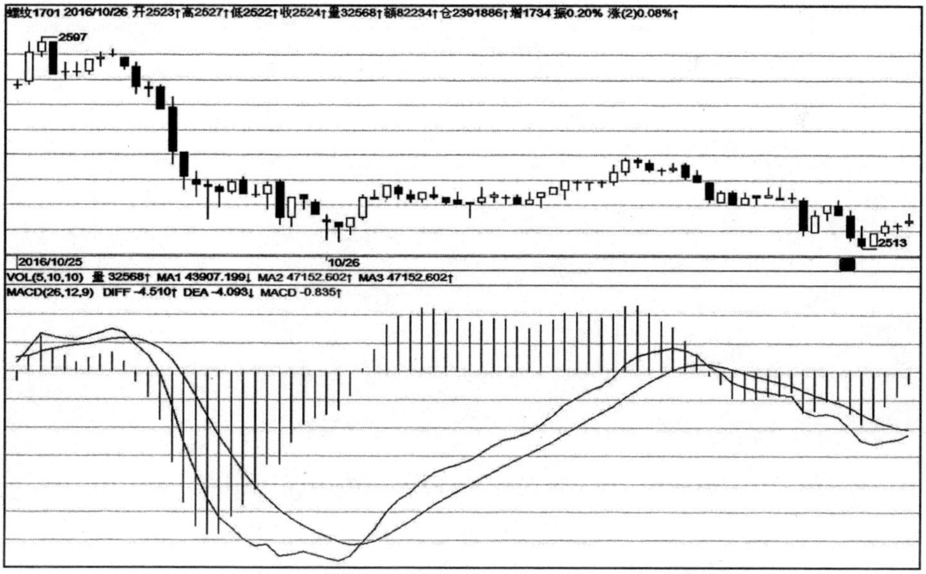

图4-25　螺纹1701合约2016年10月26日3分钟K线走势图

下跌过后，价格开始反弹，此时面临的问题便是：价格可以反弹多高？反弹一旦形成是多方力量大还是空方力量大？只要解决了这两个问题，后面的操作也就变得简单了。要解决这两个问题，MACD指标就足够了，因为通过对下跌与上涨指标柱体的变化进行分析，便可以判断出多空力量的对比。

在价格反弹的时候，MACD指标柱体的长度远远低于下跌时的指标柱体，这说明下跌的力量大，而反弹的力度小，多头的力量比较小，自然上涨的空间也就不会太大。因此在操作策略上，应当继续寻找机会进行做空操作。

力度等于价格波动的幅度，就算是粗略地分析结论，也可以帮助投资者在制定交易策略的时候起到很大的作用，我们可以知道什么时候应当见利就跑，什么时候可以多贪一些。不仅可以指导当下的操作，更可以通过多空力度的变化推导出未来操作的方向，多头力度大就在后期做多，空头力度大就在后期做空，利用正确的方法再一次简化了分析的流程。

第六节　布林线指标的支撑与压力

布林线指标可以追踪价格的趋势，同时由于它是一款通道类指标，因此，又可以向投资者提示支撑与压力所在。在实战操作过程中，利用布林线指标的支撑作用做多，以及利用布林线指标的压力作用做空是非常常见的交易手法，因此，投资者一定要熟练掌握。

不管是布林线指标的支撑与压力还是其他方法的支撑与压力，一定要注意正确的使用方法。目前市场上许多投资者，甚至是许多鱼目混珠的所谓“老师”“高手”全都不会正确使用支撑与压力，真不知这些人是凭着什么在市场中生存到今天的。

支撑与压力正确的使用方法为：上升趋势看支撑，只要支撑位撑不住了，那么上升趋势也就将要结束了；下降趋势看压力，只要压力位压不住了，那么下降趋势也就将要结束了。

上升趋势千万不要看压力，上升趋势一旦形成就是要向上不断地突破压力位，直到支撑再也无法撑住的时候。上升趋势中，支撑就像是粮草，大军想要向前冲锋打胜仗，粮草得跟上，粮草跟不上，这仗也就没法打了。下降趋势千万别看支撑，下降趋势一旦形成就是要不断地向下跌破各种支撑位。

那些摸顶暴亏和抄底暴亏的投资者就是这样，在上涨过程中认为某处是压力，于是开空，结果价格一路向上突破；看到价格跌到了一个所谓的支撑位于是入场做多，结果一路被套。一旦逆着进行操作，赔钱纯属活该。

知道传统的支撑与压力的正确使用方法以后，布林线指标的支撑与压力的用法也就知道了：中轨向上时，只要看中轨与下轨的支撑，只要支撑有效，上升趋势就会延续；中轨向下时，只看中轨与上轨的压力，只要压力有效，下跌便不会停止。

沪镍1701合约2016年10月24日3分钟K线走势如图4-26所示。价格出现了一轮持续震荡上涨的行情，虽然说价格波动的时候震荡较多会考验投资者的持仓技巧，但也需要意识到一点，越多的震荡，中途插进一脚赚钱的机会也越多，否则价格唰的一下就涨上去，你在何处下脚？

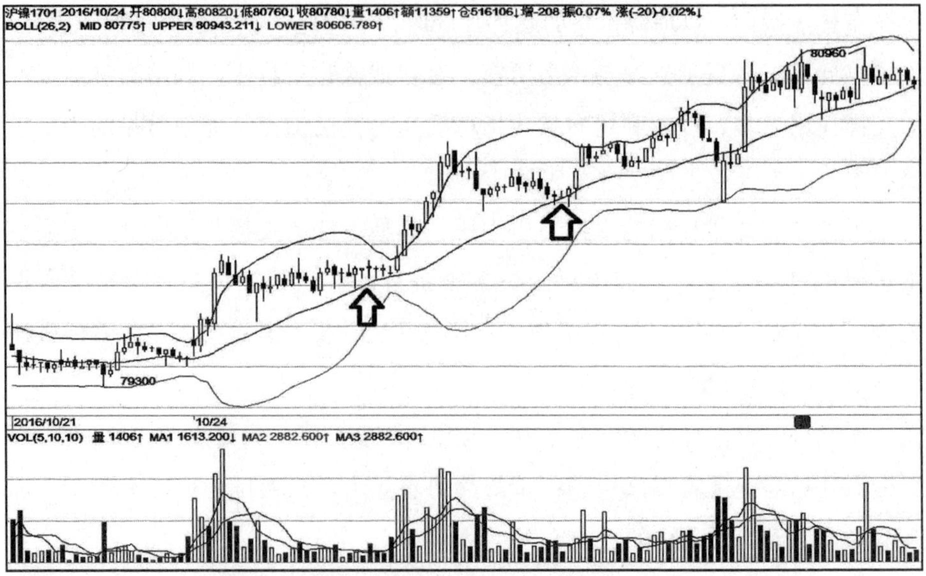

图4-26 沪镍1701合约2016年10月24日3分钟K线走势图

既然布林线指标中轨形成了明确的上升趋势，那么，在实战操作的时候，投资者就应当坚定地进行做多操作，操作方向切不可与布林线指标中轨方向相反。在进行做多的时候，可以利用布林线指标中轨或是下轨的支撑作用进行逢低做多的操作。

从图中的走势来看，价格在上涨的过程中出现了多次调整的走势，但每当价格调整到布林线指标中轨或是下轨支撑位的时候，便获得了强大的支撑并重新继续上涨，可见在方向明确向上的情况下，支撑位便是一个较好的介入点。

鸡蛋1701合约2016年10月20日3分钟K线走势如图4-27所示。价格出现了下跌的走势，一旦布林线指标中轨明确向下，就必须坚定地做空，并放弃一切做多的想法。下降趋势一旦形成，就要积极地去寻找各种压力位，一旦价格到达这些压力位，便可以入场进行做空的操作。

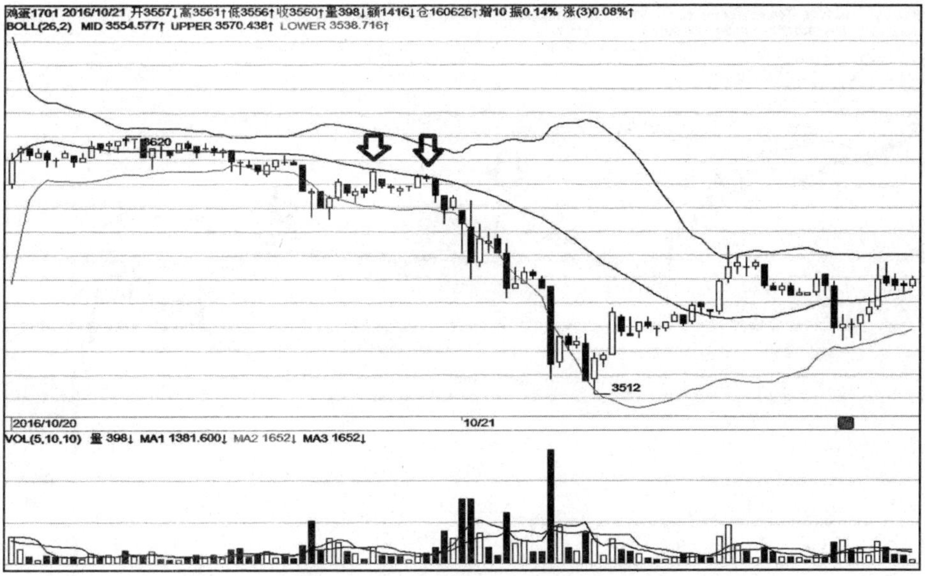

图4-27　鸡蛋1701合约2016年10月20日3分钟K线走势图

在下跌的时候，价格无量反弹到了布林线指标中轨处，这是一道最强大的压力，并且在下降趋势中，压力位的位置越低，那就表示价格波动时空头的迹象更加明显。因此价格受到布林线指标中轨压力的时候，便可以入场进行做空操作了。

经过一大波下跌之后，价格反弹到了上轨的位置，虽然说压力的位置提高了，但只要面对压力就可以入场做空。借用压力位进行做空一定要切记：必须在方向明确向下的时候才可以进行，如果方向明确向上，则不宜使用压力进行操作，而应当借助支撑位进行交易。

菜油1701合约2016年11月1日3分钟K线走势如图4-28所示。价格形成了较长时间的下跌走势，在整个下跌的过程中，布林线指标中轨始终保持着下降的趋势，在这种走势下，任何做多的行为都是错误的。

下跌方向已经明确，那该如何确定介入位呢？这就需要根据价格的波动特点来寻找了。在下跌的过程中，总是会出现反弹的走势，当反弹的高点触及压力的时候，反弹上涨也就结束了。价格很容易会延续大的下降趋势继续回落，因此下跌过程中的介入点就是压点力，找到了压力位也就找到了介入点。

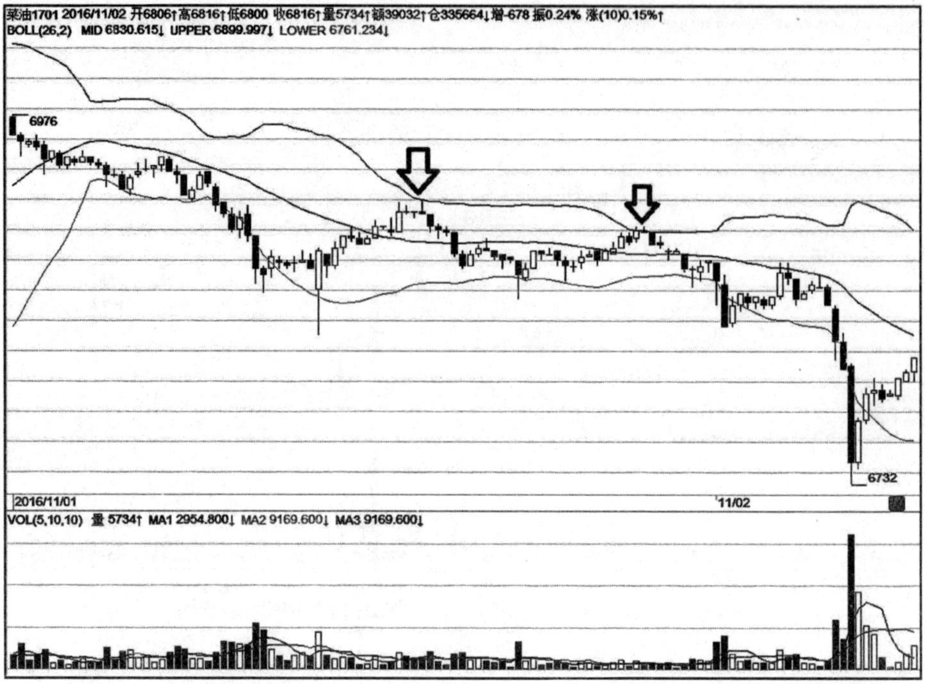

图4-28 菜油1701合约2016年11月1日3分钟K线走势图

在价格下跌的过程中，共有四次反弹达到了压力位，第一次和第四次的反弹都受到了中轨的压力，而第二次和第三次反弹则是受到了布林线指标上轨的压力。在实际操作时，其实压力的位置越低越值得操作，而压力位置高也不全是坏处，压力位置高说明多方的力量已经彻底释放完毕，价格更容易下跌。因此不管是中轨受到了压力还是上轨受到了压力，只要到了压力位都可以入场进行操作。

沪锌1612合约2016年11月3日3分钟K线走势如图4-29所示。价格出现了一轮长时间上涨的走势，在上涨的过程中，一定要善于利用调整的出现去寻找中途插进一脚的介入机会。所谓的牛回头其实就是指上涨中途的调整，每一次调整都是难得的获利机会。

在价格上涨的过程中，出现了多次调整的形态，这其中有获得了布林线指标中轨或是下轨支撑的调整，也有没有回落到支撑位便再度上涨的调整。这些没有调整到支撑位的调整，在实战操作中不容易把握，因为介入的理由并不一致，因此这些机会应当主动放弃。

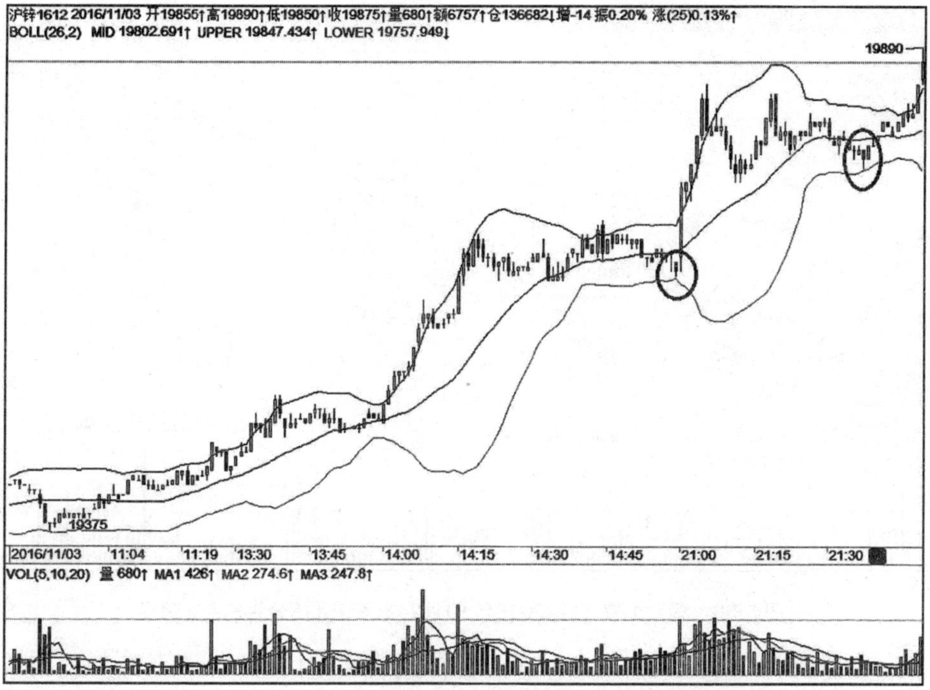

图4-29　沪锌1612合约2016年11月3日3分钟K线走势图

而一旦价格回落到了布林线指标中轨或是下轨的支撑位，就要敢于入场开仓。上升趋势中，价格上涨是大概率的事情，中途的调整只不过是多方的休息，喘上几口气便又会继续上路。因此不管是中轨支撑，还是下轨支撑，都值得投资者入场逢低积极做多。

螺纹1701合约2016年10月24日至25日3分钟K线走势如图4-30所示。价格虽然持续性上涨，但并没有出现过较为快速的上涨行情，而是一路慢吞吞地向上爬。价格如何上涨，在没有涨起来之前是无法判断出来的，这也是无须进行判断或是预测的，交易的核心在于价格的波动是不是形成了标准的介入形态。

在上涨过程中，价格形成了多次调整的走势，在回落幅度不大的调整中，其低点受到了布林线指标中轨的支撑便结束了回落。但如果不懂得如何正确使用支撑，而在上升趋势中去关注上轨的压力，轻则不断错过扩大获利的机会，重则还会在上涨的时候做空出现大幅亏损，只有正确利用支撑与压力进行操作，才可以实现好的交易效果。

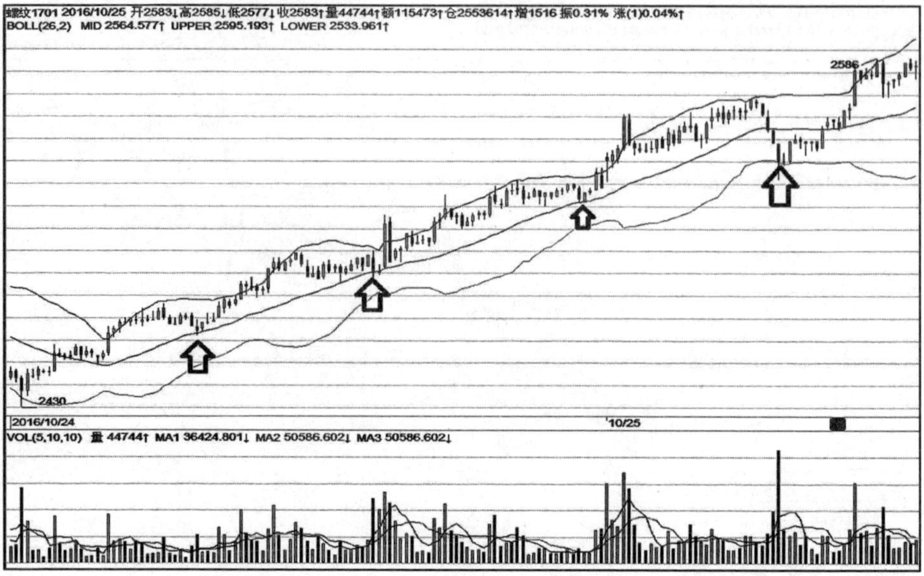

图4-30　螺纹1701合约2016年10月24日至25日3分钟K线走势图

虽然说中轨与下轨的支撑，或是中轨与上轨的压力，没有什么好与坏之分，各有其技术上的依据，但是在实战操作时，布林线指标中轨向上时，如果有中轨产生支撑作用的，还是尽量操作中轨发挥支撑作用的品种；同理，如果布林线指标中轨向下，如果有中轨产生压力作用的，还是做中轨产生压力的品种为好。方向向上时，支撑位越高说明多头越强；方向向下时，压力位越低则说明空方越强。

第七节　趋势监控核心实战形态

传统的指标在使用的时候有一个问题：它们虽然可以反映出来市场的各种信息，但这些信息无法直观地提示投资者进行操作。比如布林线指标，它可以反映支撑与压力，却无法提示十分形象的开仓点位，投资者需要把这些信息进行加工才可以用于实战操作。会加工这些信息的投资者就可以实现盈利，但这类投资者的数量太少了，不会加工信息的投资者却非常多。那么有没有一款指标可以很直观地发出何时做多、是否可以持有多单，以及何时做空，是否该继续持有空单的信号呢？有的，这款指标就是笔者操盘所使用的——趋势监控指标。

趋势监控指标在软件界面中有两种颜色：空心的红色与实心的蓝色。在黑白色的书中则显示为空心与实心，空心做多，实心做空。刚刚形成红色表示是买点，持续翻红就是持仓信号；刚刚变成蓝色就是卖点，持续翻蓝就是做空信号。这样一来操作就简单多了，投资者见到红色出现就做多，见到蓝色出现就做空，就算你是一个新手，也照样可以实现盈利。在黑白图片的书中，空心的指标K线便是做多的信号，实心的指标K线便是做空的信号，各位读者朋友注意识别。

见红就做多，见蓝就做空，心态较好的投资者可以这样使用，因为有时碰到窄幅波动时会多次造成平手或是亏个手续费出局的现象。随着在窄幅波动区间操作的次数增加，心态不好的投资者心态就会不稳了，所以对于刚刚接触这款指标的投资者来说，不建议这样使用，可以加入一个限制条件：趋势监控通道指标中轨向下，那就见蓝头就做空；趋势监控通道指标中轨向上，那就见红头就做多；通道中轨向下绝不做多，通道中轨向上绝不做空。

中轨向下见蓝头就做空要有一个前提：随价格反弹指标先翻红，也就是形成空心指标K线，随后一翻蓝便可入场做空，此时一旦形成实心指标K线，便意味着反弹彻底结束。中轨向上见红头便做多也有一个前提：随价格调整指标翻蓝，也就是形成实心指标K线，此时不做空，一旦指标翻红形成空心指标K 线便可入场做多，翻红意味着价格的调整彻底结束。

按这种方式进行操作，获利的概率是极大的，这种手法非常稳健，因为它同时包含了两个重要的操作信息：方向+介入点。中轨定方向，翻红翻蓝定介入点，一个指标包含了两大操盘要求，自然要比投资者主观化的交易效果更好。

动煤1701合约2016年11月4日3分钟K线走势如图4-31所示。价格形成了震荡上涨的走势，在上涨的过程中，趋势监控通道指标中轨始终保持着上升的趋势，这就意味着必须进行做多操作，任何做空的行为都是非常错误的。

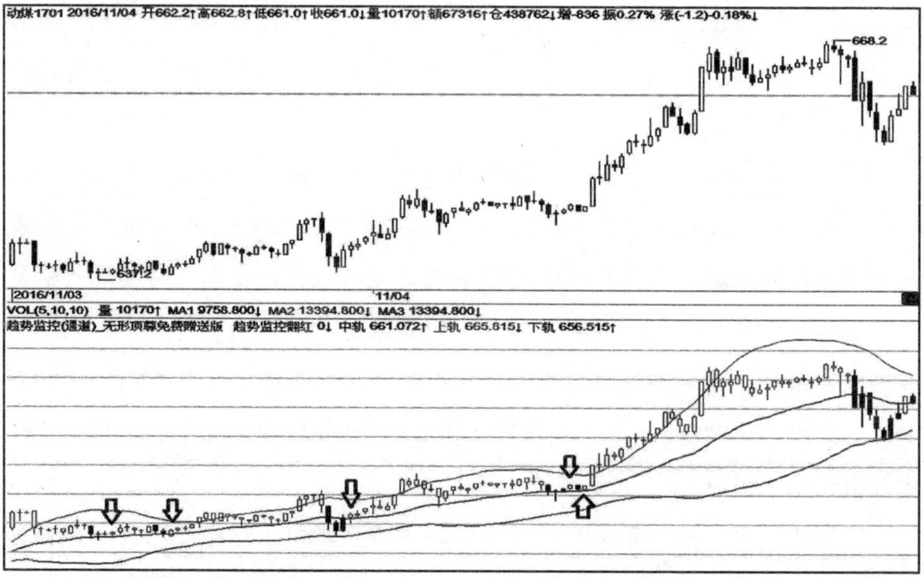

图4-31 动煤1701合约2016年11月4日3分钟K线走势图

通道中轨确定了方向，那介入点如何确定呢？在中轨向上的时候，随价格的调整，趋势监控指标形成了实心翻蓝的状态，此时的空单机会不去做，一定要耐心等待指标形成空心翻红状态，只要指标翻红，便意味着调整的结束，以此迎接新一轮上涨行情的到来。

在价格上涨的过程中，共出现了五次多单的介入信号，第一次箭头处小赚，第二、第三个箭头处实现了两次中等级别的日内收益，第四次箭头处亏个开仓的滑点与手续费，第五次箭头处实现了一次大赚，总的获利效果还是非常不错的。但如果只是凭主观判断进行操作，是很难实现这样的效果的。

沪镍1701合约2016年11月4日3分钟K线走势如图4-32所示。价格形成了震荡而后又转为下跌的走势，在价格波动的过程中，K线形态的规律性并不强，与第一个案例相比要复杂许多。但正确的方法、好的工具并不会因为波动的复杂而无法提示准确的信号，好的工具在任何波动形态下都可以帮助投资者决策好的介入位在哪里。

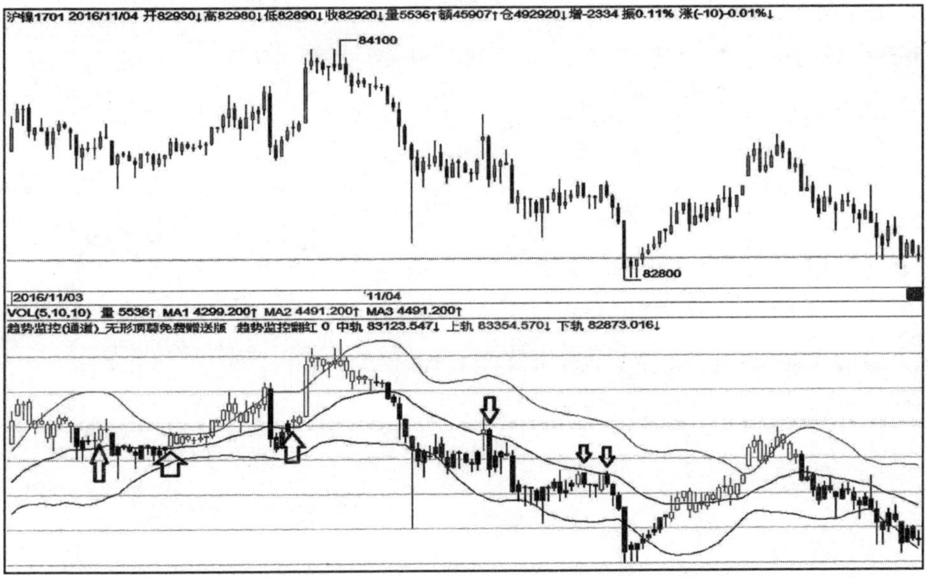

图4-32　沪镍1701合约2016年11月4日3分钟K线走势图

在价格震荡上涨的过程中，趋势监控通道指标中轨形成了上升的趋势，这个时候操作的策略就是：翻蓝时不做空，一旦重新翻红形成空心指标K线则入场做多。这样一来，上涨过程中的三次交易机会就全部抓住了，二次中等的获利，一次平手出局。

在价格下跌的过程中，同样也有三次交易的机会，也是一次平仓出手，两次中等幅度的获利。由此可见，不管是上涨还是下跌，只要价格有波动，趋势监控通道指标都可以客观地为投资者提示交易的方向，以及提示波动途中稳定的交易点位。至于说后期的翻红上涨与翻蓝下跌，由于没有得到指标中轨的配合，因此不符合稳定操作的要求。作为激进的手法来说，只要指标翻红就做多，只要指标翻蓝就做空也是完全可以的，但这样做有一个前提，先把结合中轨的稳定交易手法运用熟悉之后才可以。

白糖1701合约2016年11月4日3分钟K线走势如图4-33所示。价格出现了震荡下跌的走势，这一轮的下跌其实交易难度并不高，就算不结合指标进行操作，而使用上一节所讲的内容布林线指标压力进行操作，也可以实现非常不错的收益。但这种收益只限于那些掌握正确方法的投资者，大多数投资者并没有太多正确地操作技巧，所以有一款好的工具帮忙就非常重要了，因为工具的信号远比没有正确操作方法的投资者主观判断的效果要好得多。

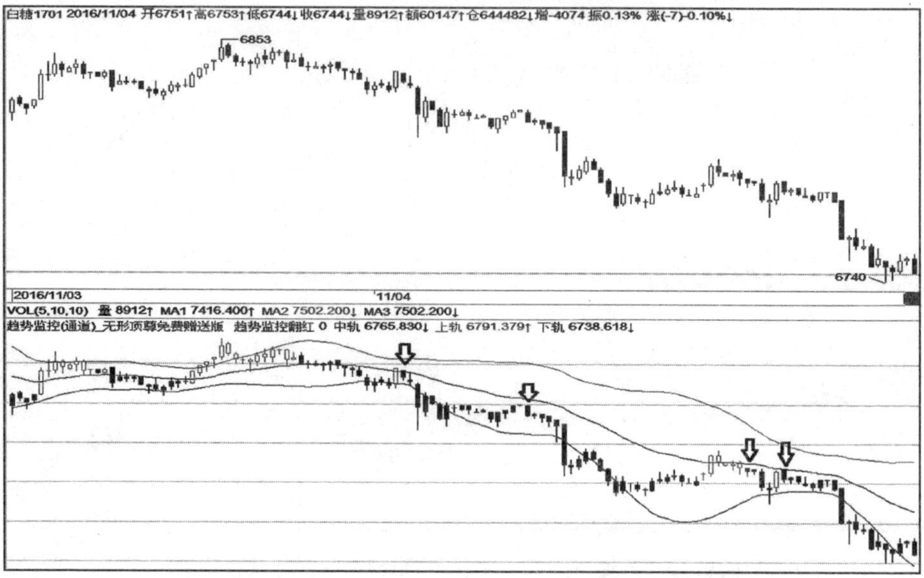

图4-33 白糖1701合约2016年11月4日3分钟K线走势图

趋势监控通道指标中轨负责指明方向，促使投资者的每一笔交易都是顺势单，而指标的翻蓝则就是下跌中途的介入点。在价格下跌之后反弹的时候，指标出现了翻红，此时不做多，是因为虽然有了做多的信号，但由于与方向相反，因此不应操作。在指标翻红的时候，密切留意指标的再次翻蓝，一旦重新形成实心翻蓝的信号，便意味着调整彻底结束，新一轮的下跌就此展开，这个时候便可以大胆地杀进场中进行做空。

在下跌的过程中，出现了四次符合技术条件的做空信号，除了一次小赚之外，其他三次信号都实现了不错的收益，按照指标的信号进行操作，是不是比自己胡乱操作效果要好得多？指标其实就是一个正确操作方法与思维的外在表现，要么有好方法，要么有好工具，这两样中不管投资者拥有了谁都可以赚到钱，但一样也没有，赚钱难于登天。

塑料1701合约2016年11月4日2分钟K线走势如图4-34所示。价格出现了下跌的走势，在下跌的过程中，指标通道形成了下降、之后转为走平、再度下降的形态，中轨的这种变化意味着：有明确交易方向、转入无方向波动、再度形成明确交易方向的状态。有方向时积极交易，无方向时停止交易，这就是应对的策略。

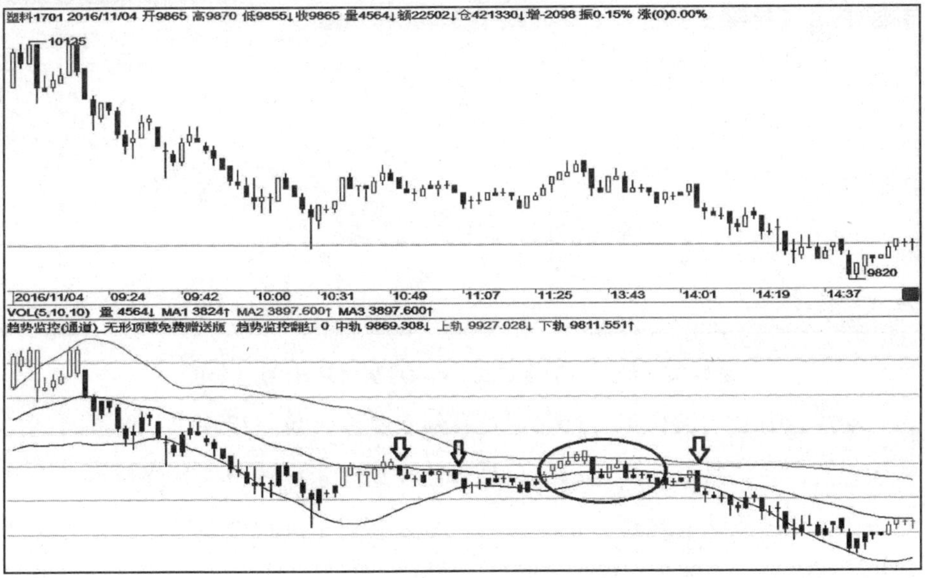

图4-34 塑料1701合约2016年11月4日2分钟K线走势图

在通道中轨明确向下的时候，指标共有三次做空的交易信号：两次小赚，一次略大些的盈利，在有明确方向的时候，这样的操作效果已经比许多投资者的操盘效果要好很多。而在指标形成走平状态的时候，就意味着没有了明确的方向，这个时候对于图中画圈处的信号不应去执行交易。

塑料1701合约的走势是2分钟K线，这与前几个案例的3分钟周期的K线不同，通过这个案例可以看到，不管是什么周期的操作，趋势监控通道的操作手法都是完全一样的，资金小的多做短周期交易，这样机会更多，可以加速资金的升值。而资金大的话就多做长周期的交易，因为大资金做短周期交易进出都不方便。方法都是一样的方法，资金大小的不同调整一下交易周期便可以了，1、2、3、5、15、30、60分钟K线或是日线全部都适用。

动煤1701合约2016年2月至11月日K线走势如图4-35所示。

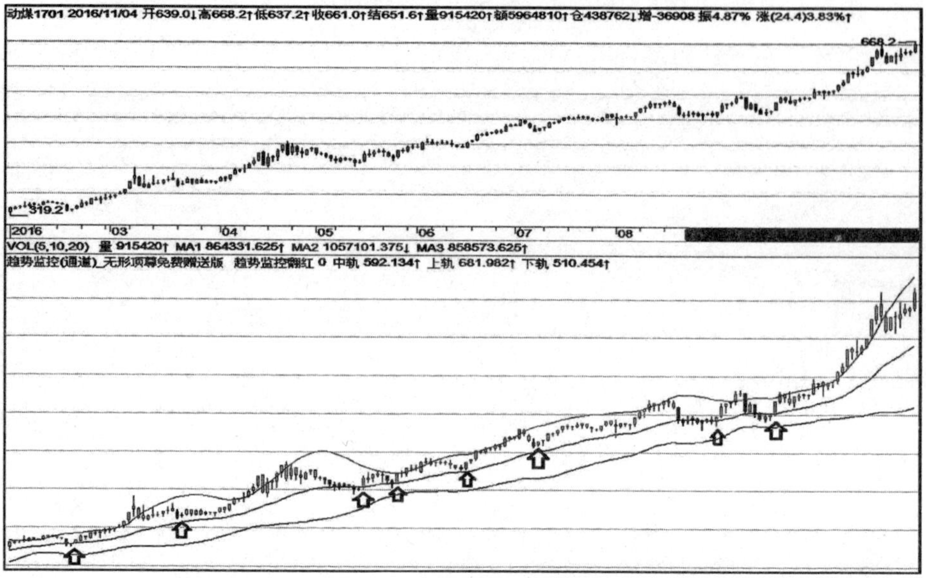

图4-35 动煤1701合约2016年2月至11月日K线走势图

动煤1701合约2016年2月至11月日K线走势中，价格出现了长时间持续上涨的走势。在价格波动的过程中，趋势监控通道指标的中轨始终保持着上升的态势，这就意味着在这一阶段内，一定要坚定地进行做多操作，千万不要认为价格涨得多了就胡乱摸顶做空。

方向确定了，那该如何在日线级别上进行做多操作呢？如果错过了一波上涨，不必着急，耐心等待价格调整使得指标翻蓝便可以，但形成实心翻蓝的指标K线不可以做空，一定要等到指标重新形成空心翻红K线信号时才可以做多，中轨向上见红头便做多。

从图中的走势来看，指标给投资者发出了8次做多的信号，每一次作多信号出现之后，价格都出现了不同幅度的上涨行情，这就是好工具能给投资者带来的帮助。如果你会操盘的方法，指标可以帮你节省很多决策的精力，如果你什么实战的方法都不会，但有一款好工具在手，则可以直接进阶至高手的行列。这就好比是：你会武功，你可以斩杀敌人；你不会武功，但拿一挺机关枪，杀的敌人只多不少。

好的工具其实并不是神秘，笔者也没有神化指标的言行，指标其实就是一堆数学计算公式，它在那里如实地、客观地反映着市场的一些信息。经过数学公式计算的加工，这些信息就无须投资者再进行分析了，直接看结果就可以，极大地节省了精力。好方法与好工具就好像人的双腿，有这两条腿走起路来雄赳赳气昂昂，缺了一条腿虽然行动不便，但也可以行进，若一条腿也没有，那就真的是寸步难行了。所以想要行动，还得依托工具。

第八节　今日便知明日事：明日多空转换

进行趋势交易的时候，我想任何一个投资者都希望可以在今天就制定出明天的交易策略，想明确知道明天该于什么价格做多或是做空。而进行日内投机交易时，也都希望可以在当前这一根K线知道下一根K线处该于何价格做多或是做空。在没有明日多空转换指标之前，这个想法也只能是个想法。而现在有了明日多空转换指标，笔者把这种想法变为了现实：我们可以在今日便知明日事，可以在今日（当前这根K线）知道明日（下一根K线）该于何价格做多或是做空。

这样说大家可能都觉得是吹牛，不可能实现，先别急着说不可能，笔者就拿W底形态来阐述一下其中的交易原理：假设W底形态的颈线位是3000元，向上突破3000元就可以开多单了，这就是操作计划。而这个操作计划什么时候可以做出呢？并不是价格达到3000元时才知道，在价格低于3000元时，你就已经知道了，3000元就是做多点，不突破3000便等着，一旦突破便意味着W就此成立。你在W底的第二个低点价格向上但低于颈线位的时候就提前知道了什么价格应当做多，这是不是相当于：今日便知明日事？而明日多空转换指标也是这个思路。

明日多空转换指标是结合趋势监控指标共同使用的，因为它的数值就是明日（下一根K线）指标翻红或翻蓝的值。假设趋势监控一直翻红，那么明日多空转换指标提示的数值就是翻蓝的值，只要价格不跌破这个值，便一直处于多头状态，一旦跌破这个值，趋势监控指标将会翻蓝，此时就要平多开空了。如果趋势监控指标一直翻蓝，明日多空转换的值就是翻红的值，价格不超过这个值，指标便会一直翻蓝，一旦高于这个值趋势监控指标便会翻红，此时应当平空开多。

这样一来，在实战操作时，做日内的就可以提前知道何时该做多或是做空，可以提前做好应对的准备。进行趋势交易，更是可以提前画线下单。因为买点或卖点你都已提前明确知道在什么价位处了。

许多投资者就是买卖价格到了都反应不过来，而你提前一根K线便可以知晓，操作的胜算能不大吗？这就是工具的魅力！

提前预知买卖点示意如图4-36所示，价格下跌后形成了一个还未彻底形成的W底形态，按传统的方法来讲，什么时候该进行操作呢？应当在价格突破颈线位的时候入场操作。但若形态失败又该于何处止损呢？应当在价格向下创新低时止损。

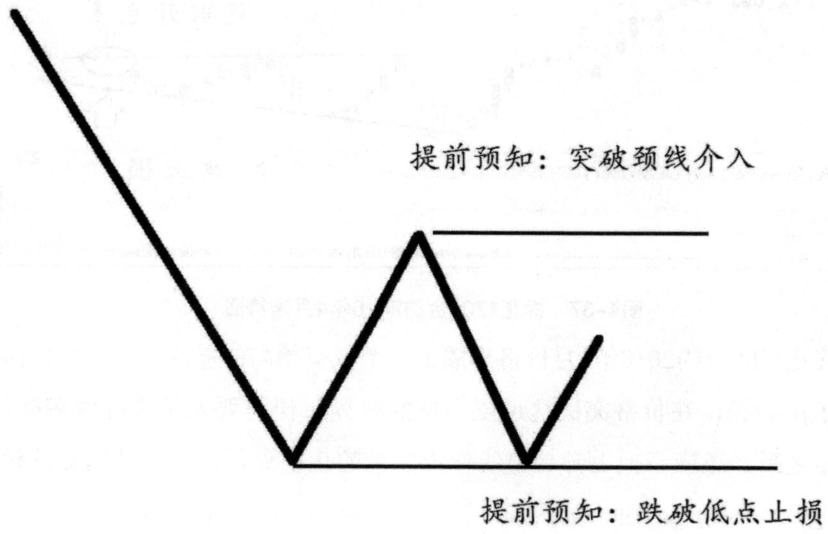

图4-36　提前预知买卖点示意图

这样的操作策略都是传统的交易方式，是完全正确的。但问题在于你并不是在价格正在突破颈线的时候，才知道该在这个点位入场，也不是在价格向下创出新低的那一刻才知道要止损，而是在价格正在形成W底的时候就知道了这样的操作结果，这是不是相当于：今日便知明日事？现在就知道了未来该如何操作呢？

明日多空转换指标也是这样，它并不是去预测未来，而是根据数学计算公式得出一个结果，这个结果就是明日价格行进到这里的一个多空转折点（好比是颈线）。它是客观地反映一种市场事实，而不是什么神秘的事情。顺着未形成的W底的思路拓展，也就明白明日多空转换指标是怎么一回事了。

棉花1709合约2016年4月走势如图4-37所示。

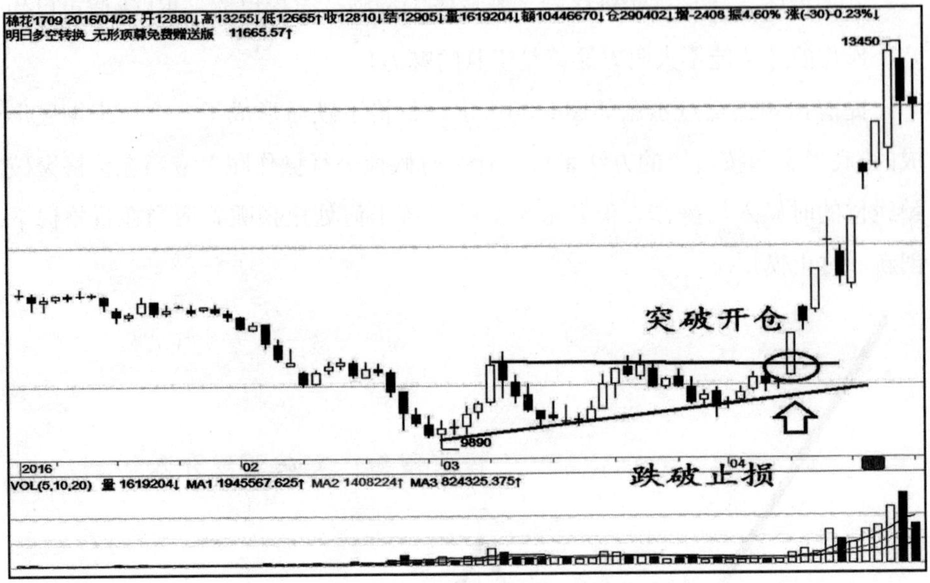

图4-37 棉花1709合约2016年4月走势图

棉花1709合约2016年4月价格形成了一个低点抬高的震荡底部之后，向上突破了压力线，在价格突破这道压力位的时候，便需要入场进行做多操作。在做多之后，还应当把上升趋势线作为多单的止损点，价格未跌破上升趋势线则可以继续持仓，而一旦跌破，则应及时离场。这样的交易策略没有任何问题吧？

那么，做多的交易策略是在价格形成突破的那一刻才可以制定出来吗？如果真是这样，你的操盘方法真得回炉再炼炼。在价格没有形成突破之前，便可以制定出来，而不是在突破形成时才制定出来。

同样，有了开仓点位之后，止损点位也是可以提前制定出来的，可见不管是开仓还是设定止损，都可以在形态没有形成之前就确定交易的位置，而这种行为是预测未来吗？并不是，而是根据当前的数据制定出来的操作计划，未形成突破就等着，形成了突破就开多单；未跌到止损就持仓，跌破了止损位就出局，这样的操作没有任何主观化的东西，更没有一丝一毫的预测行为。

通过这两个例子，相信大家已经明白了明日多空转换指标的基本原理，做交易，绝对不能去预测未来，以及主观化的判断。主观化的判断容易情绪化，这是交易的大敌！而如果预测未来这事靠谱的话，首富就应当是公园门口摆摊算卦的老头儿们。

棉花1709合约2016年3月走势如图4-38所示。

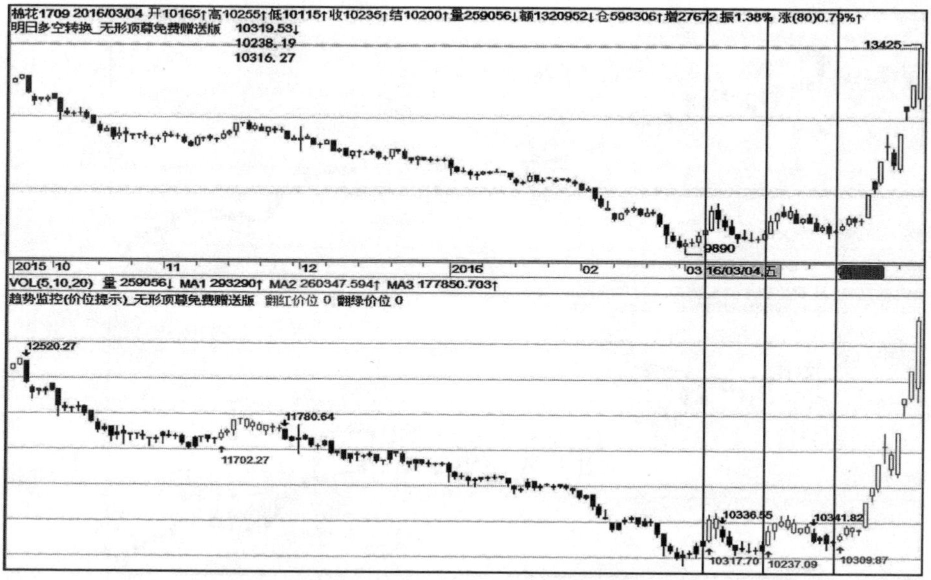

图4-38　棉花1709合约2016年3月走势图

棉花1709合约2016年3月期间，在持续下跌之后，价格下跌的空间已经越来越小，MACD已经有了明显的底背离迹象，在这种情况下就需要密切留意底部的形成以及随时可能出现的上涨行情。

在指标依然处于实心翻蓝状态的时候，我们结合着明日多空转换指标，在QQ空间向读者朋友们发出了做多的提示，并且提出如果价格未向上突破明日多空转换指标的值，便可以继续做空，而一旦突破这个值，空单必须平掉，多单也要及时建仓。在指标翻蓝时，明日多空转换指标的数值有两重含义：一是价格未向上突破指标数值，便可以继续持有空单；二是一旦向上突破该数值，便需要平仓空单以及开设多单。

图中三条竖线均是在买点还未出现时，明日多空转换指标提前一天发出的信号：第一次提示10319.53元，取整数10320元，未向上突破该价格则持有空单，一旦突破则平空开多；第二次提前一天提示10238.19元，取整数10240元；第三次10316.27元，取整数10320元。在这些价格之下便是空头状态，而一旦突破该价格就意味着进入了多头状态，因为这种设定都可以提前一天，或是提前一根K线做出，因此称为明日多空转换。

玉米淀粉1701合约2016年9月30日走势如图4-39所示。

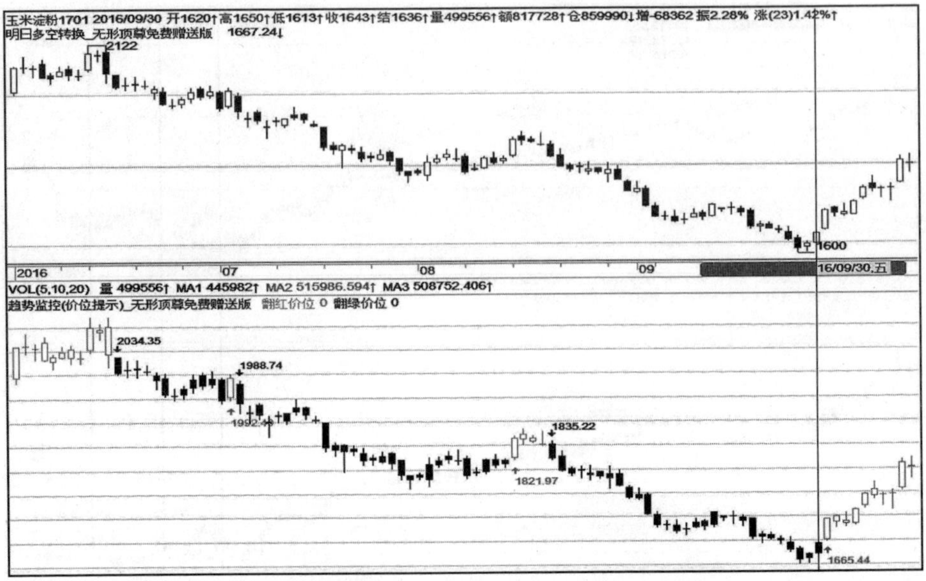

图4-39 玉米淀粉1701合约2016年9月30日走势图

玉米淀粉1701合约2016年9月30日这一天，我们在价格上涨之前提前观察到：价格虽然处于空头状态，但是距离转为多头状态的界线已经非常近了，于是在QQ空间中发贴提示读者朋友们留意玉米淀粉的做多买点，并分别提示了30、60分钟以及日K线所对应的买点价格。

在这一天明日多空转换指标提示的价格是1667.24元，取整数1668元，这意味着：如果价格依然位于1668元下方，则可以继续持有空单；但如果价格向上突破了1668元，则需要将手中的空单平仓出局，以及在该价位或附近价格处开设多单。

自我们利用明日多空转换指标提前于价格的上涨发出提示之后，玉米淀粉的价格便在日K线上出现了一轮非常不错的上涨行情。由于玉米淀粉此时的形态并不是什么非常标准的常规形态，所以很难用常规的操盘方法提前制定出交易的计划。由此可见，就算一个投资者什么都不会，只要拥有类似的好工具，都可以直接进阶成高手，其实就算是高手，也不见得能提前制定出如此清晰的交易计划。

黄金1612合约2016年11月4日3分钟K线走势如图4-40所示。

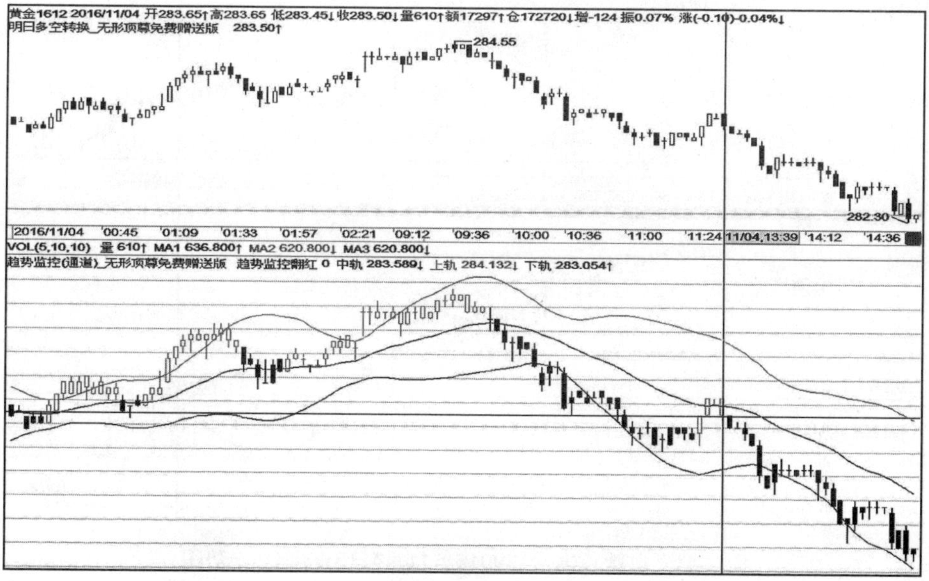

图4-40　黄金1612合约2016年11月4日3分钟K线走势图

黄金1612合约2016年11月4日3分钟K线价格形成了非常标准的核心交易形态：趋势监控指标通道向下，此时应当在价格重新翻蓝形成实心指标K线时入场做空。在实际交易时，可以在价格刚翻蓝的时候马上入场操作，做到及时跟变，也可以进一步借助工具提前一根K线确定交易的价格。

在指标随反弹形成翻红状态时，便可以不断地查看明日多空转换指标的提示，一旦跌破该价格，那就意味着价格又重新进入了空头状态，这时便可以入场进行做空操作了。从图中的走势来看，明日多空转换指标的价格为283.5元，这就意味着：不跌破该价格，在中轨向下的时候不可以做空，而一旦跌破，便可以积极地开空操作。

明日多空转换指标同样在任何交易周期都可以使用，如果进行长周期交易，特别是在夜盘的时候，只要确定了下一根K线的交易价格，便可以直接画线或预埋下单，这样一来就无须再那么辛苦地盯盘了。

白糖1701合约2016年11月4日3分钟K线走势如图4-41所示。价格形成了一轮持续下跌的走势，面对这种形态，就算不结合明日多空转换指标也照样可以赚钱，只要坚定地执行：趋势监控通道指标中轨向下便见蓝头做空就可以。

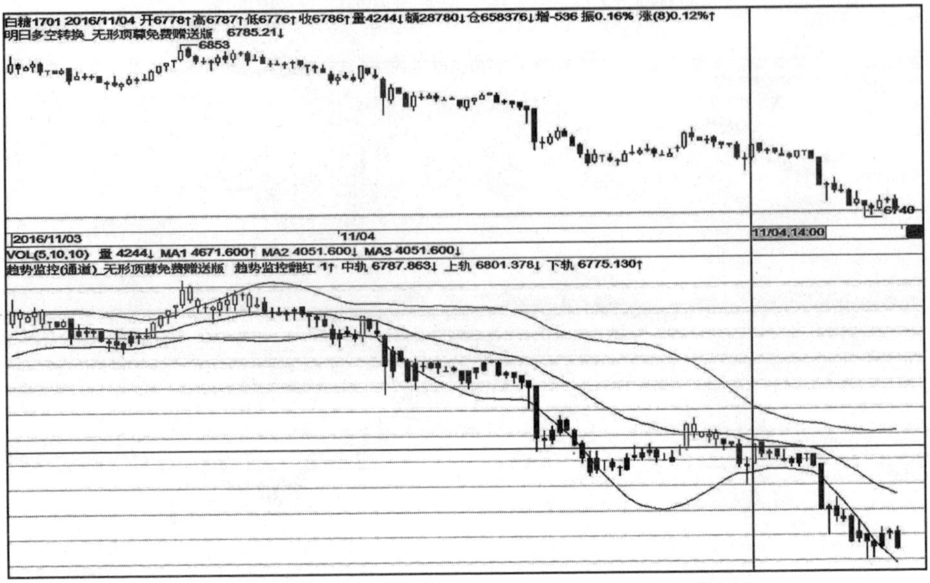

图4-41 白糖1701合约2016年11月4日3分钟K线走势图

在价格见了蓝头的时候马上入场做空，这是及时跟变，价格波动性质发生了变化，因此入场操作，这绝对可以赚钱。及时跟变都可以赚钱，那如果提前一步岂不赚得更主动？在价格反弹使得指标翻红的时候，便需要密切留意明日多空转换的数值，一旦价格跌破指标提示的值便可以入场做空，这样一来，可以至少提前一根K线知道该在什么位置做空。

明日多空转换主要的功能就是可以让投资者提前一根K线做出交易的计划，而当实际交易价格到来的时候，便可以非常从容地按计划执行交易了，而不像许多其他交易者在交易价格到来的时候手忙脚乱，甚至当交易价格到来的时候根本反应不过来，从而错过了获利的良机。不管做任何事情，只有先人一步才可以把握先机。先机，先为上！

※ 第五章　经典实战技巧 ※

实战操作技巧历来都是投资者最喜欢学习的内容，因为它们都是直接指导买卖的方法，但其实实战技巧必须由其他许多的辅助条件来帮衬，这也就是为什么笔者要在讲解了那么多辅助的交易内容之后，再讲解实战操作的技巧。

实战操作技巧有许多种，想要真正地实现盈利，方法掌握得越多越好，虽然说一招鲜吃遍天，但没听说过哪个高手真的就只有一手绝活。他一定是会很多绝活，只不过有一招是最绝的而已，而这个绝技也是需要许多的点构建起来的，这些点你若不会，又怎么可能练成绝技！

因此，跟着一阳来耐心地、一个个地学习这些构成实战绝技的点吧！

第一节　多空形态之根本

进行交易，不管是期货还是股票，再或者是其他什么交易品种，只要有K线的地方，就必然会有多与空的说法。这种形态是多头形态，那种形态是空头形态，然后又是什么W底、头肩顶等等，各种各样的东西让投资者晕头转向。因此在学习上必须减负！必须让投资者用最小的精力赚取最大的收获，而这也是笔者为投资者进行实战培训的宗旨所在。

你不需要记住各种各样的形态，你只要知道多空形态的根本是什么就可以了。多空形态是多空对决的结果，多战胜了空则价格涨的概率就会加大，而空战胜了多则价格跌的概率就会加大，这是多空形态的核心思路，然后在此思路上进行拓展也就掌握了多空形态的根本。

多头形态的特征：双抬，高点抬高与低点抬高。在价格波动过程中，不管是发现了低点在抬高，还是发现了高点在抬高，都可以称此时的波动为多头性质，应当择机入场做多。价格波动时可能双抬会同时出现，也可能只会出现一种形式的波动，不必要求高点与低点同时抬高，有一个在抬高就可以了。那么是高点抬高更重要一些呢，还是低点抬高更重要一些呢？当然是低点，这是因为低点的出现意味着空方在行动，而空方始终把价格打不下来，就说明空方力量弱，空弱则多强，因此价格继续上涨的概率就将会增大。而高点抬高只是体现了多头的形态，并没有同时包括空头形态，因此低点抬高的实战性要更强一些。

空头形态的特点：双降，高点降低与低点降低。在价格波动过程中只要满足了其中的一条便可以确认为是空头形态。在实战分析时，高点降低要比低点降低更重要，因为高点降低说明多头的力量越来越弱，多弱则空强，价格更容易出现下跌。

只要掌握了形态的两个根本——双抬与双降，就可以不用再学什么W底、头肩顶之类的，任何传统形态的变化，都可以直接用双抬与双降来解释，这样一来，学习的负担也就极大地减轻了。善于总结这只是学习的第一步，达到善于提炼方法的根本所在才算是学到家了。

双抬、双降形态如图5-1所示。

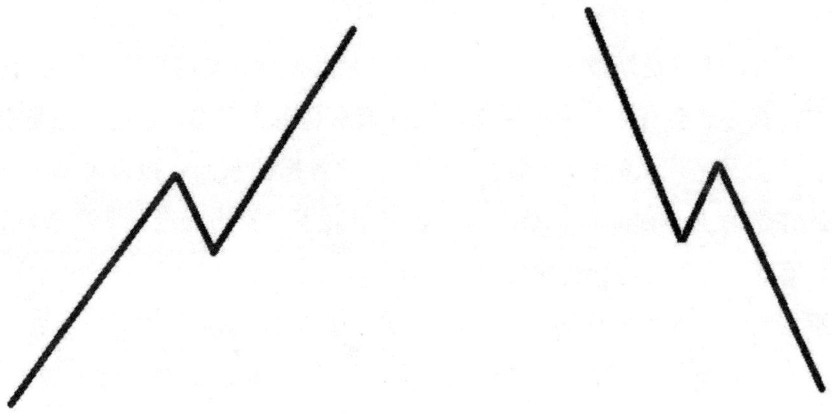

低点抬高，高点抬高　　　高点降低，低点降低

图5-1　双抬、双降形态

双抬、双降形态是价格波动过程中最为简单的一种结构，也是上涨或下跌时最为稳定的一种结构，上涨调整再上涨，下跌反弹再下跌构成了一波波的行情。同时也构成了经典的多空形态。

上涨调整再上涨构成了抬高的低点与抬高的高点。在价格波动过程中，高点也可以抬高这是最好的，但是低点的抬高才是核心。因为低点代表着空方，低点抬高就说明空方力竭，空方力竭自然多方强盛，价格容易上行。

下跌反弹再下跌构成了降低的高点与降低的低点。同理，高点的降低是分析中的核心，因为高点代表了多方，降低的高点则说明多方力竭，价格此时更容易下跌。

双抬和双降是任何形态的基本构成单位，无论是上涨还是下跌都可以从双抬或是双降之中看出端倪。

W底双抬如图5-2所示。

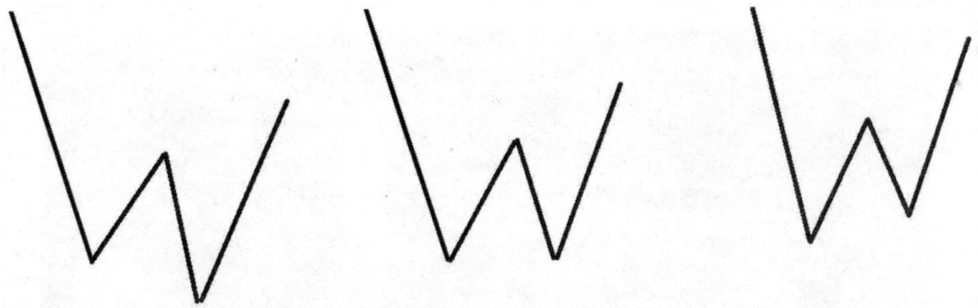

图5-2　W底双抬

图5-2中所示为三种常见的W底形态，如果进行做多操作该选哪种形态，相信各位读者朋友都可以说出是第三个。为什么只有第三个才是多头形态最强的呢？因为它在见底的时候就形成了低点抬高的走势，第一个是低点降低的，第二个是低点水平的，显然前两个的多头力度要弱一些。

做多要选第三个，而如果价格后期将会继续下跌，则是要做第一个了，因为第一个形态形成了低点降低的形态，这是典型的空头形态。

为什么要等突破W底的颈线才做多呢？这是因为一旦突破颈线就形成了高点抬高的迹象，高点抬高不就是双抬多头形态吗？所以这些开仓是正确的，如果再加上抬高的低点，标准的多头形态彻底形成了。

螺纹1701合约2016年9月12日走势如图5-3所示。开盘之后价格出现了震荡下跌的走势，虽然震荡的时间并不是太长，但从这十几分钟的波动中便可以得出价格后期将会继续下跌的结论了。

在价格震荡的过程中，分时线的高点形成了降低的态势，同时波动的低点也形成了降低的态势。至此，高点降低与低点降低全部见到，这意味着价格形成了非常标准的空头形态。而在空头形态的促进下，价格也在后期出现了连续震荡下跌的走势。

在实际操作的过程中，不苛求双降同时见到，只要高点是降低的，基本上就可以定义价格此时的波动为空头态势了，而一旦突破形成，也就是低点随之降低的时候，更是可以入场进行开空单的操作了。

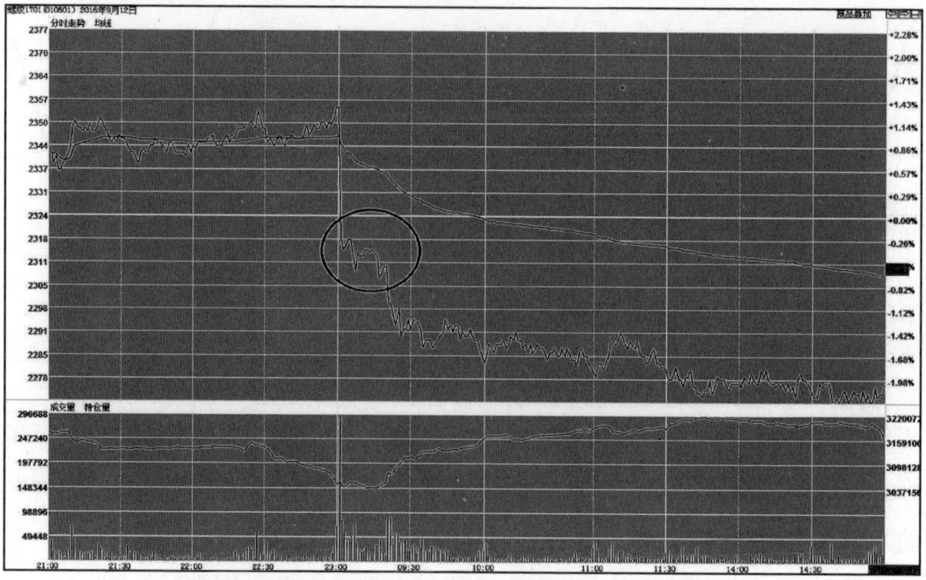

图5-3　螺纹1701合约2016年9月12日走势图

白糖1705合约2016年12月7日走势如图5-4所示。价格在上涨过程中出现了一段时间的调整走势，通过对此时的调整形态进行分析便可以得知：价格后期继续上涨的概率是极大的。

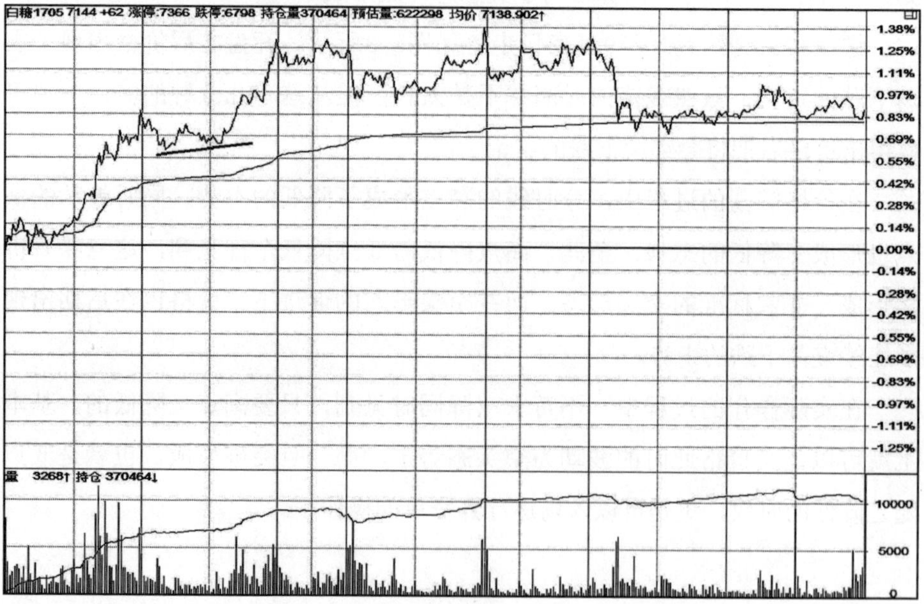

图5-4　白糖1705合约2016年12月7日走势图

在分时线缩量震荡的过程中，缩量说明空方的抛压并不大，没有大量的资金离场，价格的上涨也就少了阻力。而从分时线形态来看，在价格震荡过程中，调整的低点形成了抬高的态势，这说明空方的力量正在衰竭，此消彼长，空方既然力量弱，那么多方的力量自然也就增加了，因此调整区间低点抬高走势的出现便意味着价格上涨的概率极高。

价格大形态保持着多头的状态，局部形态也保持着双抬的多头形态，这种走势就称为多头中的多头形态。一旦这种技术形态出现，投资者就可以放心大胆地入场进行做多操作了。

请仔细思考一个问题：利用双抬形态进行了做多，该如何再利用双降形态进行止损？

塑料1705合约2016年12月7日走势如图5-5所示。开盘后便出现了上涨的走势，在上涨的过程中，分时线的波动形态虽然略有曲折，却显示出了多头力量强大的技术形态。在价格每一次调整的过程中，分时线的低点都呈现了抬高的状态，满足了双抬的技术要求，正是这些不断抬高的低点促使着价格不断地向上。

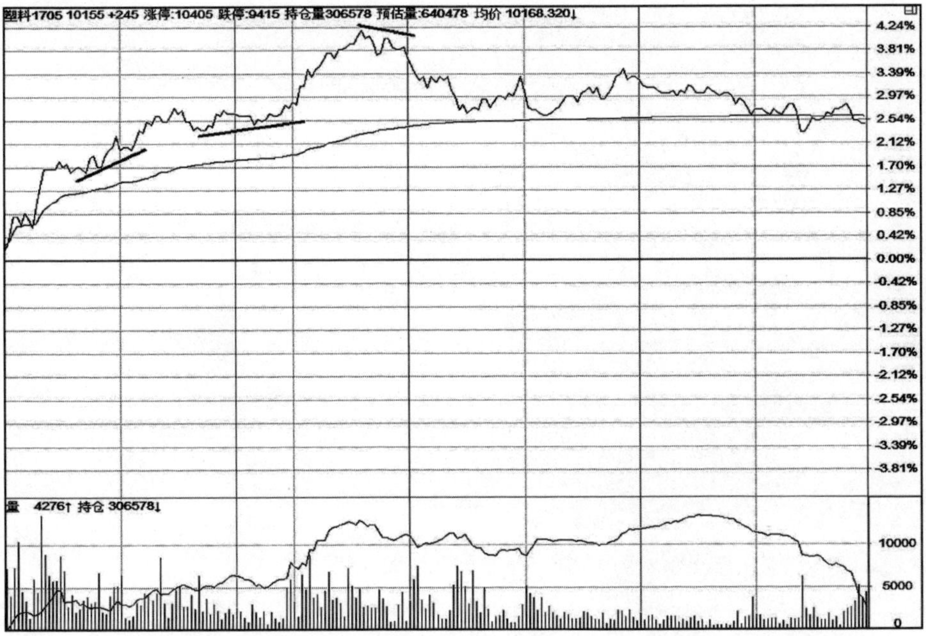

图5-5　塑料1705合约2016年12月7日走势图

在上涨的过程中只需要更多的关注调整的低点便可以了，因为低点代表了空方，如果空方力量弱，那低点必定是被不断抬高的，价格也就必然会不断向上。而一旦价格上涨到高位区间，波动的高点出现降低状态，以及波动的低点也随之出现了降低状态时，就需要留意波动方向有可能的反转了。

在高位区间，价格先是形成了高点降低的形态，此时还不能说形态完全走空，只能说有走空的迹象，而一旦再出现低点降低现象，便需要采取行动了。高点也降低，低点也降低，在空头形态彻底形成的情况下，多单也就不能再拿在手中了。

通过对双抬与双降形态进行分析，价格会大概率地上涨还是大概率地回落便有了非常清晰的技术依据。上升趋势看低点，配合高点；下降趋势看高点，配合低点，价格的波动本质也就可以判断得更加准确了。

第二节　价格高低点识别技巧

在进行实战操作或是分析的时候，谁都希望可以知晓价格的高点与低点在哪里。从技术上来讲，高点与低点的区间是有办法识别出来的，但想要识别出最高的高点与最低的低点，这是技术方法无法实现的，这一点一定要正确认识。

本节内容所讲解的方法虽然是价格高点低点的识别技巧，但请注意，这种方法只能识别局部的高点与低点，无法做到当天或是大局最高的高点与最低的低点的识别。笔者从1998年开始投资到现在也没有找到这种方法，所以建议您也别费这个劲了，否则都是在做无用功。

局部高低点的识别对于日内投机单的平仓有帮助，但对于反方向的交易，其作用还不如MACD指标的顶底背离。同时，还只适用于短周期的交易，如果分析周期过长，比如5分钟K线或是15分钟K线，这种方法能帮上忙的次数就更少了。但在查看分时图或是1分钟K线图时，这种短周期局部波动中的高点与低点就容易识别出来，一旦出现这种技术特征及时平仓便可以了。

价格局部高点与低点的技术特征为：上涨时如果突然出现非常大的成交量，之后第2分钟成交量又急速萎缩至之前的缩量状态，那么在第2分钟缩量的时候便可以确认，价格的局部高点形成了，此时可在第2分钟时平仓多单；价格下跌时如突然出现巨大的成交量，之后第2分钟开始急速萎缩，那就意味着下跌的低点就此形成。技术的要点有两个：一是先要放巨量，此时这一分钟的巨量越大越好；二是一定要马上大幅度的缩量，第2分钟量缩得越小越好，放量之后的急剧缩量说明“子弹”打光了，价格后期就容易反方向波动，如果当前价格是涨的，那就容易反方向下跌；如果价格是跌的，那就容易反方向上涨。

价格的高低点有多种技术特征，这只是其中的一种形态，满足了这种形态的波动特征之后，就可以先将手中的持仓平掉，然后再寻找新的介入的机会。但请一定要记住：这只是局部的高低点特征，而绝对不是大级别的高低点，有可能它构成了当天最高价或最低价，但绝对不能把这种小概率的事件当作是必然。

豆粕1705合约2016年12月6日走势如图5-6所示。价格在下跌的过程中成交量并未连续且密集的放大，这说明参与下跌走势的资金并不是太多。虽然下降趋势形成应当顺势做空，但由于量能并未完美配合，因此做空的收益预期需要降低。

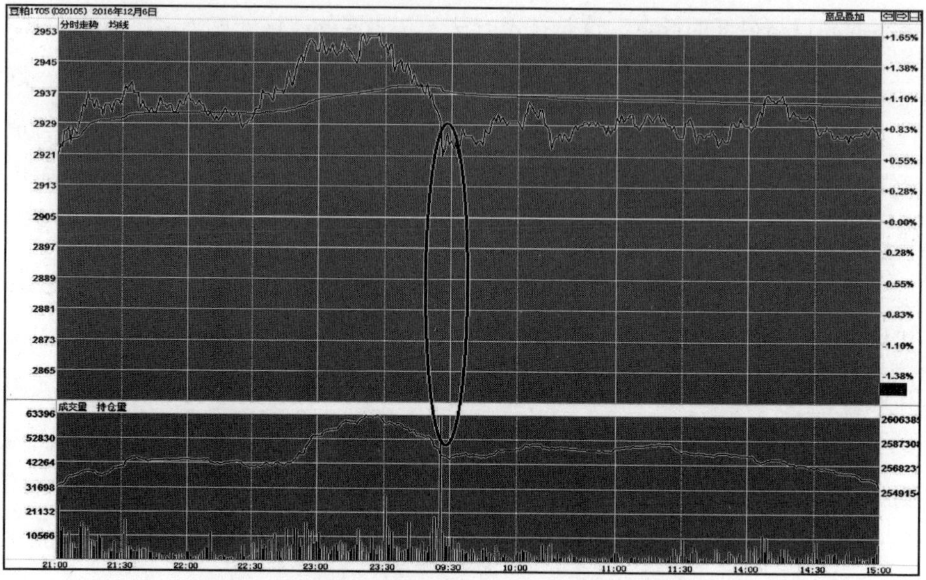

图5-6　豆粕1705合约2016年12月6日走势图

价格下跌到低点的时候，突然出现了一根巨大的成交量，这是当天盘中最大的量能柱体。巨量出现之后，成交量便在第2分钟急速萎缩，从而形成了对比明显的一高一极低的两极柱体，这样的量能状态就称为异常量能。缩量是正常的，因为之前的量能就是那个样子，而异常的是这根巨大的量能柱体。

一旦见到异常巨量形成（巨幅放大后又极速萎缩），便要意识到价格将会形成反方向的波动，异常量能形成时价格是下跌的，那么就很容易出现反弹的走势。如果此时手中持有空单，就有必要在第二根极速缩量的时候赶紧平仓空单。

棉花1705合约2016年12月6日走势如图5-7所示。价格出现了震荡下跌的走势，虽然趋势方向很明确，但是下跌的过程中由于成交量相对稀少，因此有必要对下跌的延续性打一个问号。持续性的下跌往往都会得到大量资金的追捧，而未得到资金追捧的行情，对下跌空间的预期就不宜过大了。

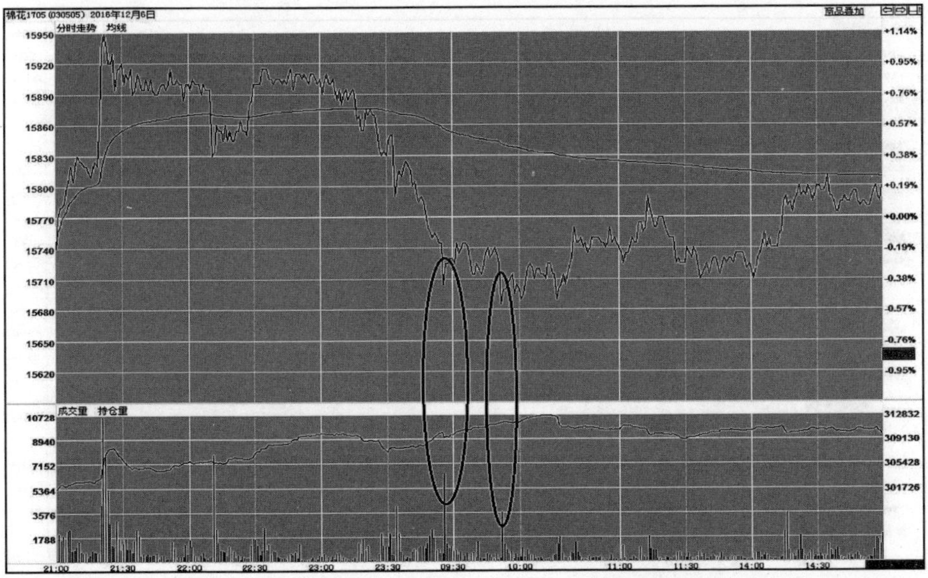

图5-7 棉花1705合约2016年12月6日走势图

在价格下跌到低点区间的时候，先后两次出现了异常巨量的现象，虽然成交量柱体并未创下当天盘中的最大量，但也形成了近时间段的最大量。异常放大的量能说明资金争执非常大，但随后的极速萎缩则说明争执已解决完毕，否则量能不可能马上萎缩到先前的水平。争执解决完毕，那价格当前的波动方向也将会结束，反方向的波动就在眼前，此时应当及时平仓手中的空单。

在发现成交量异常放大的时候，是不宜动手进行平仓操作的。如果成交量可以在第2分钟继续放大，那价格就将会大力度下跌，资金只要持续入场，价格则必会持续波动。真正平仓的时机是第2分钟或是第3分钟发现成交量急速萎缩的时候，一旦在第2分钟的58秒之后发现成交量明确缩了下来，便可以进行平仓操作，以防止价格反弹的出现。

焦煤1705合约2016年12月7日走势如图5-8所示。价格整体出现了震荡上涨的走势，在主要的上涨过程中，成交量形成了连续放大的迹象，资金入场的积极性非常高，这也使得价格在较短的时间内出现了比较大的上涨。由此可见，成交量的大小对价格波动的影响是多么地大。而之前为什么一直涨不动呢？就是因为成交量小没有资金推动。

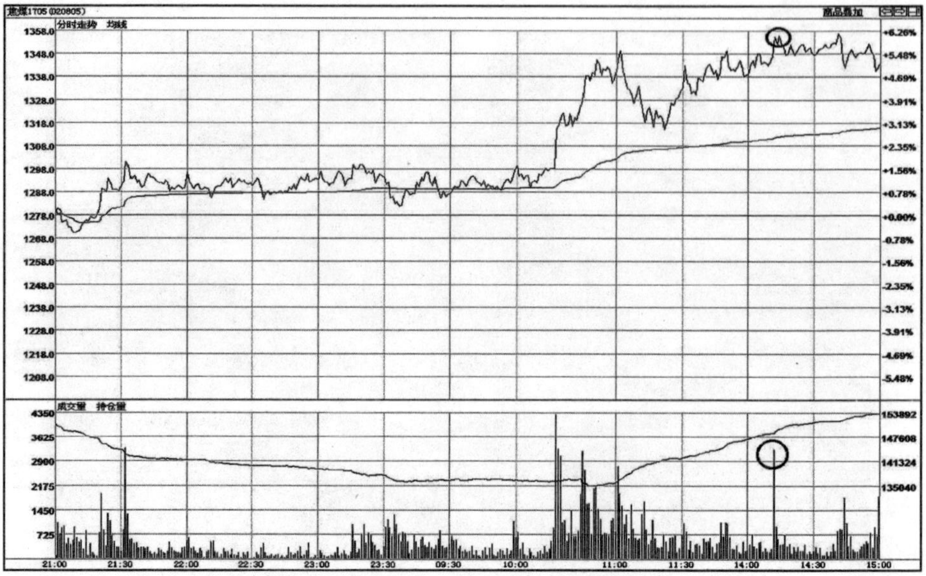

图5-8 焦煤1705合约2016年12月7日走势图

在经历了一轮幅度较大的调整走势之后，价格再度上涨，但此时的成交量却小了许多，因此较为流畅的上涨行情便再未出现，在成交量保持萎缩状态的情况下，价格的上涨幅度也小了许多。在震荡上涨的过程中，突然出现了一根巨大的成交量柱体，这一根成交量柱体创下了缩量区间的最大量，如果后继的量能跟上，形成再一次的持续性放量，那么价格肯定还会再度上涨。可惜的是，自第2分钟开始便快速缩量，并在第3分钟时，成交量萎缩到了之前的无量水平。

在成交量形成了异常巨量的情况下，当天盘中的最高点随之形成，异常巨量导致了价格局部趋势的结终，形成了一个平仓多单的信号。至于说巨大的量能到底是多头在平仓还是空方在开仓，其实没有必要理会，对于这种性质异常的量能形态，没有必要浪费时间去研究什么，只要知道出现这种形态价格局部反转方向的概率极大，将其视为是平仓信号便可以了。

沪镍1705合约2016年12月5日走势如图5-9所示。价格在成交量连续放大的推动下，出现了一轮非常不错的上涨行情，随着成交量持续的萎缩，调整走势也随之出现。经过了一段时间的回落之后，在调整的低点区间出现了一根巨大的成交量柱体，这一根成交量柱体创下了盘中最大的量能。在成交量放大的那一刻，可以做好两手准备：成交量如果继续放大，则有可能进一步杀跌；但若成交量无法持续放大，而是很快萎缩下来，便会形成异常量能，这就意味着调整的低点有可能就在眼前。有了这样的操作计划之后，就可以在第2分钟或第3分钟时做好交易的准备了。

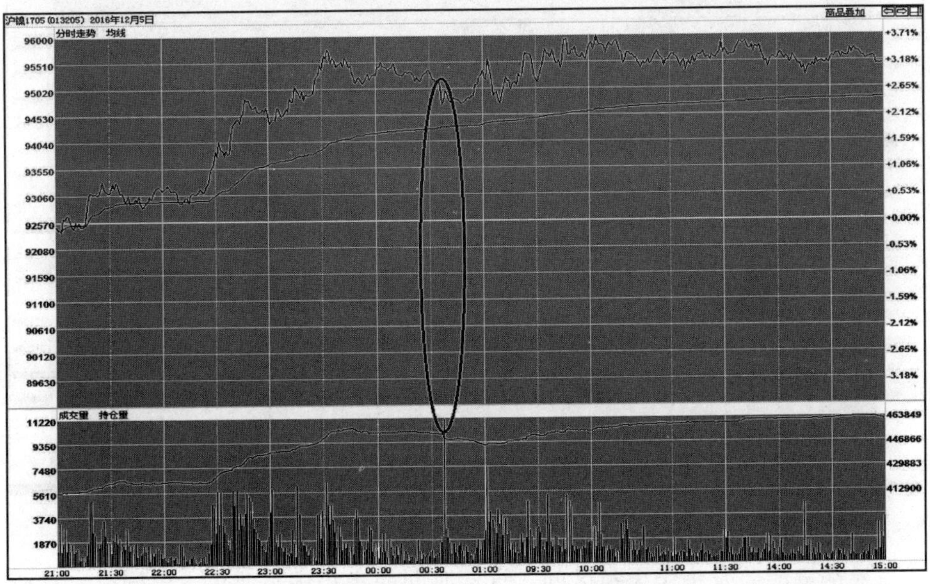

图5-9　沪镍1705合约2016年12月5日走势图

巨大的成交量出现之后，在第2分钟时便又马上萎缩，从而形成了非常标准的异常量能的形态，从后期的走势来看，这个点位果然也是调整的最低点。由于整体趋势向上，调整区间是不能进行做空操作的，因此可以把异常量能所对应的低点当作可以逢低做多的机会。

异常量能形态往往会发生于缩量区间，它与持续放量的区别在于：持续放量会在形成第一根较大的量能柱体之后接二连三地再度放大，而异常量能则会在出现第一根巨量之后于第2或第3分钟马上缩量，就算第2分钟没有回归到先前的无量水平，其量能至多会有巨量的一半，而第3分钟时量能则必会缩到之前的无量状态。

白糖1705合约2016年11月30日走势如图5-10所示。价格在创下了夜盘的新低之后，于23:30时形成了巨大的成交量柱体，之后第2分钟便快速地缩量，形态的确是标准的异常量能，并且价格也随之形成了反方向的波动，出现了较长时间的反弹，但是可以按异常量能执行交易吗？

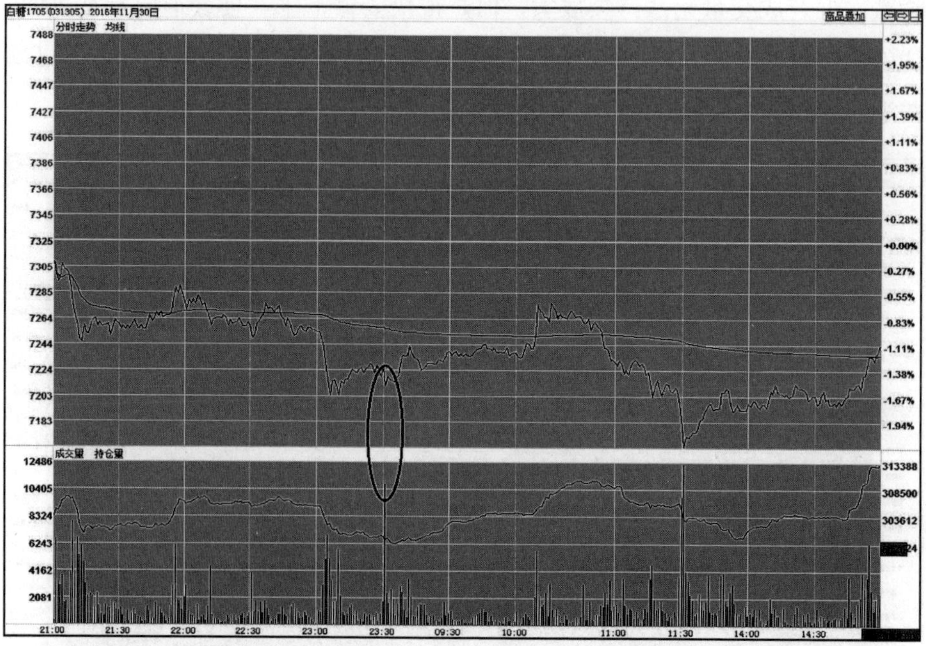

图5-10 白糖1705合约2016年11月30日走势图

异常量能要发生于无量区间，这一时间的走势满足要求，但同时，它要发生于盘中，而不是开盘的时间点，无论是夜盘开盘还是日盘开盘，开盘的那一分钟成交量往往都比较大，因此开盘时点的巨量并不算数，包括上午10:31的开盘。

同样，在中午11:30时成交量也出现了巨幅的放大，下午开盘后的一二分钟成交量也萎缩，但由于同样处于开盘的时间点，因此不可以按此方法进行操作，虽然下午的走势再次反弹。此时只能理解为：随后价格的波动在下跌形成时无法放量，价格难以有动力继续下跌，既然跌不下去，那自然要出现反弹上涨了。

第三节　首根阴线不是顶

在价格上涨的过程中，阴线总是会经常性出现，其实健康的阴线对于价格的进一步上涨有很好的促进作用，它的出现使得多方暂时得到了休息，又留给了投资者低点买进的机会，所以在上涨过程中不应反感阴线。最重要的是，有些时候出现的阴线还会提示投资者价格将会进一步上涨。

那些可以提示投资者进一步上涨的阴线常出现于价格放量上涨，连拉阳线的时候。在上涨时只要出现了第一根的阴线，请记住，只要实体不是超大的，这根阴线都绝对不是顶，它只是上涨中途的正常调整性的阴线，价格后期还将会进一步上涨。但若是超大实体的阴线，以及出现时形成了巨大的成交量，就不能按这种方法进行分析了。

上涨时第一根阴线不是顶，而下跌时也是同理，第一根阳线不是底。在价格放量下跌的情况下，如果收出一根实体并不是很大的阳线，并且这根阳线是放量下跌以来第一次出现的，随着它的出现，再一次做空的机会也就近在眼前了。

这种分析方法可以有效地识别出价格放量波动过程中延续性波动的走势，虽然说第一根阳线出现不是顶、第一根阴线出现不是底，但是否可以直接操作还需要看具体情况，就整体走势而言，是可以直接操作的。就局部走势来讲，也不排除会连续反弹或调整，就看你怎样做了，做大局的直接杀进去也没事，因为后期延续当前趋势方向的概率极大，就算暂时被套一小会儿也没多大关系；但若做局部的走势，最好还是视反弹或调整的具体形态来确定操作。

焦炭1705合约2016年12月7日1分钟K线走势如图5-11所示。受到成交量开始放大的推动，一轮较为快速的上涨行情随之出现。从这个案例可以看出，但凡成交量放大的区间，价格的波动都是比较活跃的，而成交量较小的区间，则机会也比较小。所以，如果投资者的交易始终在放量区间进行，盈利的概率就大多了。

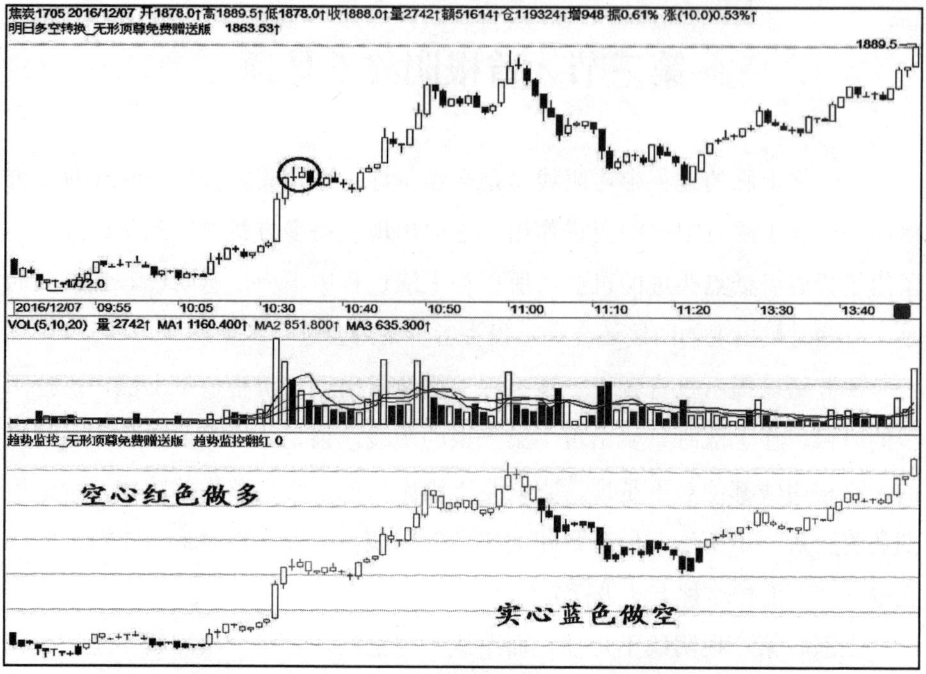

图5-11 焦炭1705合约2016年12月7日1分钟K线走势图

第一轮放量上涨之后，价格出现了缩量调整的走势，随着缩量的出现，价格也开始了回落，不过在回落的过程中，阴线的实体都比较小，这说明空方的力量非常虚弱，空弱则多强，因此价格继续上涨的概率将会是极大的。

阴线实体小，又是放量上涨后第一次调整区间的第一根阴线，因此这个点位极大的概率并不是顶部。虽然局部价格可能还会调整，但新的高点还是极有希望见到的。如果手中持有多单则可以在此时继续持仓，如果未开多单，则应留意随时可能出现的机会。或者可以再省一些力气，直接跟着趋势监控指标的信号走，指标形成空心红色便做多，形成实心蓝色便做空。

玻璃1705合约2016年12月7日1分钟K线走势如图5-12所示。价格经过一段时间的无量震荡之后，出现了放大量上涨的走势，在成交量的推动下，价格也随之出现了大幅度的上涨。通过这种走势可以看出，在无量区间寻找介入点，在放量区间进行持仓，这是获得收益的一个主要交易思路，只要能完善这个交易思路的细节，实现稳定的盈利也就并非难事了。

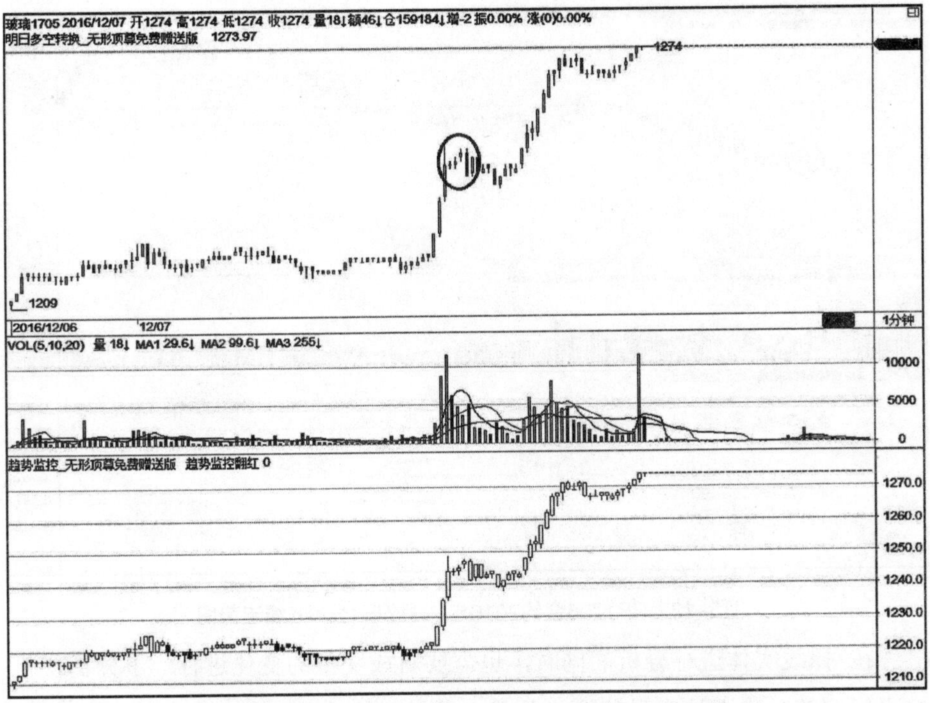

图5-12　玻璃1705合约2016年12月7日1分钟K线走势图

价格上涨到阶段性高点以后，出现了调整的走势，成交量也明显的萎缩，并且阴线的实体相比放量上涨时的阳线实体明显减小，这说明空方的力量无法超过多方，并且空方的下跌能量也比不上多方，多方依然占据主导的地位。

在价格放量上涨之后第一次出现的小实体的缩量调整阴线，往往意味着这个区间只不过是正常的调整区间，而非是顶部，虽然无法得知价格还将会调整多深的幅度，但是可以肯定的是还将会有新的高点出现。

PP1705合约2016年12月7日1分钟K线走势如图5-13所示。价格在上涨的过程中出现了持续性放大量的走势，在资金积极做多的推动下，使得阳线连续收出，经过几分钟的放量上攻后，价格出现了调整，调整区间成交量明显减小，这说明之前放量介入的资金并未出局，依然留在场中。

在价格缩量调整的时候，阴线收出的实体却是非常小的，这说明空方向下打压价格的力量非常小，空弱则多强，K线实体就是多空双方力量的对比，因此可以判断：价格后期将有很大的可能继续上涨。

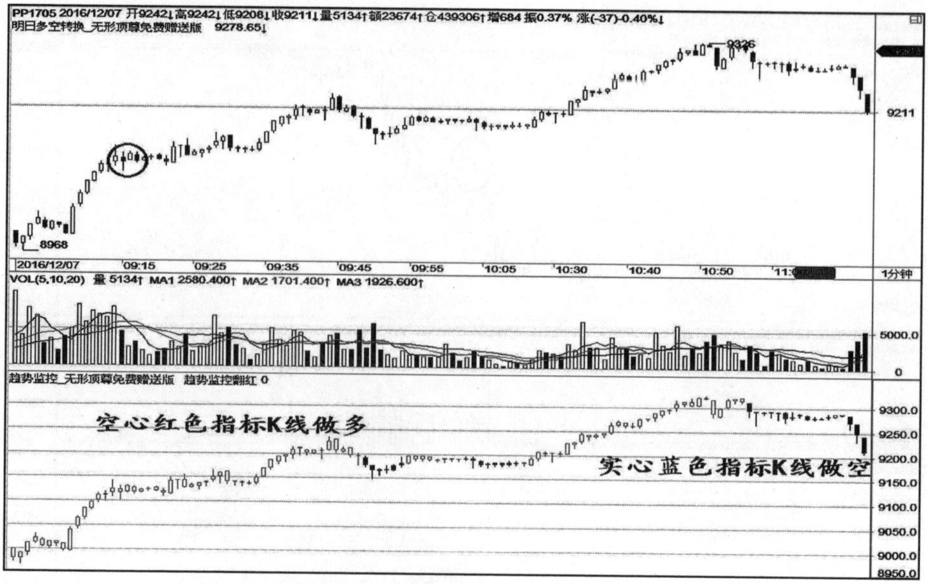

图5–13 PP1705合约2016年12月7日1分钟K线走势图

在对K线实体进行分析的同时，也需要对成交量的变化进行一下分析，价格小幅调整时成交量明显萎缩，放量上涨缩量调整的完美量价配合出现，这意味着资金做多积极性很高涨，而没有任何大举做空的迹象。因此价格后期上涨的概率是极大的，这一区间投资者要么可以继续持有多单，要么可以积极地寻找介入点位入场做多。

动煤1705合约2016年11月30日1分钟K线走势如图5-14所示。价格出现了连续下跌的走势，在下跌的过程中，成交量始终保持着放大的状态，这说明资金在场中做空的积极性非常高，在资金持续推动的情况下，价格出现这么大的下跌走势也就是非常正常的事情了。

在价格放量下跌第一次出现反弹走势的时候，阳线的成交量出现了明显的萎缩，这说明资金做多的兴趣并不高，没有资金愿意大量入场做多，价格涨不上去也就是正常的了。也正是由于资金拒绝做多，所以在反弹的过程中，阳线的实体都非常小，小实体的阳线意味着空方力量非常虚弱。实体大小直接反映多空双方的力量大小，而成交量则反映多空双方的能量大小。在一切都偏向空方的时候，要么紧握住手中的空单，要么也可以激进地在第一次出现缩量小阳线的时候杀进场中，不管后面如何反弹，至少这个点位形成底部的概率并不大。

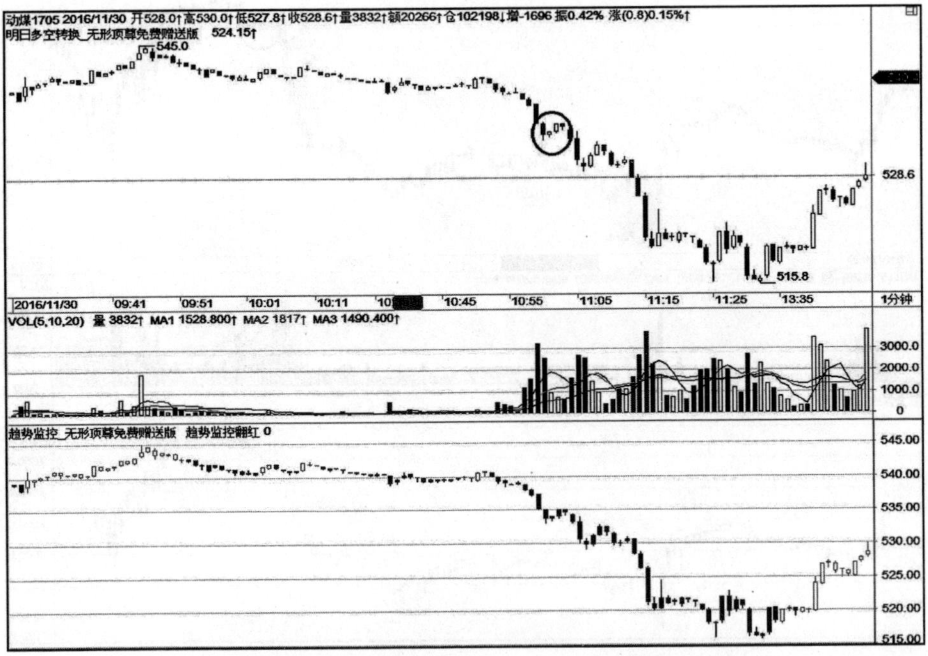

图5-14 动煤1705合约2016年11月30日1分钟K线走势图

反弹虽然暂时阻止了价格的下跌，但却是新一轮下跌行情到来之前必见的形态，因此投资者要学会利用反弹来把握后期进一步下跌的机会，多数情况下，反弹其实带来的更多的是机会。抑或是，在趋势监控指标持续形成实心蓝色时做空以及持空，一旦指标翻红形成空心实体指标K线时反手做多，就算什么实战方法也不会，在好工具的帮助下，也依然可以大概率实现盈利。

菜油1705合约2016年11月30日3分钟K线走势如图5-15所示。价格在成交量放大的推动下连续拉出阳线，在较短的时间内便出现了较大幅度的上涨行情。可见，只有与成交量放大进行配合，才会爆发出有力度的上涨行情，期货与股票均是如此。

强劲的上涨之后，出现了调整，在调整区间成交量明显萎缩，这说明资金还并未大规模撤退；同时阴线的实体也非常小，这说明空方的力量非常虚弱，再结合萎缩的成交量来看，价格下跌的动力并不强。空弱则多强，既然多方依然占据主导的地位，那么价格继续上涨的概率就将会是极大的。

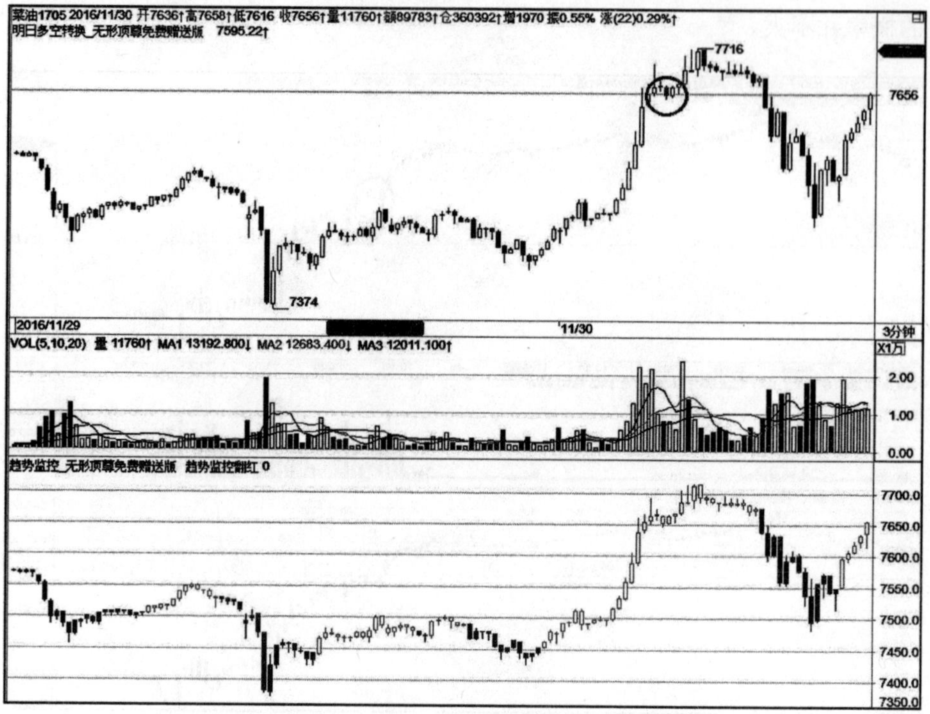

图5-15　菜油1705合约2016年11月30日3分钟K线走势图

短暂的调整之后，价格向上创出了新高，通过对放量上涨时第一次收出的缩量小阴线进行分析，便可以获得更高一些的收益了。再或者也可以完全根据趋势监控指标的信号进行操作，指标形成红色的空心K线便做多以及持有多单，形成实心的蓝色指标K线便进行做空以及持有空单，就算懂的操作方法并不多，在好工具的帮助下，也可以提高交易的胜算。

上涨时第一根缩量小阴线不是顶，这是因为缩量体现的是没有资金大规模做空，空方力量很虚弱，大幅度的下跌出现的概率极小，因此这就是可以继续持有多单，或是择机入场做多的信号。下跌时第一根缩量小阳线也不是底，其技术原因是完全一样的，不见得每一次的行情都会有这样的现象出现，但一旦出现这种走势，有了应对的方法，也就知道该如何进行操作了。

第四节　强势涨跌的平仓点位

什么是强势下跌呢？在这个市场中有许多的方法可以判断，有说放量下跌的就是强势下跌，有说阴线实体大的就是强势下跌，有说下跌角度要超过45°的，等等。这些答案其实都是对的，但有一个最大的问题——无法统一口径！怎样的量算大？怎样的阴线实体算是大？具体的标准是什么？展开了K线界面看是45°，但如果一压缩这个角度就可能接近90°了，展开的K线根数多少的差异都会对显示的角度有所影响，无法统一口径的分析结论对于实战来讲没有任何意义。而笔者不管是进行实战操作，还是为投资者讲解操作技巧，我所看重的就是：交易的依据是否具有一致性，如果有10个人用我的方法操盘，这10个人的操盘理由肯定全部都是一致的，而绝对不能你是一种理由，他是一种理由，这样的方法绝对不可以用！

那么强势下跌一致性的标准是什么呢？我们统一用指标来进行判断，指标的计算公式是公平的，不会带有主观感情色彩。强势下跌的特征为：价格下跌的时候，收盘价始终位于布林线指标下轨的下方。一旦回到下轨之上，便意味着强势下跌形态消失，请记住：回到下轨之内仅代表强势下跌形态消失，而并不见得是下跌结束。

只要K线一直在布林线指标下轨的下方，便需要一路持有空单，而一旦价格回到了布林线指标通道下轨以内，便可以考虑平仓出局。如果觉得赚够了的，可以全部平掉；如果觉得还不过瘾，还想多拿一会儿，也可在此处平仓一半。一旦回到通道之内，价格就算后期还会继续下跌，可能也会暂时反弹一下了，所以不管是清仓还是减仓都是正确的。

强势下跌形成的时候，成交量往往也会明显放大，在大量做空资金的推动下，价格才会跌得这么迅猛。同时，价格位于布林线指标下轨下方的时间周期并不会很长，短则5～10根K线，长则10～15根K线就非常不错了，虽然只有几根K线，但这几根K线就能带来非常不错的收益，别忘了，它叫强势下跌。

甲醇1705合约2016年12月19日3分钟K线走势如图5-16所示。价格在布林线指标中轨向下趋势的促进下，先是经过缓慢的下跌，然后在成交量进一步放大的推动下，在较短的时间内出现了较快速度、较大幅度的下跌。

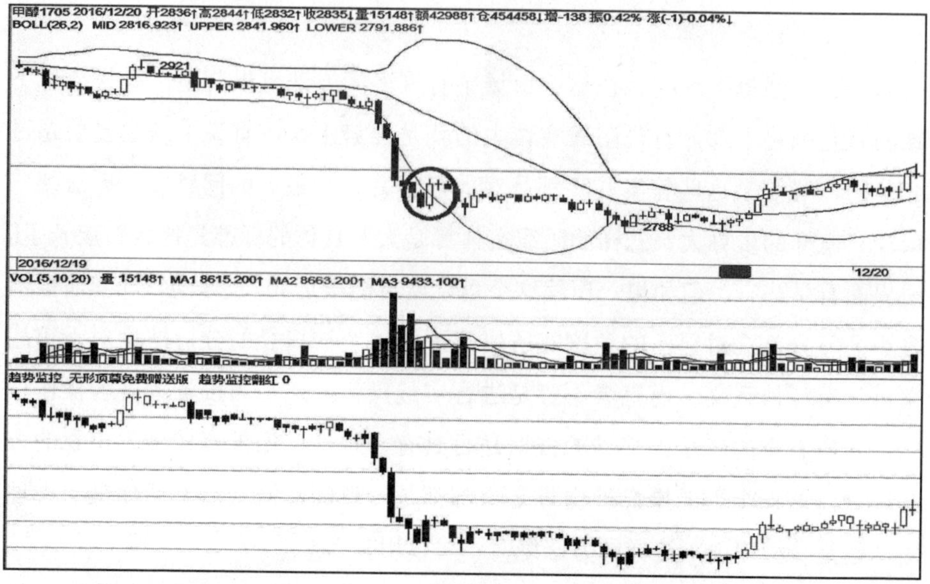

图5-16　甲醇1705合约2016年12月19日3分钟K线走势图

在价格下跌的过程中，K线的收盘价均跌落在了布林线指标下轨的下方，形成了强势下跌的形态。一旦这种走势出现，对于投资者来说，持仓就是一件非常简单的事情了，只要K线的收盘价一直在下轨下方，便可以一路持仓，而一旦K线的收盘价回到了下轨以内，这个时候就需要赶紧平仓手中的空单，把最强劲的那波行情吃下。

在实战操作的时候一定要切记，强势下跌的出现往往都会伴随着成交量的放大，如果成交量没有放大，则价格将会很难持续位于下轨的下方，而一旦形成放量，别的因素就无须考虑了，只要盯死价格与布林线指标下轨的位置关系就可以获得非常不错的持仓收益了。

螺纹1705合约2016年12月19日3分钟K线走势如图5-17所示。价格出现了一波凌厉的下跌行情，在下跌的初期，趋势监控指标早早形成了蓝色实心指标K 线发出了做空的信号，之后又在价格反弹的初期及时转变形成红头空心做多信号。好的工具总是可以节省投资者大量的精力，让有技术的投资者更省心，让没技术的投资者操盘的成功概率更高。无论你是有好方法，或者是有好工具，都将会在行情出现的时候抓住机会。

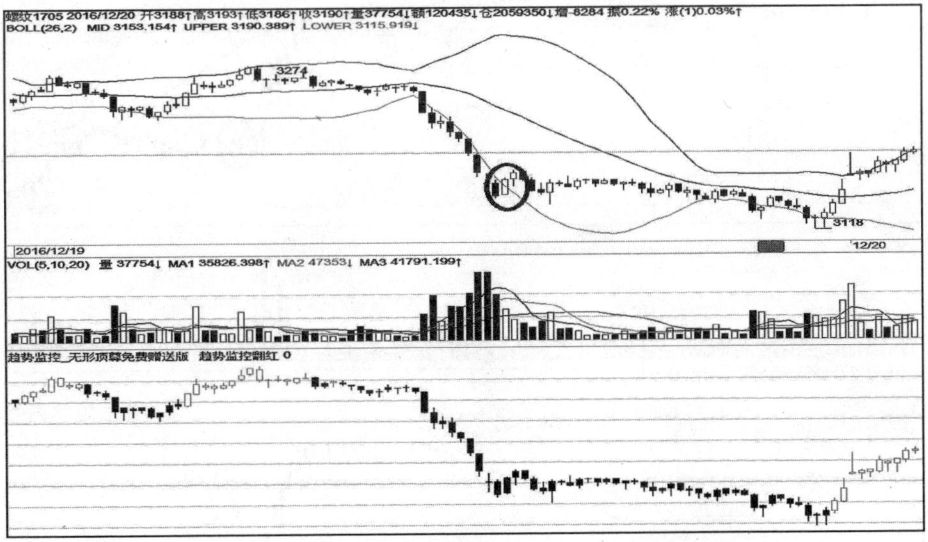

图5-17　螺纹1705合约2016年12月19日3分钟K线走势图

在价格下跌的时候，形成了这样的技术特征，K线的收盘价均在布林线指标下轨的下方，形成了非常标准的强势下跌的走势；同时，成交量在价格下跌的时候始终保持着放大的状态，这说明资金在此时做空的积极性是非常高的，只要有资金在积极入场做空，那么价格就将会很容易出现连续性的下跌行情。

在价格形成了放量强势下跌走势的时候，需要做的操作就只有一点，拿好手中的持仓，只要K线的收盘价没有回到布林线指标下轨以内，便没有必要进行平仓操作。当然，在实际操作时也需要留意一点，强势下跌形态保持的周期都比较短，多数情况下只会保持5～10根K线的时长，就本案例来说，K线只保持在下轨下方9根K线，第10根K线便回到了下轨以内需要进行平仓。

热卷1705合约2016年11月29日3分钟K线走势如图5-18所示。价格在突破了之前的低点之后，便进入了加速下跌的阶段，为何这一时期价格的跌幅可以这样大呢？这是因为在价格下跌的时候，成交量创下了下跌以来的最大量，这说明资金做空的态度非常坚决，在大量资金推动的情况下，跌幅自然也就可以扩大。

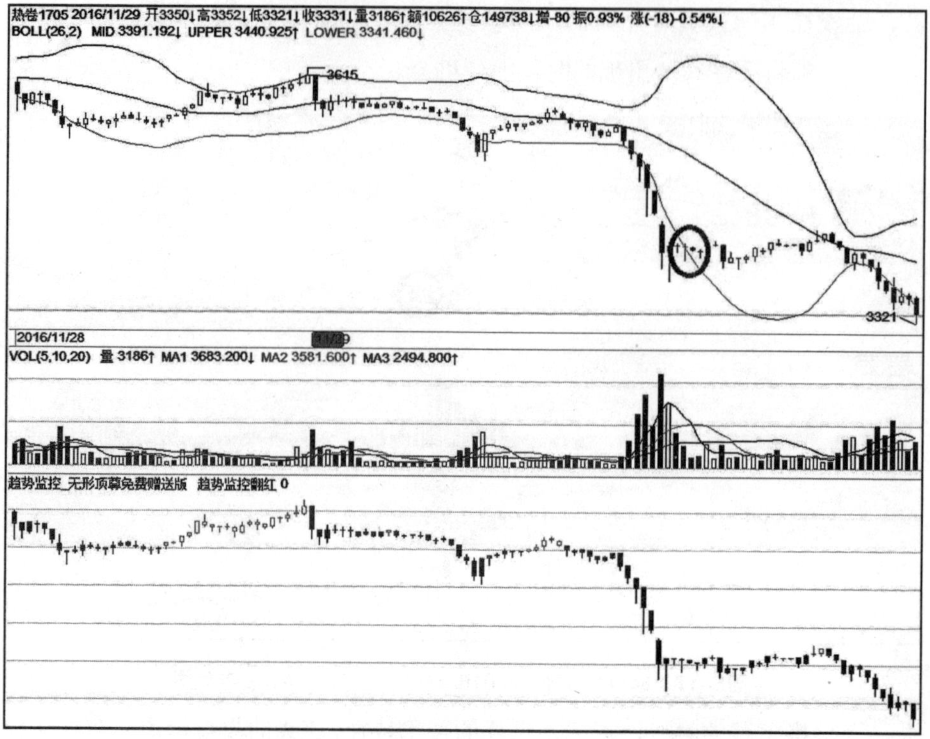

图5-18　热卷1705合约2016年11月29日3分钟K线走势图

在价格大幅下跌的时候形成了这样的技术特征：K线始终位于布林线指标下轨的下方。这是满足统一技术要求的强势下跌技术形态，该技术形态是一种持仓技巧，只不过这种持仓技巧的运用需要价格波动的配合，属于是可遇不可求的操盘方法，毕竟价格下跌的时候，不见得每一次都有这么强劲的形态。

在K线的收盘价始终位于布林线指标下轨下方的时候，都应当坚决地进行持仓操作，不管价格如何变化，不回到下轨以内就牢牢地拿住，而一旦价格回到了布林线指标下轨以内，则可以平仓出局。平仓的时候一定要注意，价格最强势的下跌是结束了，但并不代表整体的下跌行情也同样结束。

豆油1705合约2016年12月19日3分钟K线走势如图5-19所示。价格上涨结束之后，趋势完全反转，并且不久出现了一轮较为快速的下跌行情。在价格下跌的时候成交量明显放大，无论价格是否形成强势下跌的形态，但凡比较有力度的涨跌都必然会出现放量现象的配合。

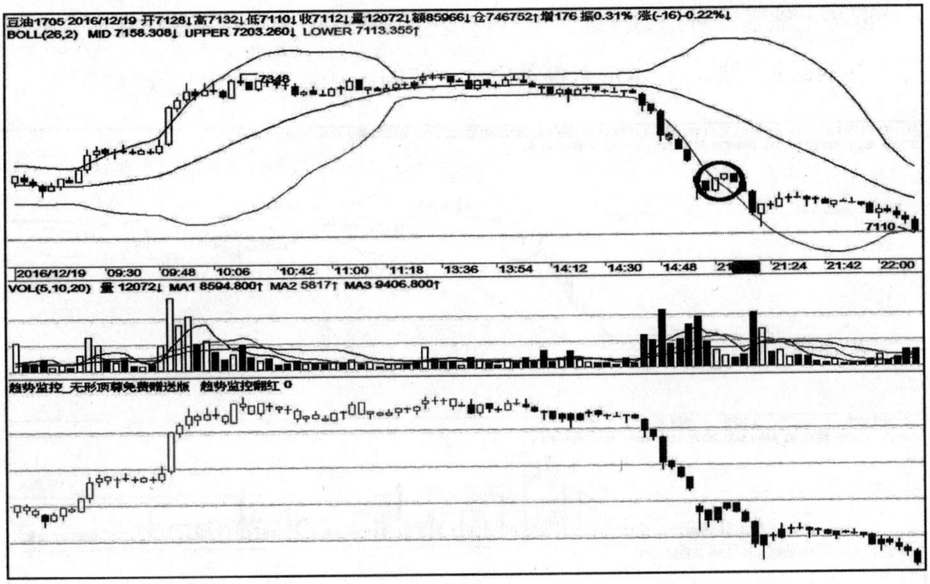

图5-19 豆油1705合约2016年12月19日3分钟K线走势图

受到资金积极入场做空的促进，K线跑到了布林线指标下轨的下方，形成了强势下跌的走势，只要见到这样的技术形态，操作就会变得非常简单了，不回到下轨以内，便一路持有空单。

虽然强势下跌形态的持仓非常简单，但它也有一个缺点，那就是持续的时间并不会太长，就好像人用尽全身的力气以最快的速度跑步一样，跑一点距离也就累得不行了。价格的波动也是如此，强势的下跌非常消耗资金，一旦跟风的资金跟不上，进一步的下跌也就会暂时结束，从而使得K线回到下轨以内。

利用强势下跌形态持仓对于持仓技术水平低一些的投资者朋友来说，效果已是非常不错的了。虽然无法抓住大部分的下跌行情，但抓住50%的下跌空间还是没问题的，若同时参考一下趋势监控指标的提示，只要指标保持着实心蓝色的空头信号便一路持仓，那么更大幅度的下跌行情也就可以收入囊中了。

豆一1705合约2016年11月29日1分钟K线走势如图5-20所示。价格形成了一波放量上涨的走势，虽然K线的周期变短了，但技术形态并没有改变。这说明了一个问题，技术形态就是技术形态，它与周期的长短无关，不是说1分钟

K 线强势上涨是一种形态，而在3分钟K线中强势上涨又是另一副模样了，不管什么样的时长周期，技术形态都是完全一致的。

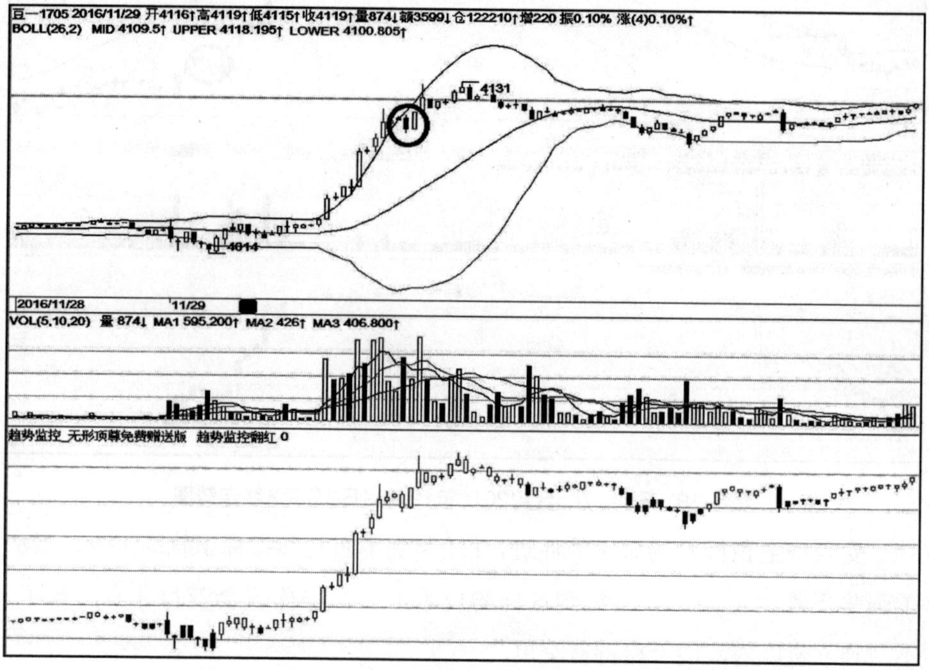

图5-20 豆一1705合约2016年11月29日1分钟K线走势图

在价格上涨的过程中，成交量出现了明显的放大。虽然上涨过程收出过几次小阴线，但由于其收盘价均在布林线指标上轨以上，因此没必要理会它们，无论是阴线还是阳线，看的只是收盘价是否在上轨的上方，只要收盘价在上轨上方便一路持仓。

虽然是1分钟K线，但强势上涨的保持周期并未因K线的时长而延长，自第11 根K线开始，价格回到了布林线指标上轨以内。因此，在进行实战操作的时候一定要记住：强势上涨或是强势下跌形态只会保持5～10根K线，任何K线周期都是如此，超过10根K线的案例虽然有，但并不是很多。

第五节 重要支撑介入点

价格上涨的过程中必然会出现调整的走势，实战经验少的投资者会非常厌烦调整走势，因为它们侵蚀了多单的盈利，甚至还造成了亏损。但是拥有正确交易方法的投资者却非常喜欢调整的出现，因为调整的出现提供了一次新的介入机会，这是市场白送钱的大好机会，又岂会不以愉快的心情去面对呢？

调整虽然是好事，意味着又一次做多机会的到来，但是应当于什么时候在调整的低点进行做多操作呢？借助调整进行做多的方法有许多种，本节讲解的方法是较为实用的一种：利用均价线的支撑作用进行逢低做多的操作。

均价线在分时图界面中是一条波动平缓的线，它代表了市场中所有资金的平均持仓成本，凡是具有成本概念的指标，都将会对价格的波动产生支撑或者是压力的作用。因此，利用均价线的支撑作用进行操作是有依据的。

在实战使用时需要注意，均价线必须保持着整体上升的趋势才可以，如果均价线形成了下降的趋势那就不会具备支撑作用了。当价格缩量调整到均价线附近的时候，一旦分时线向上勾头，便可以入场开多单，形态成立便可以择机止盈；但若形态失败，则可以在价格跌破均价线的时候进行止损操作。由于开仓点往往距均价线不是太远，所以在这种形态下进行操作，亏损的幅度并不会很大。

具体操作时，要求分时线距离均价线近一些，如果离得过远则不行。另一点就是价格由上向下回落到均价线时，必须缩量；如果是放量回落至均价线附近的，则不能进行操作，因为此时资金意图不明。

热卷1705合约2017年2月7日走势如图5-21所示。均价线受到价格上涨的带动，整体形成了上升的趋势。相比价格而言，均价线的变化要平缓许多，极少形成较为陡峭的状态，只要它的上升趋势形成，便会对价格的上涨起到促进作用。

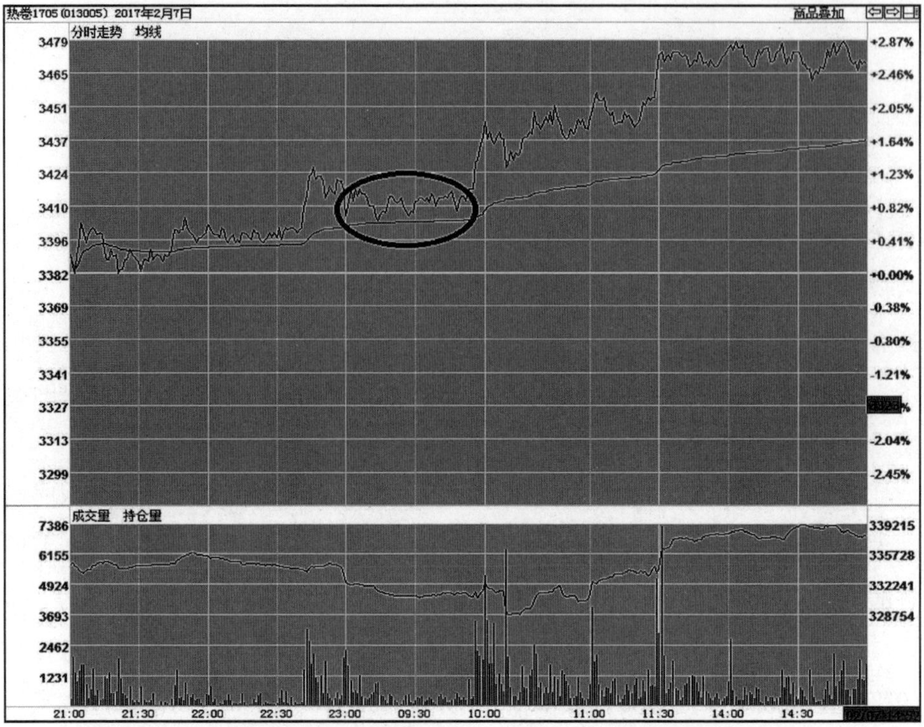

图5-21 热卷1705合约2017年2月7日走势图

在均价线上升趋势形成的时候，价格在距离均价线不太远的区间形成了调整的走势，在调整的过程中，成交量出现了萎缩的迹象，这说明空方的能量不足，在无量的情况下，价格将很难出现持续性的下跌。在缩量调整到均价线位置时，价格便停止了下跌，均价线的支撑作用发挥，起到了阻止下跌和促进上涨的作用。

在价格波动的过程中，一旦发现价格无量回落到均价线重要的支撑点位时，便可以入场进行做多的操作。利用支撑作用进行操作，如果价格跌破均价线，则可以进行止损操作，这样交易风险是比较小的，由此支撑生效所实现的收益则是比较大的。

鸡蛋1705合约2016年11月10日走势如图5-22所示。价格经过一波上涨，使得均价线也同步形成了非常明确的上升趋势，在这个牢靠的多头形态的促进下当天收出了一根大涨幅的大阳线。价格上涨得这么多，中途必然会给投资者留下极好的介入机会。

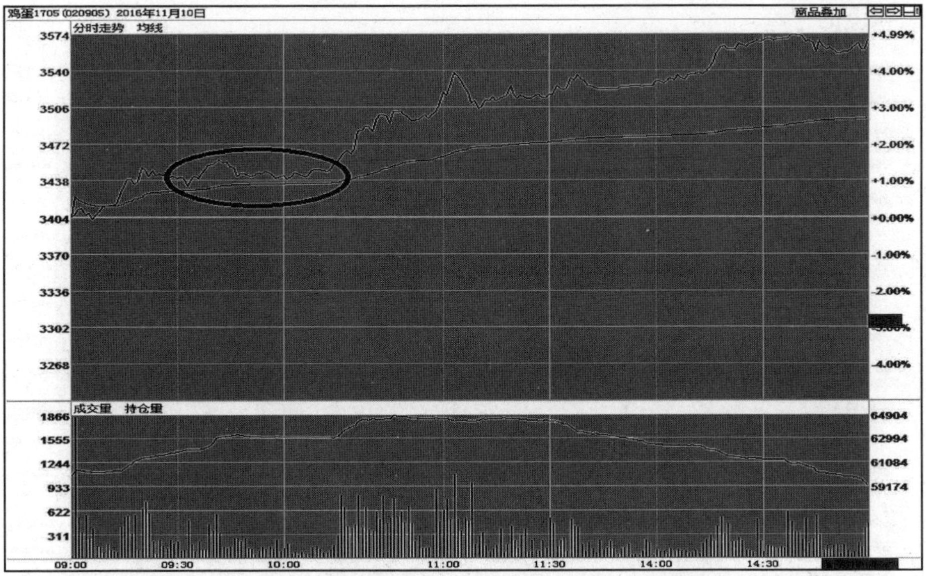

图5-22　鸡蛋1705合约2016年11月10日走势图

在初期上涨的阶段，分时线距离均价线并不太远，之后出现了缩量的调整，量能的萎缩意味着空方盘(多平与空卖)的数量比较少，空方盘数量不足，就很难改变价格整体的上升趋势。在价格调整的时候，分时线距离均价线非常近，这个时候，便可以借助调整的低点入场进行做多的操作。

鸡蛋的案例与热卷的案例有一个小差别：在热卷的走势中可以以均价线的价格完成开仓，而在鸡蛋案例中，以均价线的价格是无法完成开仓的，需要以均价线为参考加上一点滑点进行开仓。由于距离并不是太远，开仓的滑点是可以承受的。

豆油1705合约2017年1月25日走势如图5-23所示。价格出现了震荡下跌的走势，在价格下跌的过程中，走势较为复杂，一会涨一会跌的。其实这种震荡下跌形态的操作难度并不高，由于主方向明确，所以一会涨一会跌的走势反而会给投资者留下许多中途介入的机会。

在均价线明确下行的时候，价格在图中画圈处再度出现反弹，在反弹的过程中成交量明显萎缩，这说明价格在上涨的时候，做多的资金态度是比较消极的。在这种情况下，上涨就很难持续进行下去。价格无量反弹到均价线位置的时候，上涨便戛然而止，随即便又延续整体的下跌走势出现了一轮更大幅度的下跌。

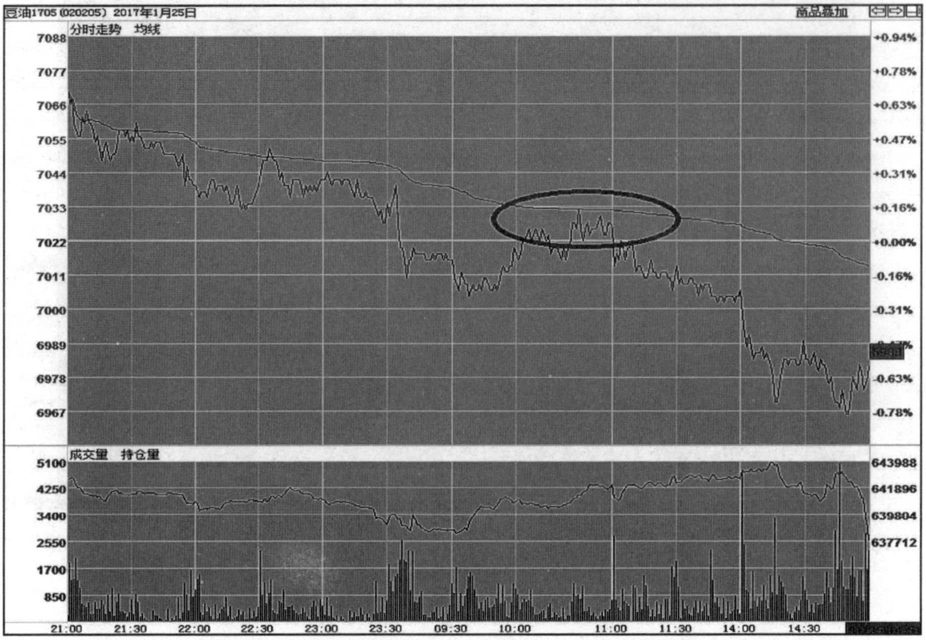

图5-23　豆油1705合约2017年1月25日走势图

在实际交易的过程中，如果反弹时可以正好触及均价线那就是最好的，都可以保证以均价线的点位完成开仓。但若分时线与均价线略有距离，只要这个距离并不是太大的，比如均价线是3000元，而价格是2998元，也可以在2998 元处进行开仓，而在止损时，可以在3000元止损，也可以自行浮动几个价位进行止损，只要亏损的幅度在预期可承受范围内都是正确的。

豆粕1705合约2017年1月25日走势如图5-24所示。价格在形成了三波下跌形态之后，便出现了反弹的走势。在初期反弹的过程中，成交量还保持着放大的势头，若成交量可以一直保持放大，那么价格将很有可能完全逆转趋势的方向，可惜的是当分时线触及到均价线强大压力的时候，便没有资金继续积极做多了。

均价线往往是价格波动时的多空分水岭，分时线在均价线上方的时候，价格往往易涨难跌，而当分时线在均价线下方的时候，价格则又易跌难涨。因此在均价线保持下降趋势，并且分时线无量向其靠近时，便可以在压力点进行做空操作，这就是利用均价线强大的压力作用设定的开仓点位。

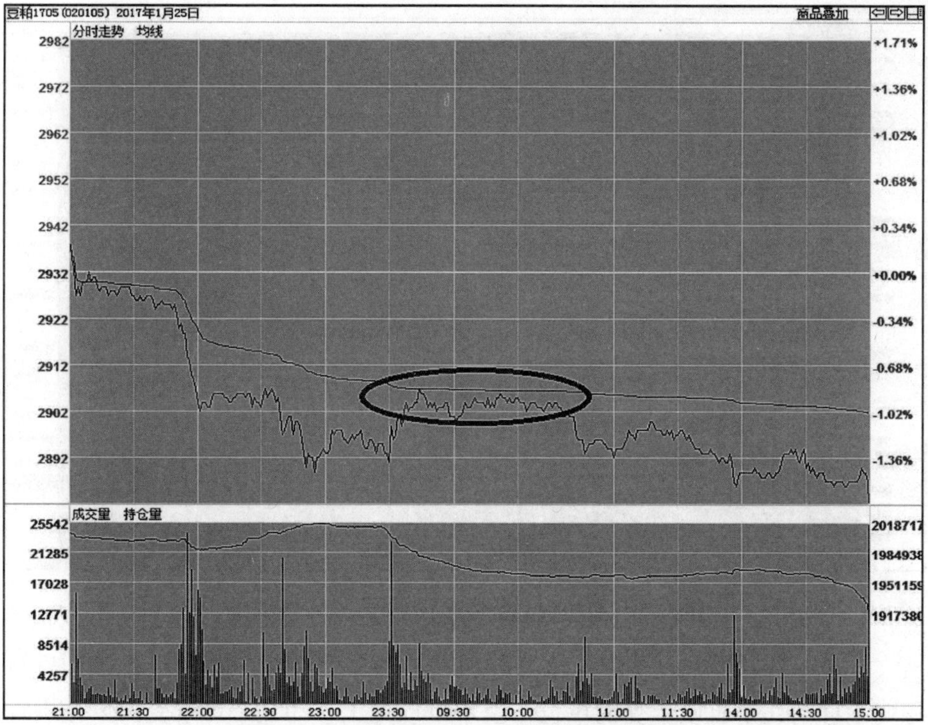

图5-24 豆粕1705合约2017年1月25日走势图

价格受压进行开仓，一旦价格向上突破均价线的时候，则在压力失效时止损，这样操作风险非常小。如果价格延续之前的走势继续下跌，开仓点位所带来的收益将会是止损幅度的数倍，风险小而盈利大，这笔买卖肯定值得去做。

豆一1705合约2016年12月21日走势如图5-25所示。价格开盘后便在放量的推动下出现了快速上冲的走势，价格的上涨也带着均价线形成了非常明确的上升趋势，一波上涨过后价格出现调整，机会也在调整之中出现。

在价格缩量调整到均价线附近时，由于偏离值并不大，因此可以在调整的低点处开多单。开了多单后，价格仍在均价线上方震荡，面对这种走势则可以继续持仓操作。但经过了一段时间的震荡后，分时线向下跌破了均价线的支撑，面对这种走势，就需要进行止损操作了。因为是利用均价线的支撑作用进行的操作，那么当均价线的支撑失效、买入的技术理由不复存在的时候，多单也就没有必要再继续持有了。

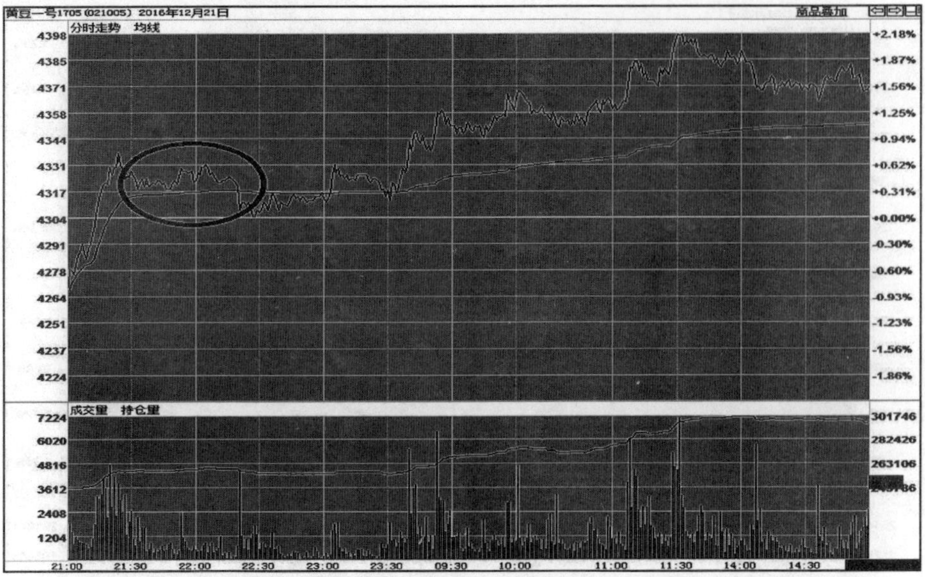

图5-25 豆一1705合约2016年12月21日走势图

在实际操作时，如果开仓的价格等于或是极为接近均价线，多单则可自行向下移动几个可以承受的单位，空单可以向上移动几个可承受的单位进行止损，以便留给价格正常的波动空间。并不见得价格一旦跌破或越过均价线就要马上止损，止损既需要留给价格一定的波动空间，也需要在可承受范围之内，只要理解了技术的根本形态，交易的细节完全可以根据自己的状况灵活调整。

第六节　首根K线定上下

早盘的走势有这样两种形态：一种是正常价格开盘，上一日收盘最后一根K线的收盘价与开盘第一根K线收盘价的价格连接度比较好，没有什么跳空缺口，对于这样的走势，可以直接按照指标的形态进行操作；而另一种常见的形态则是：出现较大幅度的高开或是低开，上一日最后一根K线的收盘价与开盘第一根K线的收盘价有很大的断档。比如，上一日最后一根K线收盘价3000元，当日第一根K线收盘价3050元，两者出现了50元的断档。

一旦出现断档现象，所有的指标都将会处于失真的状态，并直至指标最长周期过完才会形成真实的提示状态。比如MACD指标最长值是26，在1分钟K线图中，需要经过26根K线也就是26分钟之后，MACD指标才会形成真实的信号提示。而如果在3分钟K线图中同样需要经过26根K线，此时就是78分钟的时间才会给出真实的提示。所以在指标全部失真，无法进行参考的情况下，就必须找到一种方法来解决早开盘期间的操作问题，同理，夜盘的开盘也是如此。

在价格断档指标失真的情况下，投资者唯一可以依靠的便是K线。我们可以将首根K线作为交易方向的参考，开盘后未来几根K线若在首根K线上方，则进行做多操作。但如果未来几根K线位于首根K线下方，则进行做空的操作。这样一来，方向也有了，介入点也就有了，就算价格断档断得再厉害也不会产生任何影响了。

如果利用首根K线进行操作，把它作为开仓的参照物，那么它也必须是止损的参照物。位于首根K线上方做多，那当价格跌破首根K线时就必须进行止损操作；位于首根K线下方做空，也必须在当价格向上突破首根K线实体范围时进行止损。

除了可以作为在跳空高开或是跳空低开时的开仓决策之外，首根K线还可以在盘中的时候起到支撑与压力的作用，而利用支撑与压力的生效以及失败还可以在盘中进行相应的操作。因此首根K线不仅可以用于早开盘的交易，盘中的交易也可以使用，当然需要注意的是，盘中交易的使用效果没有早盘期间的使用效果好。

黄金1706合约2017年2月17日3分钟K线走势如图5-26所示。价格开盘形成了跳空高开的走势，价格跳高的幅度越大，则各类技术指标的失真也就越明显。在指标没有度过其最长周期的时间段内，投资者唯一可以进行分析的便是K 线。以布林线与MACD指标为例，这两个指标最长周期值是26，如果看1分钟K 线图则需要在26分钟后再使用它们；如果看3分钟K线图，则需要在26个周期也就是78分钟后才可以使用它们。

图5-26　黄金1706合约2017年2月17日3分钟K线走势图

首根K线无论在什么周期K线上，它都是当天的第一根K线（日盘开盘、夜盘开盘、小节停牌共三根），在黄金1706合约开盘之后，价格逐渐跌破了首根K 线，一旦价格位于首根K线下方，那么首根K线就将会具备压力的作用。从图中的走势来看，价格随后的反弹高点也的确受到了首根K线的压力，之后便再度连续下跌。

正是由于首根K线具有压力的作用，因此可以利用这一特点决策开仓点位或是对空单的持仓提供技术上的帮助。对盘中的价格起到压力的作用，这也是首根K线最常见的技术特征。

黄金1706合约2017年2月14日3分钟K线走势如图5-27所示。价格出现了高开的走势，对于是否高开需要看的是开盘之前最后一根K线的收盘价与开盘第一根K线收盘价之间的比较，而不是其他价格的比较，有可能开盘价相连接，但收盘价有很大差异。只要收盘价之间差异较大，那就意味着早开盘阶段只有K 线的形态可以参考进行分析。

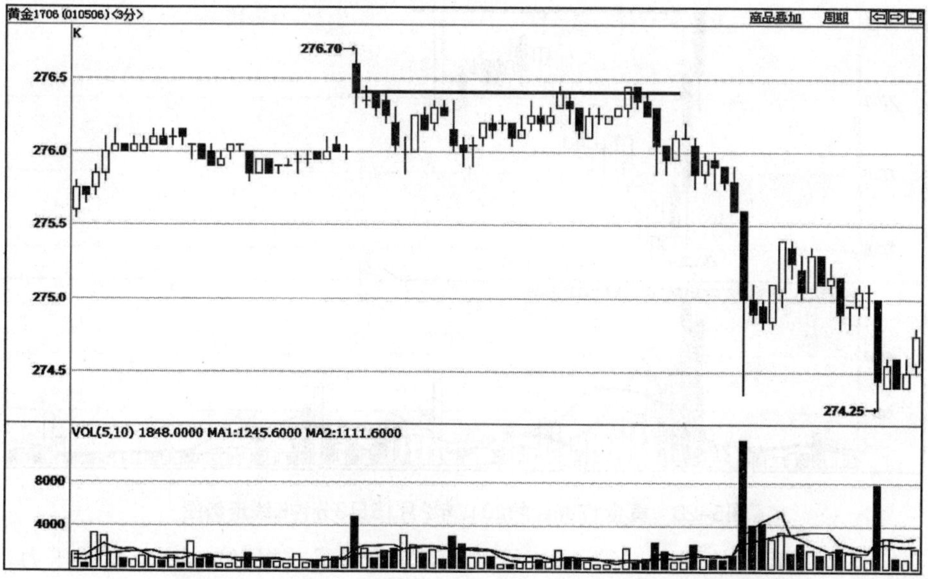

图5-27　黄金1706合约2017年2月14日3分钟K线走势图

首根K线出现之后，价格的波动重心均在其下方，这说明当时的波动性质为空头波动，应当留意做空的机会。价格在弱势震荡的过程中，反弹的高点到达了首根K线实体的范围内，这是一个重要的压力区间，在成交量萎缩的情况下，将很难完成向上的突破，在这个点位可以密切留意做空的机会。

在首根K线产生了压力作用之后，价格便延续着早开盘的空头走势进一步出现了回落，在其他技术指标失真的情况下，运用首根K线的压力一则可以拿牢空单，二则还可以把握住做空的交易机会。

黄金1706合约2017年2月15日3分钟K线走势如图5-28所示。价格开盘后K线均位于首根K线的下方，这说明价格的波动进入到了空头的状态中。此时，应当做的就是顺势看空以及寻找机会做空，对于这样的技术形态一定要印在脑中。

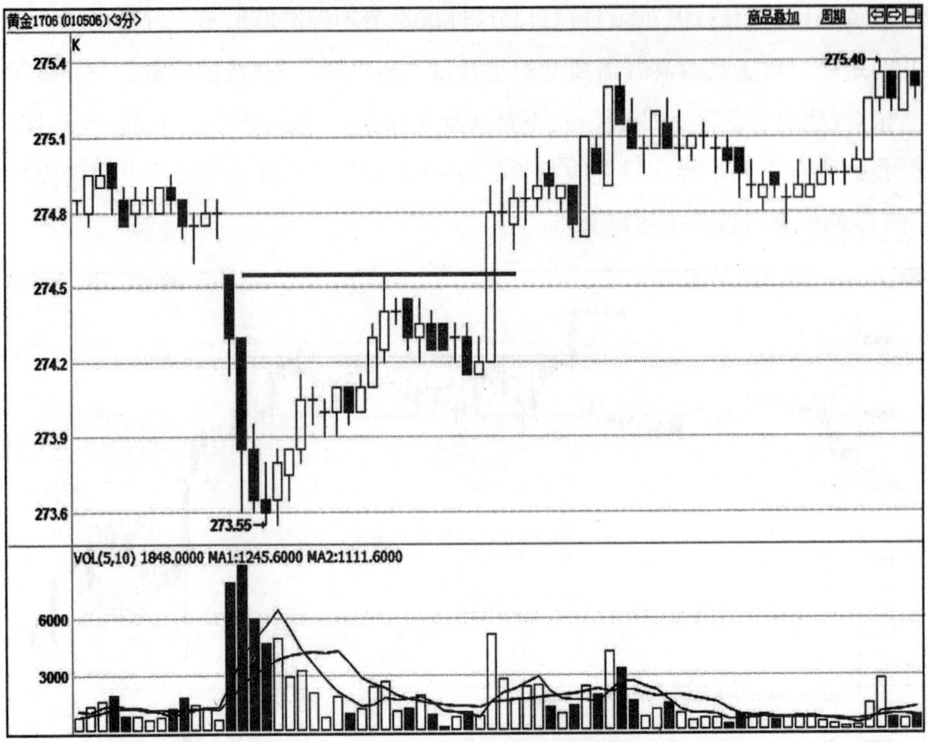

图5-28　黄金1706合约2017年2月15日3分钟K线走势图

下跌之后价格反弹，第一波的反弹高点受到了首根K线实体范围的压力，按正常的走势来说，价格应当就此回落再来一波下跌。但是略经调整之后，却收出了一根大实体的阳线，这一根阳线一举突破了首根K线的压力范围，并且还放着大量，这说明有资金在这个重要的关口进行着积极地操作，压力不再生效，交易的思维在此时也必须改变。

K线位于首根K线下方时，可以安心地进行做空的操作，而一旦K线位于首根K 线上方，则需要转变成为做多的思路，并积极寻找做多的介入点所在。交易的思路必须紧跟价格最新的波动形式，不带有任何观点，只依据当前的技术信号执行眼下的交易。

黄金1706合约2017年2月3日3分钟K线走势如图5-29所示。价格开盘后出现了上涨的走势，整体K线始终位于首根K线的上方，这意味着价格的波动保持着多头的状态。进行操作时要以做多为主，交易思路确定之后，接下来的事就是耐心等待各种中途介入的信号出现。

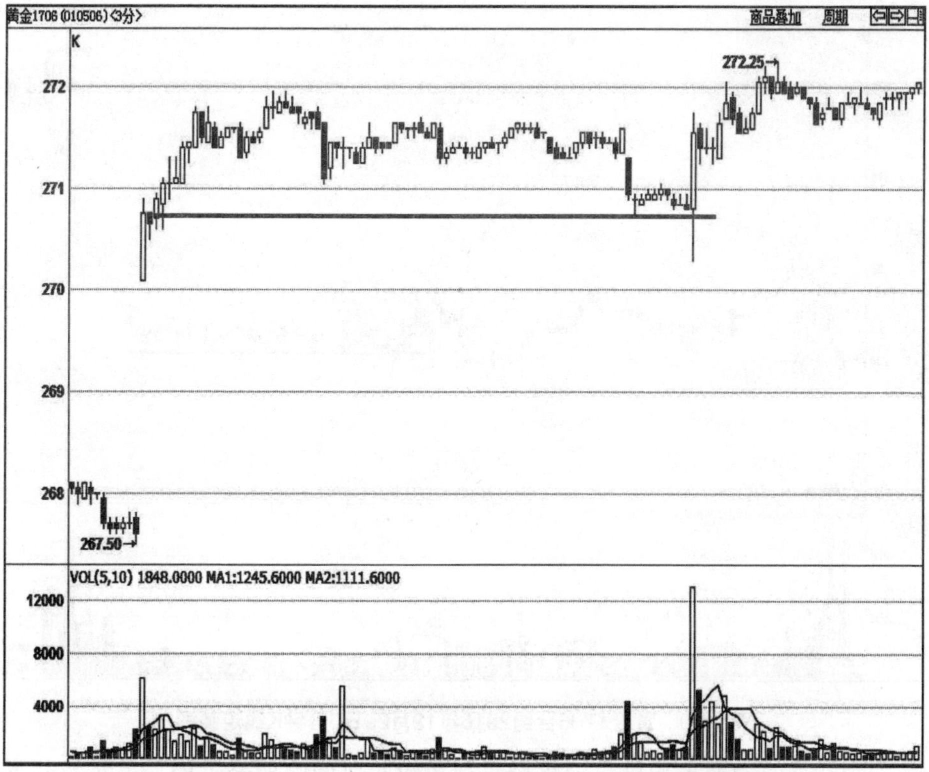

图5-29 黄金1706合约2017年2月3日3分钟K线走势图

再度开盘的时候，价格在首根K线收盘价范围处进行震荡，但最终的走势表明：首根K线的支撑发挥了作用，这必将促使价格会继续上涨。因此如果手中持有多单则可以继续持有，若还未曾开仓，也可在首根K线支撑发挥作用时进行开仓，只要不跌破首根K线的实体范围便可以持仓待涨。

首根K线的支撑作用多数会运用在当天的或当时的开盘状态中，跨时期虽然也会产生一些作用，但时间跨度越大，其效果也就越差。所以在实战操作时，前一日的首根K线基本上就没有什么参考价值了，应当用当日新的首根K线取代前一日的。

黄金1706合约2016年12月29日3分钟K线走势如图5-30所示。价格整体除了在刚开盘的波动中形成了一波上涨行情以外，其他的时间段表现平平，很容易让投资者丧失关注的兴趣。其实在看似平平的波动之中，早已蕴含了做多获利的机会。

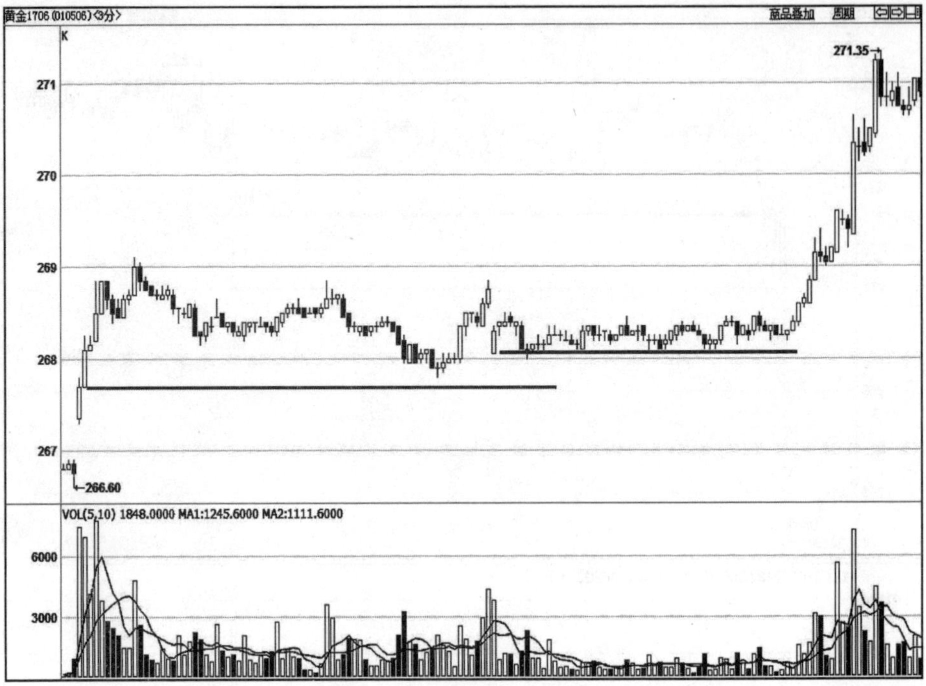

图5-30　黄金1706合约2016年12月29日3分钟K线走势图

刚开盘的一波上冲过后，价格出现了较长时间的调整走势，虽然波动重心不断回落，但调整的低点却始终在首根K线的上方，这说明价格此时的波动依然保持着多头的状态。而下一时点再度开盘虽然形成了小幅度的低开，随后价格的波动重心却依然在首根K线开盘价上方，以及在相邻时段的首根K线上方，这说明价格虽然没有起涨，但多头的波动属性却非常清晰。

也正是由于价格长时间保持着多头的状态，才使得一轮较大的盘中上涨行情出现，若没有对之前的波动性质进行仔细的分析，这轮快速的上涨行情也就很难抓住了。所以在进行实战操作时请多留意一下首根K线有没有对价格的波动起到支撑或者是压力的作用，如果有，方向延续性的行情将会很容易出现。

豆一1705合约2017年1月13日3分钟K线走势如图5-31所示。价格开盘后便出现了一轮连续上涨的走势，根据首根K线的支撑原因可以得知，只要价格运行于首根K线上方，就意味着其波动性质为多头，因此可以进行做多的操作。那么该于何价位介入呢？

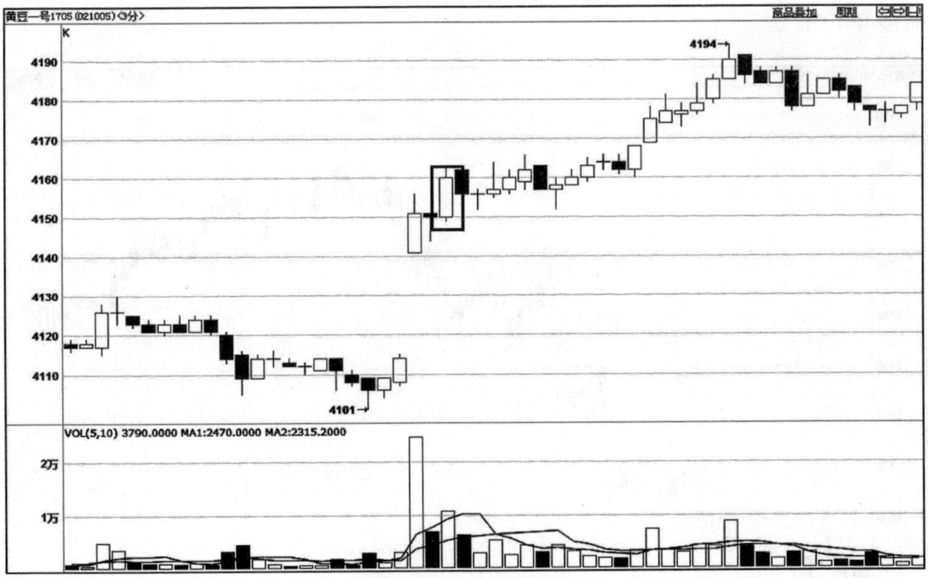

图5-31　豆一1705合约2017年1月13日3分钟K线走势图

在实战操作时，只要后期的价格向上创出了新高，突破了首根K线的实体范围，或是突破了上影线的范围，那么就意味着价格明确进入了多头状态，这个时点则可以入场进行做多的交易。这种交易手法略带有点追涨的性质，属于小区间的买入方法。

开盘后的第二根K线价格并未向上突破首根K线，因此不能进行开仓交易，每三根K线则向上明确形成了突破，因此在第三根K线向上创新高时便可以入场进行开仓操作了。开仓后由于价格后期波动的幅度都比较小，并不会对持仓产生影响，完全可以抓到早盘期间的那轮上涨行情。

玉米淀粉1705合约2017年1月13日3分钟K线走势如图5-32所示。价格高开后经过一番震荡才出现了上涨的走势，面对这样相对复杂一些的波动形态该如何制定交易策略呢？

开盘后价格波动的下影线跌破了首根K线的实体范围，此时是要先入场进行做空操作的，但随后第五根K线便向上突破了首根K线的实体，此时需要进行空单的止损操作。但由于这一根阳线向上创出了新高，因此可以执行反手交易，平空的同时开设多单，多单开设后便可以将首根K线的实体，也就是收盘价作为多单的止损，只要价格不再向下跌破首根K线的收盘价，便可一直持有多单待涨。

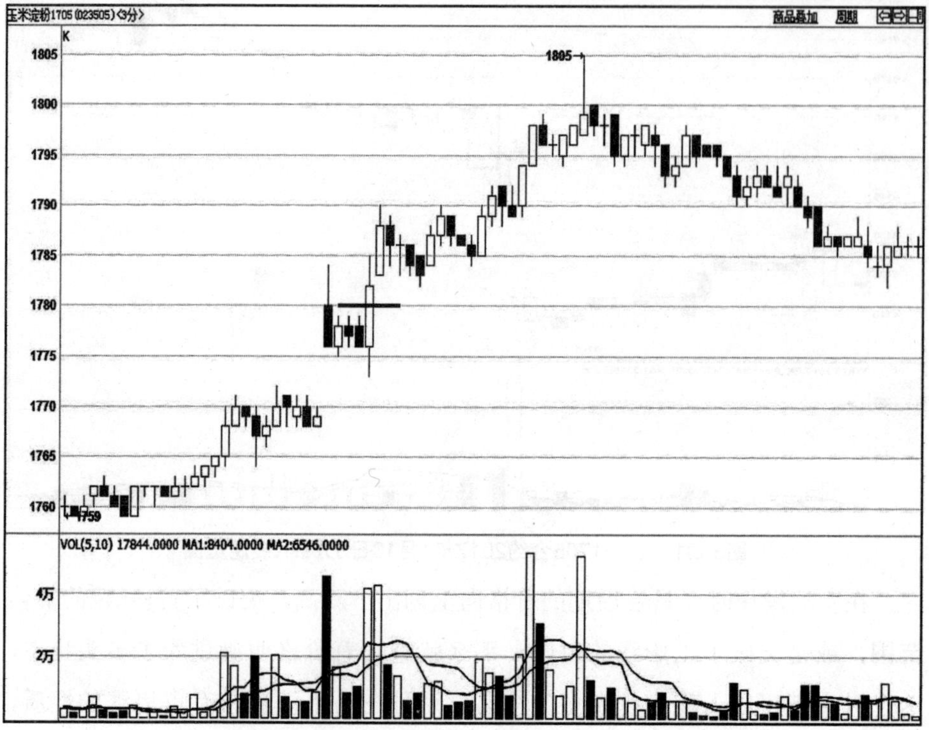

图5-32　玉米淀粉1705合约2017年1月13日3分钟K线走势图

将首根K线视为是多空的分界线，价格在其之上则做多，价格在其之下则做空，这样的交易策略非常简单，但却行之有效。只不过具体开仓时的价格并不太清晰，清晰的是止损位的价格，在早盘期间指标处于失真的状态下，这种方法是此时间段内唯一的获利方案。

热卷1705合约2017年1月16日3分钟K线走势如图5-33所示。价格开盘后并未马上上涨，而是保持了一段时间的震荡走势，这种再度变化的技术形态又该采取怎样的策略应对呢？

第二根K线跌破了首根K线的实体范围，因此在这一根阴线处应当进行做空的操作，做空之后价格并未下跌，而是在首根K线实体内保持震荡，这意味着涨跌不明，由于已开空单还未触及止损价（首根阳K线的收盘价或上影价），因此还可以继续持有空单。但若在震荡区间并未开仓的，那在价格位于首根K线实体内波动时便不应开仓，一定要等明确的上或下的位置形成时再入场。

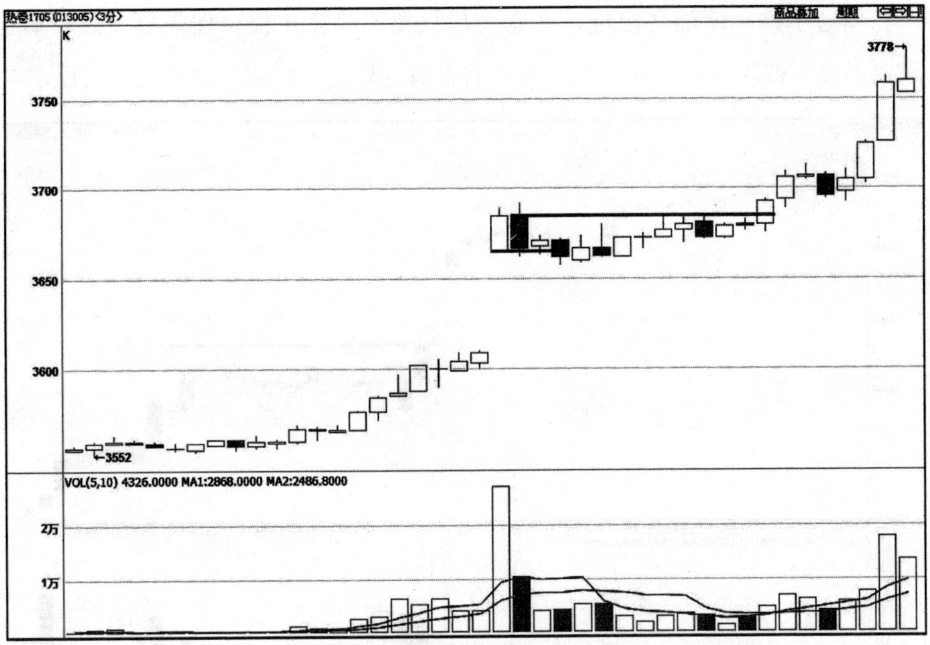

图5-33　热卷1705合约2017年1月16日3分钟K线走势图

经过一番震荡之后，价格便向上突破了首根K线的实体范围。这个时候，先前的空单便应进行止损操作而重新开设多单，虽然有了一次止损操作，但随后的上涨完全挽回了损失并实现了净盈利，付出的代价是非常小的，只有一根K线而已，而形态成功获得的收益却会远大于亏损。

PP1705合约2016年12月30日3分钟K线走势如图5-34所示。价格第二分钟便向下跌破了首根K线的实体范围，这意味着做空的信号明确出现。开仓后，价格并未马上下跌，而是出现了反弹的走势，这个时候是持仓，还是应当止损呢？毕竟半个多小时的时间价格并未下跌也的确够闹心的。

价格波动的时候，是上涨还是下跌并不重要，最重要的就是此时涨跌的多空性质！虽然价格反弹了近半个小时，但是反弹的高点均在首根K线的下方，这说明价格此时的波动性质为空头，在未向上突破首根K线实体范围的情况下，应当继续进行持仓操作。再加上价格反弹时成交量明显萎缩，资金做多积极性并不高，因此是可以继续持仓的，绝不能因为开了仓半小时价格未跌便出局，是否出局由形态来决定，而并非时间。

只要按形态进行操作，总是会有回报的，在空头形态始终确立的情况下，一轮单边下跌行情随之出现，开仓之后只要不触碰止损位便需要一路持有。只要形态不被破坏，下跌就是大概率的事情，只是早跌或晚跌的差异而已。

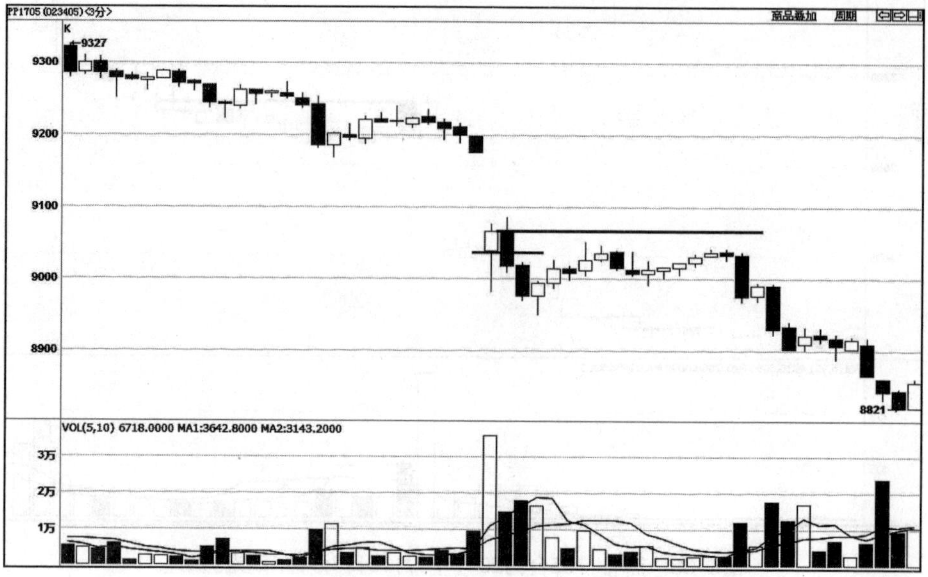

图5-34　PP1705合约2016年12月30日3分钟K线走势图

玉米淀粉1705合约2016年12月28日3分钟K线走势如图5-35所示。首根K线并不标准，一来它没有实体，二来它的上影线非常长，这样的K线是没有参考价值的。因此，要么放弃对该品种的关注，要么就是等到第二根K线出现之后再制定应对策略。

虽然第一根K线不达标，但第二根K线却是满足条件的。它的实体与昨收盘时的实体大小相当，即实体不是很大，但也有一定的波动空间足够让价格正常波动。因此在第一根K线不符合规定的时候，如果第二根或者是第三根K线符合要求，那它就可以顶替之前的首根K线。正常情况下，前三根K线中肯定会出现符合要求的K线，不可能连续收出十字星。

将第二根K线视为参照以后，价格向下跌破了新的首根K线的实体范围，自然是要入场进行做空的操作。这样一来，一波延续性的早开盘下跌行情也就可以很好地抓住了，并且介入的点位也恰好是价格下跌的起点。

在运用首根K线进行分析时，最好只用在早开盘期间，盘中的走势还是在指标度过了失真期以后，根据指标与K线形态进行综合分析为好。虽然首根K

线在盘中也有一定的分析价值，但最具实战价值的还是眼前的走势形态。

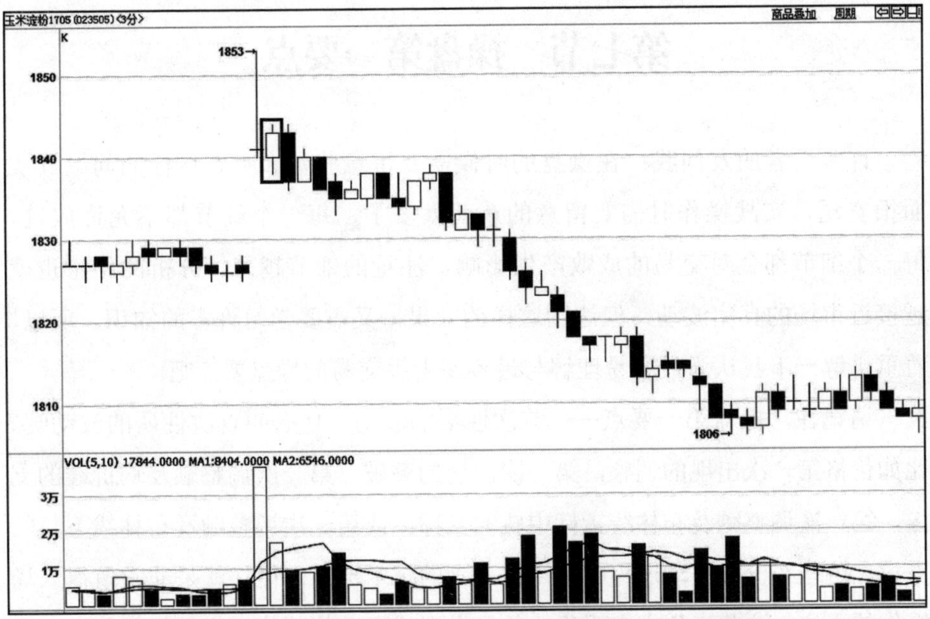

图5-35　玉米淀粉1705合约2016年12月28日3分钟K线走势图

第七节　操盘第一要点

许多读者朋友问我：在操盘的时候需要留意些什么呢？这样的问题其实面很宽泛，实战操作时需要留意的东西太多了，每一个细节都不允许放过，每一个细节都会对交易的成败产生影响，注重的细节越多，分析的结论也就越接近市场的真实波动，但达到这样的效果，又需要学习许多的知识。所以，着重讲解一下我认为最容易理解与最容易上手交易的操盘要点吧。

请记住，操盘第一要点——首次性质的波动。什么叫首次性质的波动呢？比如价格第一次出现的调整，第一次出现的突破，第一次调整触及均价线的支撑，第一次调整触及布林线指标中轨的支撑，或第一次调整触及布林线下轨的支撑，这些在价格波动过程中第一次见到的技术形态，往往就是非常值得入场操作的点位。这些点位方向明确，并且上涨或下跌的整体幅度并不是很大，空间并未透支，因此还有着广阔的获利空间，如果投资者都可以把开仓的点位落在这些第一次有意义的波动上，操作的成功概率必然会大幅提升。

首次性质的波动这种分析或是操盘方法对于许多投资者来说必然都是第一次听说，这种现象本身就存在，只不过发现的人少之又少。从形态入手琢磨操作方法的人很多，从性质入手研究的人却很少。价格的性质远比形态更重要，上涨了，但其性质是为下跌做准备，做多就有风险了。因此，形态虽然重要，但性质更重要。所以，大家首次听说首次性质的波动操盘要点也就很正常了。

第一次波动性质有许多种表现形式，在实战使用的时候不要拘泥于形式，只要符合首次波动性质的要求，就可以大胆去开仓交易。许多时候，首次性质的交易形态一天可能只有一次，所以一定要珍惜这些最容易赚钱的走势。

沥青1706合约2017年2月22日1分钟K线走势如图5-36所示。随价格波动重心的回落，布林线指标中轨由之前的上升趋势随之转变成了下降趋势，一旦布林线指标中轨的运行方向发生变化，那么交易机会也就会藏在其中了。

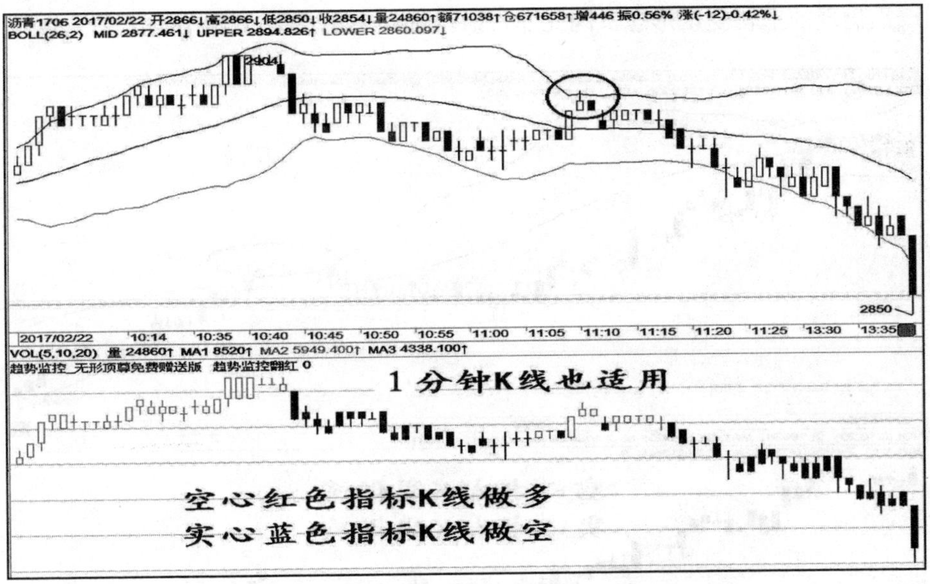

图5-36 沥青1706合约2017年2月22日1分钟K线走势图

经过了第一波的下跌并且由这波下跌带动着中轨转为下降以后，价格出现了反弹的走势，反弹的高点到达了布林线指标上轨这道强大的压力位处。价格与布林线指标上轨的接触，这是自中轨由上转为下降之后首次发生的现象，因此这种现象就是一个最佳的交易机会，而从后期的下跌走势来看，这个点位也是下跌行情的起点。

首次触碰上轨压力意味着空方的力量还没有使完，在中轨下降趋势形成的情况下，价格延续性下跌的概率会是极大的。在此点位操作既做到了顺势，也可以把握一个价格反弹的相对极限高点，可谓是一举两得。

豆粕1705合约2017年2月22日3分钟K线走势如图5-37所示。价格经过一大波下跌之后布林线指标中轨并没有因为持续的反弹而形成向上的运行方向，而是依然保持着明确的下降趋势，这意味着投资者想要实现盈利就必须继续顺势做空。

随着价格波动重心的缓慢上移，价格触碰到了布林线指标的上轨，并且是以较为平缓的方式靠近的上轨。平缓的反弹说明多方力量并不强大，在多方力量不强并且又面临强大压力的情况下，价格将很难出现延续性上涨的走势。同时，这个压力点的形态是价格自布林线指标中轨保持下降趋势以来第一次出现的上轨受压形态，因此非常值得进行交易。

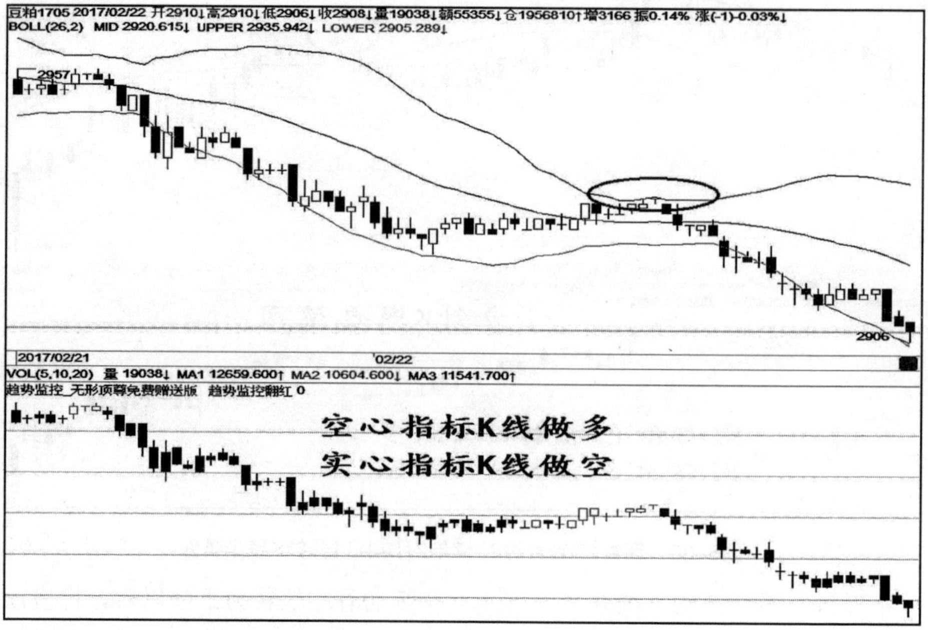

图5-37　豆粕1705合约2017年2月22日3分钟K线走势图

价格反弹到上轨往往意味着多方的动能已彻底释放，在大势依然向下、又存在重度压力的情况下，价格回落的概率还是比较大的，就算形态失败价格涨了上去，在上轨处开的空单，在顶破上轨时止损，又能亏多少？而一旦形态走成功，盈利将会是止损的数倍。

甲醇1705合约2017年2月10日3分钟K线走势如图5-38所示。价格开盘之后便形成了整体上涨的走势，受价格上涨的促进，布林线指标中轨向上的方向非常明确，既然价格波动的主方向非常明确，想要赚钱唯有顺势做多。

在上涨的中途价格出现了调整的走势，调整的低点正好回落到了布林线指标中轨的支撑点位。就本身的调整来看，这种技术特征并没有什么特别出众之处，但若从整体走势来看，它的出现却满足了首次波动的重要意义：在布林线指标中轨明确向上的时候，价格第一次触及了布林线指标下轨，这种交易的机会是非常难得的，实战的成功概率也是非常高的。更主要的就是，就算形态失败，付出的代价也是很小的，而一旦形态成功，获得的回报将会是非常大的。

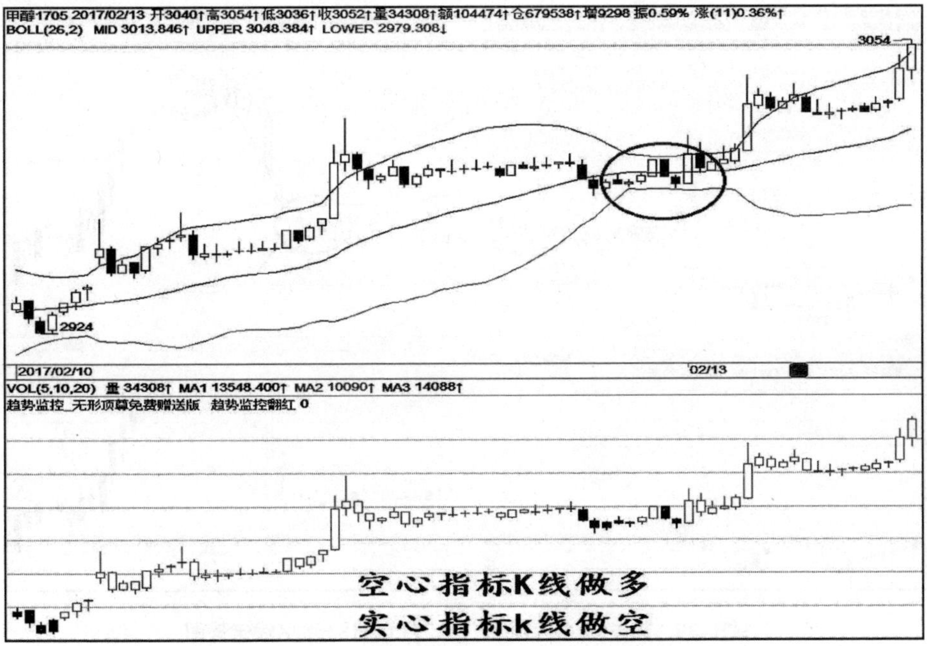

图5-38 甲醇1705合约2017年2月10日3分钟K线走势图

在实战操作时还需注意一点，如果价格经过好几波的上涨之后，再碰到下轨就不能继续持仓了，价格涨20元时，调整个七八元，其调整空间布林线的通道都是容纳得下的。但若涨了100元，价格调整个三四十元时，虽然回撤的比例与上涨了20元调整七八元一样，此时三四十元的空间布林线指标就无法容纳了，就会溢出通道，从而使得形态被破坏掉。

热卷1705合约2017年2月16日3分钟K线走势如图5-39所示。随着价格的进一步上涨，布林线指标由下降趋势转变为上升趋势，一旦中轨的方向发生了变化，也就意味着做空机会的结束，以及做多机会的到来，此时应当在中轨转变方向时积极寻找做多的介入点。

价格持续上涨一段时间后，出现了调整的走势，从整个调整区间来看，价格回落的幅度非常小，这说明空方的力量非常虚弱，无力与多方相抗衡，这样一来，价格继续上涨的概率就将会是非常高的。同时在价格调整的时候，其低点也到达了布林线指标下轨的位置，这是在布林线指标中轨转向之后第一次出现的走势，符合了首次波动的重要意义，因此在价格接近布林线指标下轨的时候，就应当及时地入场进行操作。

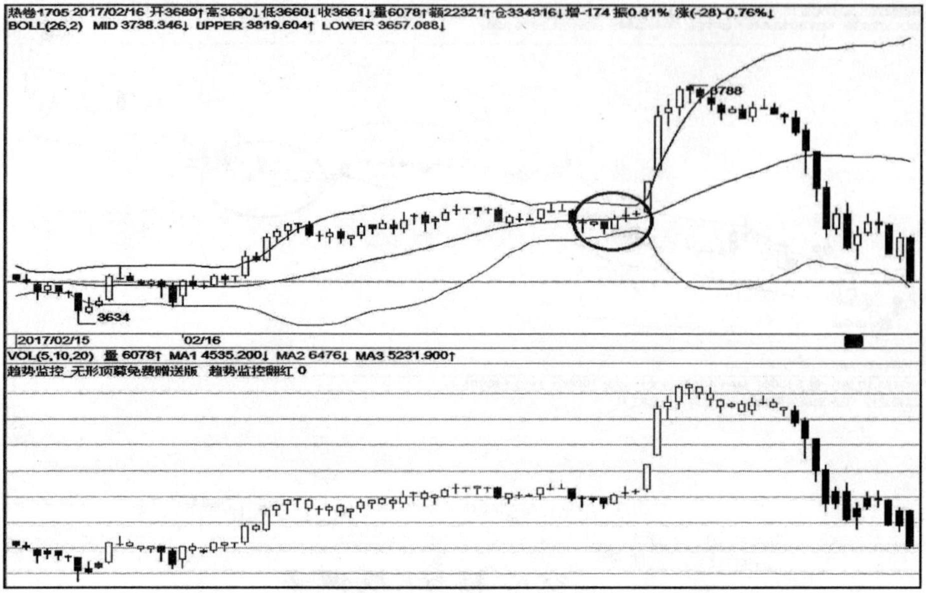

图5-39 热卷1705合约2017年2月16日3分钟K线走势图

在实际交易时，价格有可能正好挨着下轨，也有可能离下轨略有那么一点距离。只要调整时成交量是萎缩的，与下轨差上二三跳的空间，都是无所谓的，大的形态把握住了，这二三点的空间是可以预留出来的。

白糖1705合约2017年2月21日3分钟K线走势如图5-40所示。价格的持续回落使得布林线指标中轨发生了方向上的转变，对于这种方向的转变投资者一定要以机会的态度来面对，不管是中轨由上转下，还是由下转上，都会提供新一次的获利机会。

价格在一波下跌结束之后开始反弹，以较为温和的方式反弹到达了布林线指标中轨的位置。在方向明确向下的时候，布林线指标中轨便是第一道压力位所在，并且中轨产生的压力作用要优于上轨。这是因为在下降趋势中，压力位越低，表明价格下跌的概率也就越大，并且由于此时的受压点是价格进入下降趋势时第一次形成的受压形态，因此，应当在此点位积极地入场做空。

相比上轨的压力点，布林线指标中轨产生压力作用是更为常见的技术现象，交易机会更多，而且成功率也是比较高的。最重要的是形态如果失败，造成的亏损也并不大，因此投资者需要养成一种好的交易习惯：一旦中轨发生了转向，在价格第一次与中轨靠近时，一定要敢于开仓！

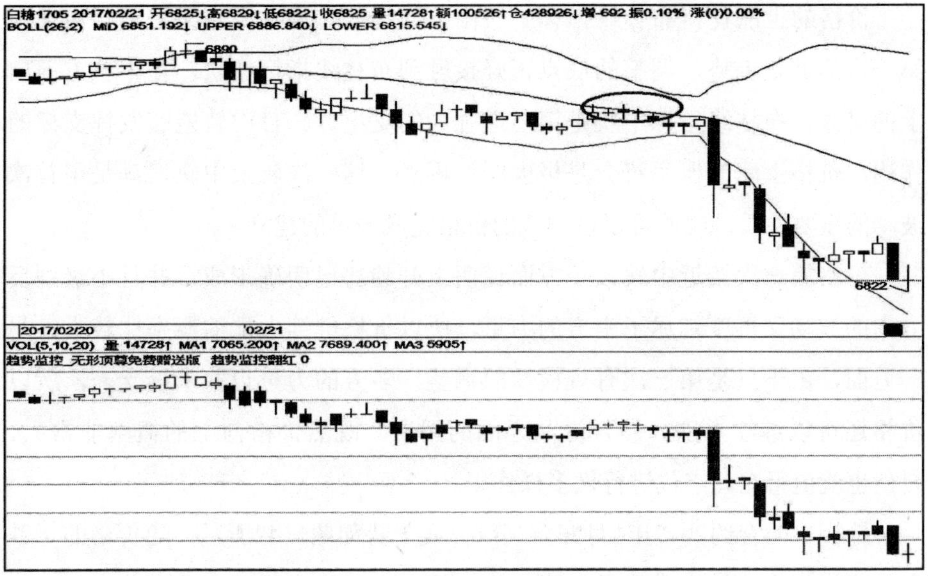

图5-40　白糖1705合约2017年2月21日3分钟K线走势图

沪铜1704合约2017年2月10日3分钟K线走势如图5-41所示。价格出现了一轮非常不错的行情，除了可以使用统一追涨模式的方法在价格上涨初期介入以外，还可以利用价格首次波动的技术特征，在上涨的途中抓住做多的机会。

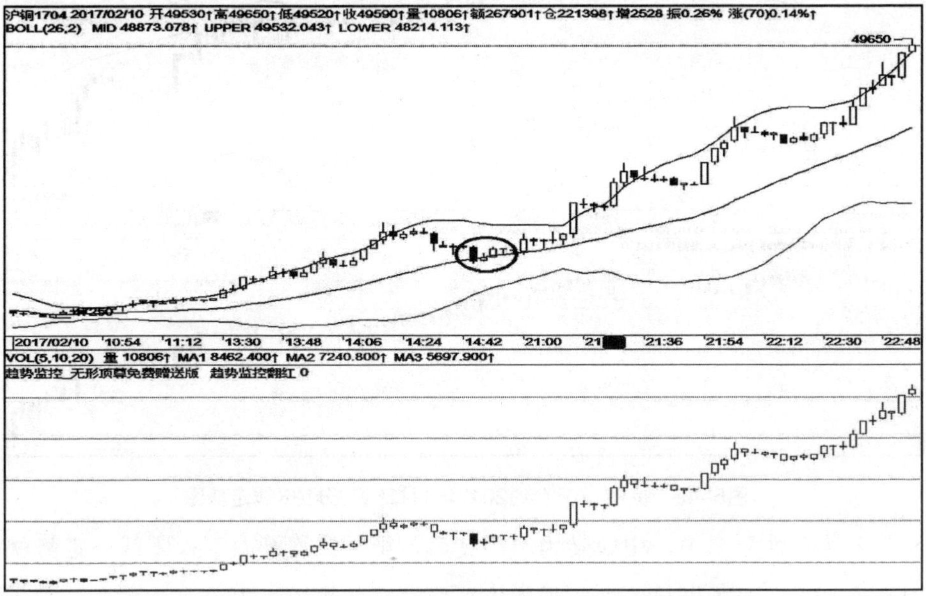

图5-41　沪铜1704合约2017年2月10日3分钟K线走势图

价格的上涨使得布林线指标中轨由下降趋势转为上升趋势之后，出现了第一次的调整走势，调整的低点正好接触到布林线指标中轨，在中轨方向向上的时候，布林线指标中轨是第一道强大的支撑，一旦中轨能够发挥支撑的作用，价格上涨的概率将会是极大的。再加上这一次触及中轨还满足了首次波动的重要性质，因此可以以中轨的价格完成多单的建立。

价格第一次接近中轨，一方面说明上升趋势已明确形成，并且小级别反方向的波动又再度耗尽了空方的力量，所以价格继续上涨的概率比较大；另一方面，由于只是第一次有规模性的调整，多方的力量也并未透支光，所以价格还可以继续上涨。结合这两方面的因素，既然价格向上的概率非常大，自然也就值得在此点位进行做多操作了。

棕榈1705合约2017年1月26日3分钟K线走势如图5-42所示。随价格的下跌布林线指标中轨转变成为了下降趋势之后，先后形成了多次反弹的走势，这该如何识别价格波动时的首次性质呢？

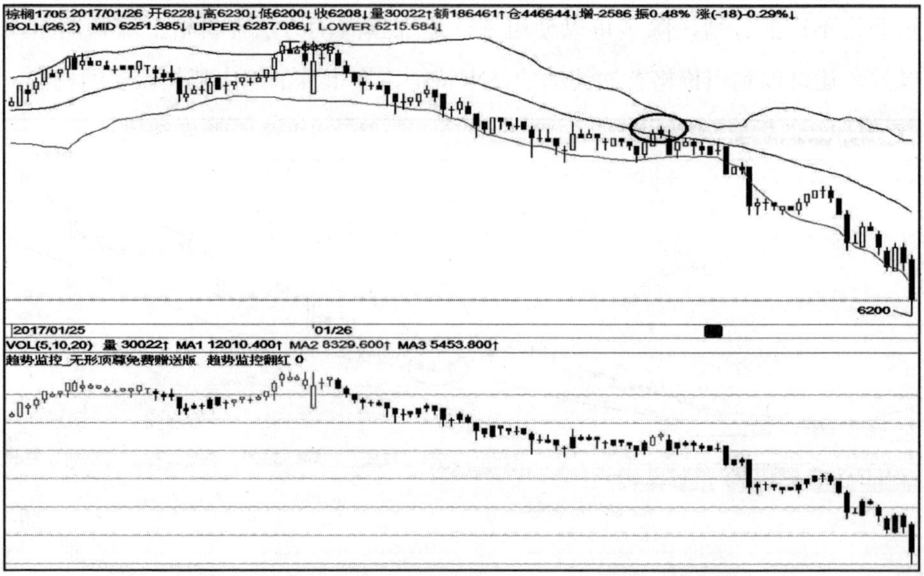

图5-42 棕榈1705合约2017年1月26日3分钟K线走势图

从绝对性质来说，中轨转为下降之后，第一次连续两三根阳线的走势就是首次反弹，只不过这一次的反弹未形成一定的规模，更没有达到布林线指标中轨，这就使得开仓点位模糊不清，因此可以忽略掉。直到几个小的波段跌下来之后，价格的反弹才到达了布林线指标中轨的位置，这个点位便可以入场进行做多操作了，因为它是第一次有规模的反弹，同时反弹的点位又触及到了布林线指标中轨，因此开仓的点位非常清晰。

在价格波动的过程中，技术形态有的时候满足了性质要求，但并不能提示清晰的开仓点位。对于经验较少的投资者来说，一定要选择开仓点位清晰的时机进行操作，只有当交易经验积累到一定水平以后，才可以灵活发挥。实战交易，进出点位清晰具有高度的可复性质，这才是最为重要的事情。

热卷1705合约2016年12月23日3分钟K线走势如图5-43所示。在布林线指标中轨形成了下降趋势之后，价格也随之形成了反弹的走势。这一次的反弹从其绝对性质来讲，满足首次波动的重要意义，但是就开仓点位来讲，却是模糊不清的，因为价格并未接触到布林线指标中轨的压力。

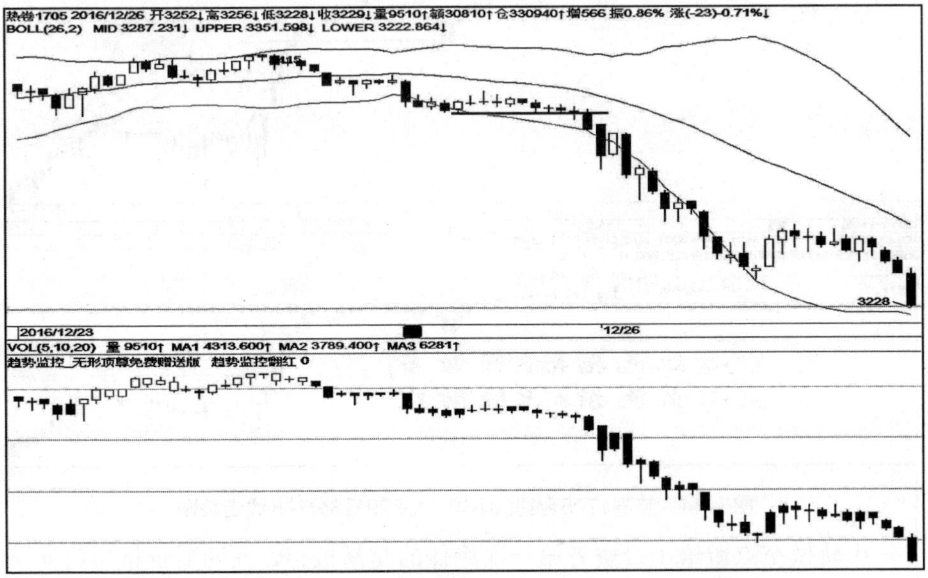

图5-43 热卷1705合约2016年12月23日3分钟K线走势图

对于这种波动性质符合条件，但没有清晰的中轨压力做空点的走势，该如何制订交易策略呢？难道眼睁睁地看着价格下跌错过机会吗？并不是这样的，价格既然有第一次触及上轨或下轨，第一次触及中轨的走势，那是不是也会有第一次形成突破的走势？在中轨转变方向之后，第一次形成向上或向下的突破，这难道不是首次波动的特点吗？

因此，在价格虽然形成了反弹但并未触及布林线指标中轨的时候，一旦价格形成向下反弹区间新低的时候，便可以入场进行做空的操作。价格第一次突破形成假突破的可能性并不高，因为空方的力量在此时完全没有释放完毕，只有随着一跌级数的增加，假突破的概率才会提高，而首次突破可以无视假突破的存在。

热卷1705合约2016年11月29日3分钟K线走势如图5-44所示。在布林线指标中轨明确形成了下降趋势之后，价格形成了首次反弹的走势，并且首次反弹的高点也到达了中轨压力处，以中轨的价格完全可以完成做空的操作，从后期的下跌走势来看，中轨的空单开设点恰到好处。

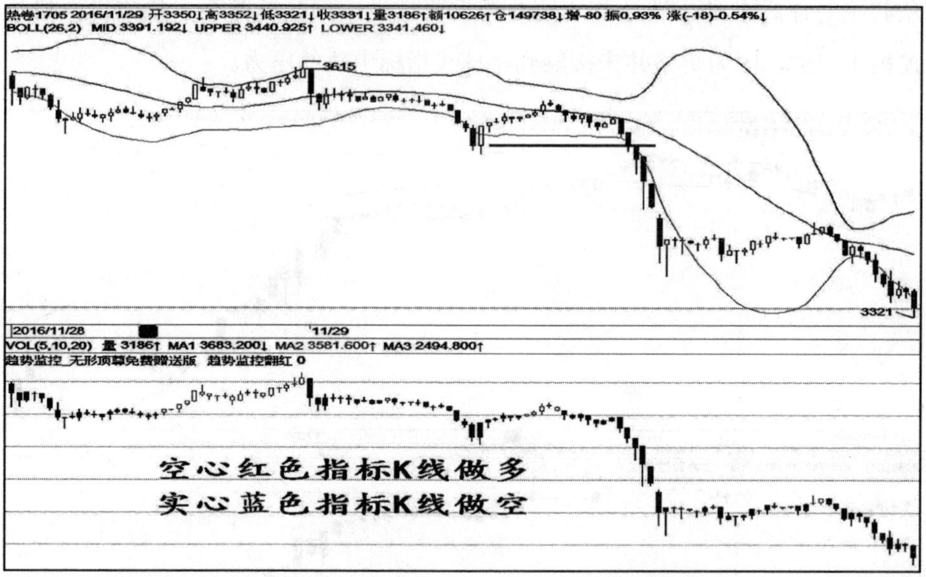

图5-44 热卷1705合约2016年11月29日3分钟K线走势图

中轨做空点留给了投资者第一次绝佳的交易机会，而随后价格再度向下创新低时的走势，再一次留给了投资者操作的机会。这一次的突破介入点位虽然相比中轨压力点要低一些，但它同样具备了首次波动的重要意义，因为这是自布林线指标中轨转为下降趋势之后，第一次形成的创新低的走势，也是难得的交易机会所在。

在首次突破介入点常会见到的现象就是：一旦开仓，价格便会快速地下跌，这是中轨开仓无法见到的。中轨开仓后，价格很有可能会晃两晃再下跌，而突破点一旦开仓，价格便会唰唰回落，充满了战胜市场的喜悦感，而这也是市场对你在正确点位开仓的奖励。

PTA1705合约2017年1月20日3分钟K线走势如图5-45所示。随着价格持续性的反弹，布林线指标中轨由下降趋势转变成为了上升趋势，一旦中轨发生了方向上的转变，价格此前的上涨就不能定义为是反弹了，而是趋势扭转的开始。

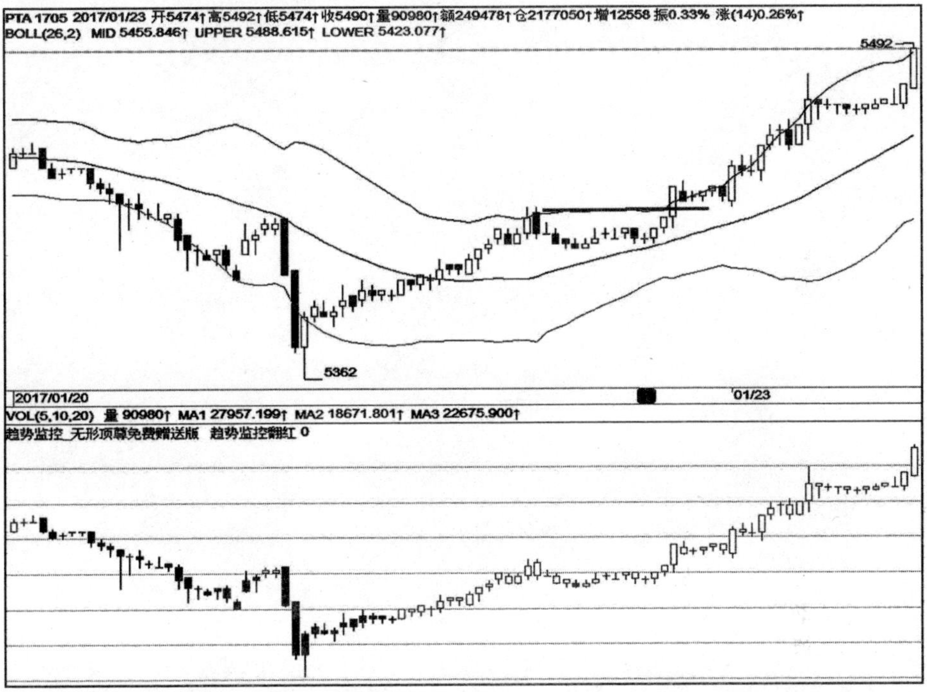

图5-45 PTA1705合约2017年1月20日3分钟K线走势图

中轨转向之后，价格也出现了调整的走势，由于这是自中轨转为上升趋势之后第一次形成的调整，因此它的首次波动性质是非常明确的。可惜的是这一次的调整低点都与布林线指标中轨有一些距离，无法以中轨的实际价格进行开仓，除非额外增加几个滑点。不过，就算这个位置开不成仓也没关系，只要价格继续向上，就必然还有新的开仓机会。

经过一番调整之后，价格向上创出了新高，这是自布林线指标中轨由下降转为上升之后第一次形成的突破走势，也具备首次波动的重要意义。只要符合首次波动重要意义的波动形态，都是值得积极去进行交易的点位。因为形态走成功的概率很高，而且就算形态失败，最终的止损代价也都是非常小的，加上这些点位无论是空方方向还是多方方向，力量都远未透支，因此，趋势延续的概率非常高。

第八节　双点模式

什么叫双点模式呢？它是一个操盘手法，包括了上涨时与下跌时的两种形态。上涨时的形态称为低点抬高、下降时的技术形态称为高点降低，因此称为双点模式。

双点模式原是笔者从不公开的交易手法，属于笔者的老版五套日内交易模式中的一种手法。随着对市场获利模式的不断研究，总结出了全新的五套交易模式。老版的五套模式只有五个方法，只能针对五种市场波动形态，而全新的五套交易模式则是五大类方法，分别是：追涨交易模式、突破交易模式、中继交易模式、箱体波动模式、抄底摸顶模式。五大类方法12个获利方案，涵盖了90%以上常见的技术波动形态，使得操盘的策略更加全面了。余下那覆盖不了的10%就是一些无任何规律的异常波动形态，这些形态因为本身出现的次数就少，因此没有任何必要在它们身上浪费时间。

正是有了全新的五套日内交易模式，因此老版的五套交易模式中的方法也就可以适当地公布出来了。虽然是老版的交易模式，但其实战性也很强大，在这里也需要取得各位读者朋友的谅解，原谅我的私心，最为核心的细节介入手法暂时保密，大家先学习双点模式的形态吧，在认识了形态之后聪明的你也有可能自行悟出。

低点抬高的技术条件：分时线位于均价线上方或是布林线指标中轨整体大趋势向上，以此明确多头的状态；价格上涨后调整，调整过程中留下两个低点，但第二个低点相比第一个低点形成低点抬高的走势，在第二个抬高的低点区间就可以找机会介入了，如果形态失败，则在价格跌破第一个低点的时候止损离场。

高点降低的技术条件：分时线位于均价线下方，或布林线指标中轨整体大趋势向下，以此明确空头的状态；价格下跌后反弹，反弹过程中留下两个高点，但第二个高点比第一个高点位置降低，在第二个高点降低的区间便可找机会入场开空，之后拿前高点的价位作为止损位。

玉米1705合约2017年1月6日3分钟K线走势如图5-46所示。布林线指标中轨整体保持着向下的态势，这意味着想要在这一阶段实现盈利，就必须顺从方向坚定地进行做空操作。最简单的方法就是在趋势监控指标形成蓝心做空信号时入场交易(在软件中指标只有两种颜色，红色做多以及蓝色做空，在黑白背景中为空心做多信号及实心做空信号)。

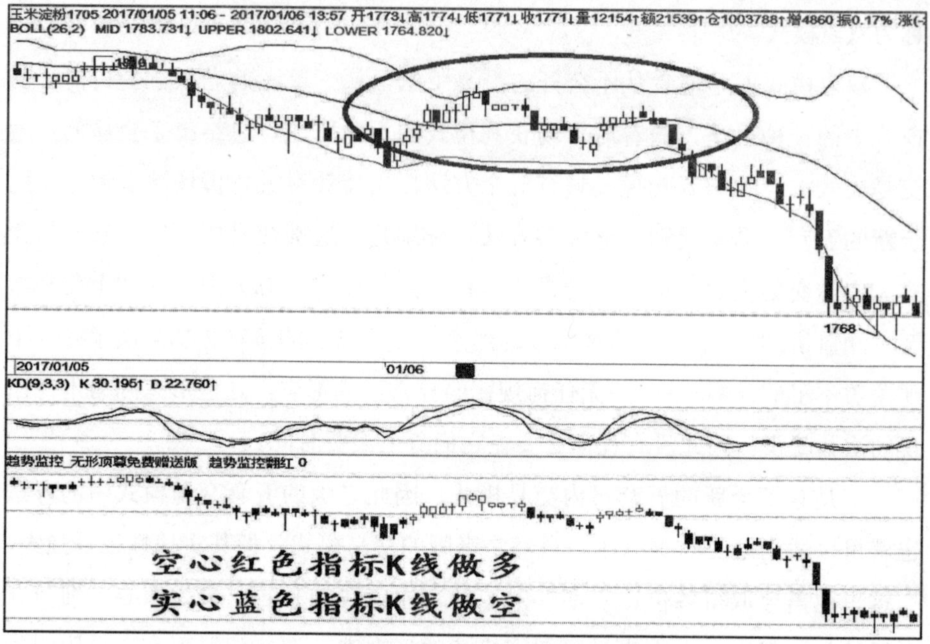

图5-46 玉米1705合约2017年1月6日3分钟K线走势图

在下跌的中途，价格出现了连续的反弹走势，于反弹区间出现了这样的技术特征：反弹的高点形成了降低的态势，后面的反弹高点比之前的反弹高点降低，这就是标准的高点降低技术形态。高点是由多方引发的，而高点的降低则说明多方的力量越来越小，加之大的环境向下，这种形态的出现意味着价格继续下跌的概率将会是非常大的。

在实战操作的时候，可于第二个降低的高点处进行做空操作，然后将之前的高点设为止损。只要价格没有突破前边的高点便始终持仓，直到收益达到目标或是出现了应当止盈出局的信号。例如，趋势监控指标出现翻红做多信号时出局空单并开设多单。

菜粕1705合约2017年2月17日3分钟K线走势如图5-47所示。布林线指标中轨始终保持着明确的下行趋势，这意味着面对这种技术形态的时候，绝对不可以进行任何做多的操作。只要投资者的每一笔交易都可以顺从布林线指标中轨的方向，那么盈利的概率必将会大大提高。

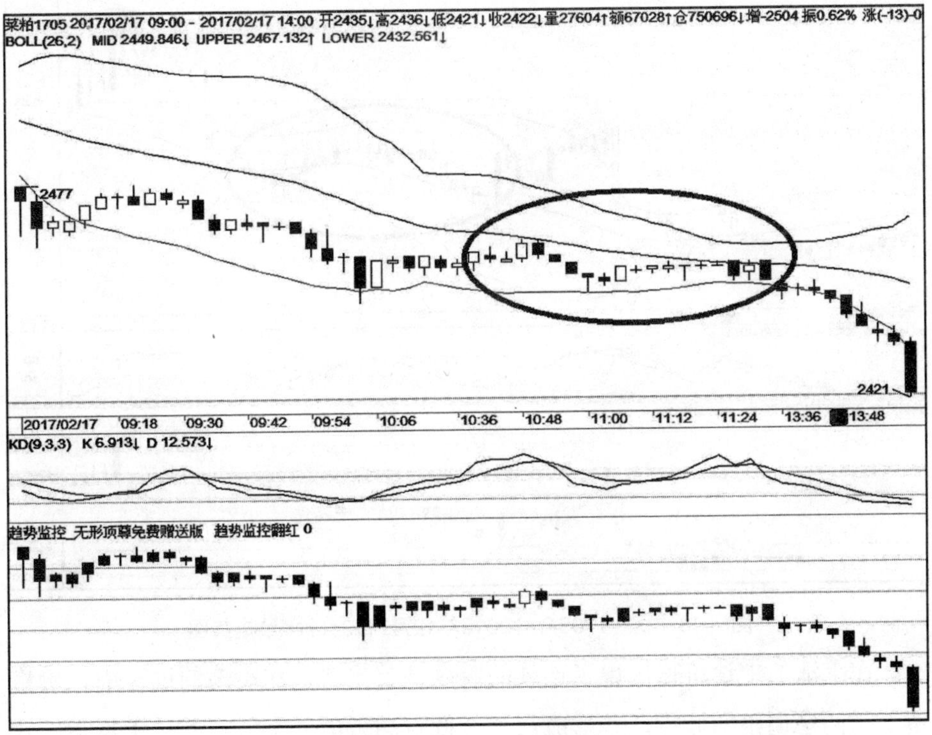

图5-47　菜粕1705合约2017年2月17日3分钟K线走势图

在价格下跌的过程中，先后出现了两次反弹的走势。从反弹的整体形态来看，多方的力量并不强，因为没有出现过大实体的阳线，同时反弹的高点还呈现了高点降低的态势，这进一步说明，价格越是反弹，多方力量越是虚弱。多方已病重，哪里又会有力气与强大的空方相抗衡呢？这种走势说明，价格下跌的概率将会是极大的。

在第二个高点处进行了空单的开仓后，便可以盯好前一个高点，那是空单的止损位，只要价格越不过那个高点，就意味着很难涨上去。高点降低形态成功率就是因为它一是体现了空方的趋势，二是体现了多方的衰弱，向下的趋势未变，多方力量又不强，自然下跌的概率就会非常高。

豆一1705合约2016年12月7日3分钟K线走势如图5-48所示。随着价格的上涨，布林线指标中轨形成了整体向上的走势，中轨方向的改变，投资者也需要从之前的做空思维中转换到做多的思维中，寻找做多的机会所在。

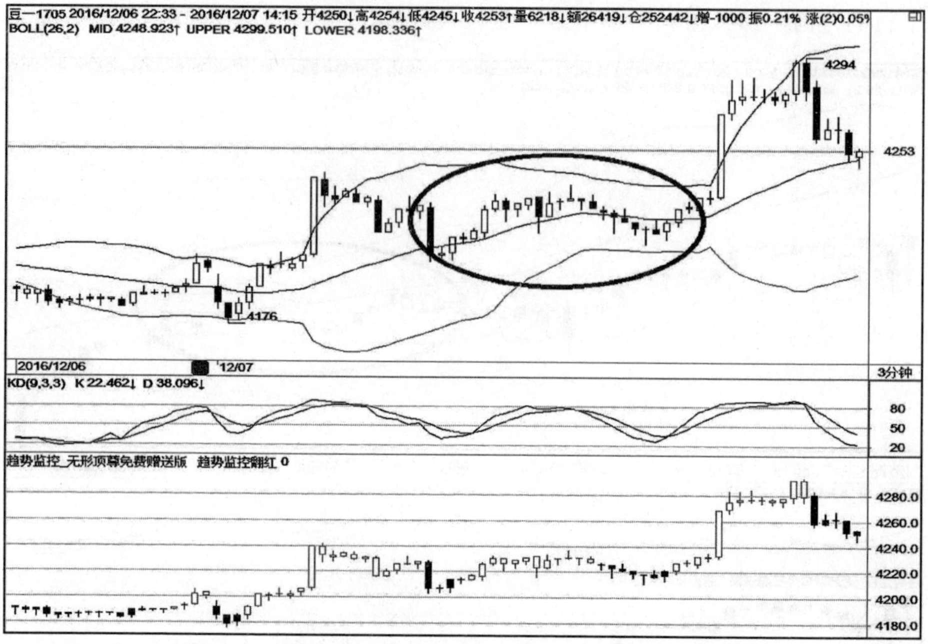

图5-48 豆一1705合约2016年12月7日3分钟K线走势图

在上涨的中途价格出现了连续的震荡调整走势，在震荡的过程中，价格留下了两个调整的低点，并形成第二个低点高于前一个低点的技术形态，这就是标准的低点抬高技术形态。低点是由于空方的原因造成的，低点在抬高，这说明空方的力量越来越弱，在布林线指标中轨向上的情况下，价格延续性上涨的可能性是非常高的，但凡空方虚弱的地方价格就容易上涨。

在第二个抬高的低点处开设了多单之后，应把之前的调整低点设为止损位，只要价格不跌破止损位便可以一直持有。只要不破前低，便说明空方的力量没有增强，而是继续保持着较弱的状态，在这种情况下，价格就容易出现进一步的上涨行情。

铁矿1705合约2016年11月21日3分钟K线走势如图5-49所示。价格形成了较为复杂的上涨形态，上涨的同时又夹杂着较宽幅的震荡，虽然这些震荡比较折腾人，但在不知不觉之中却向投资者透露出了一些重要的技术信息。

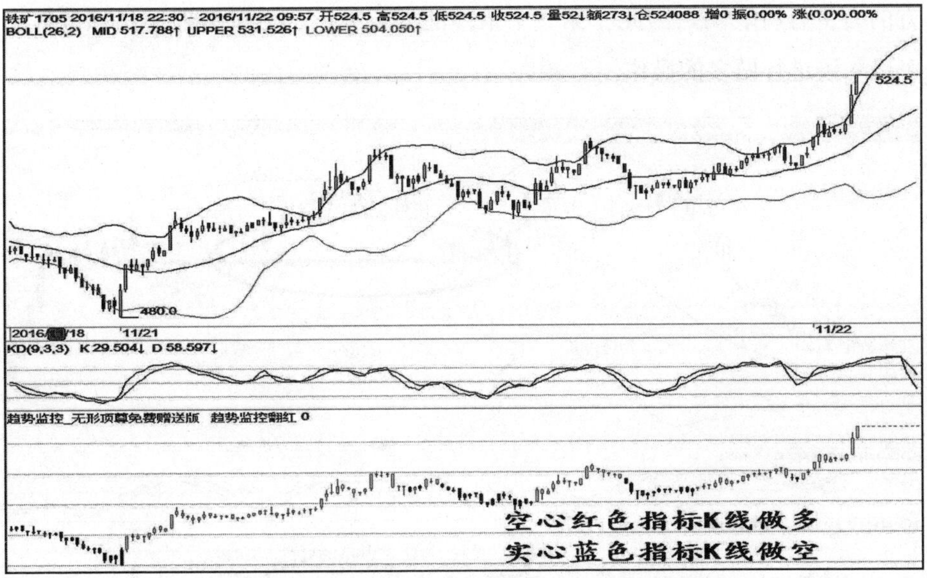

图5-49　铁矿1705合约2016年11月21日3分钟K线走势图

从图中整体调整的形态来看，共有三次级别较大的调整走势，而每一次调整的低点都比之前调整的低点抬高了，这意味着空方的力量并未在为调整的出现而增加，反而形成了衰竭的态势。无论价格如何回落，都无法再回到之前的位置，再配合整体上涨的大势，便可以得出结论：在上涨中途出现的低点抬高的技术形态，意味着价格的上涨行情还并未结束。

只要发现价格形成了低点抬高的走势，便可以在第二个抬高的低点处入场做多，然后把之前的低点作为止损位，不跌破之前的低点便可以继续持仓待涨。在实际操作时，为了使得第二个低点处的买入依据具有统一的标准，可以根据趋势监控指标的翻红进行买入，这样一来在第二个抬高的低点区间，买点基本上都是非常漂亮的。

铁矿1705合约2016年12月1日5分钟K线走势如图5-50所示。布林线指标整体保持着上升的状态，虽然后期价格出现了调整的走势，但从调整区间来看，布林线指标下轨始终发挥着强大的支撑作用，这说明多头形态并没有遭到破坏。

在价格调整的时候不仅布林线指标下轨起到了支撑的作用，就连形态本身也体现出了多方的强大：先后两次调整低点形成了抬高的迹象。这说明空方的力量有所衰竭，因此在第二个抬高的低点处，一旦趋势监控指标翻红便可以入场进行做多的操作。

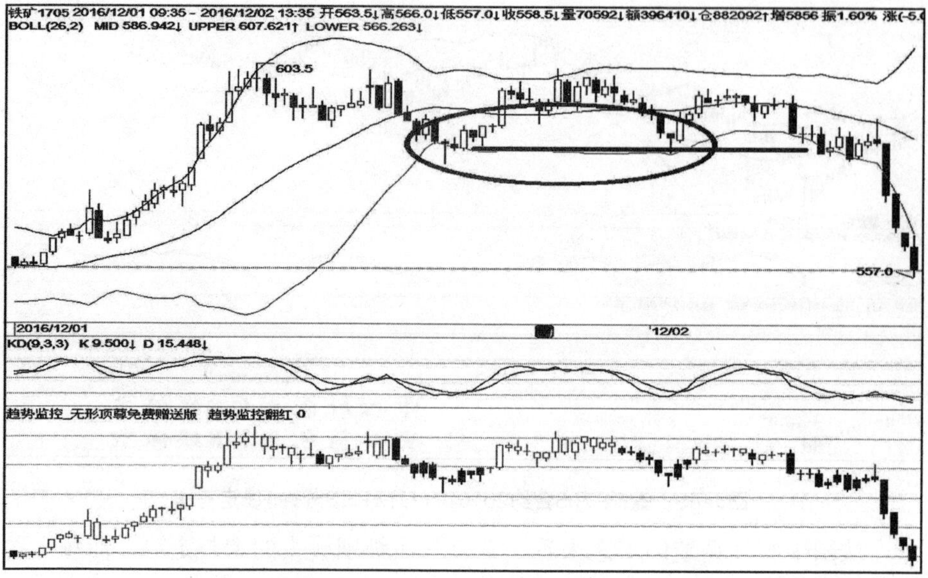

图5-50 铁矿1705合约2016年12月1日5分钟K线走势图

买点把握得非常好，但可惜的是价格却走出了失败的技术形态，随后便向下跌破了第一个低点，只要前一个低点失守，这便意味着空方力量有所增强。在空方力量增强的情况下，多单自然也就不可再留在手中，出局的最后时间点便是破前低点时，或者也可以根据趋势监控指标的翻蓝做空信号进行止损，这样操作风险会更小。

双点模式还吸取了传统方法恰到好处的开仓点位、收益幅度预测、配套持仓技巧以及止盈出局技巧，不过各位读者朋友学习的第一步应该是先认识形态，随着实战经验的增多，需要进一步掌握更深一层交易手法的，尽可与我们联系。